军都法学

第四辑

主 编

刘大炜 杨婷婷

编委会

刘大炜 杨婷婷 石聪正 伍 乐 孔维璐 高 鑫 陈可心

田 硕 王渝鑫 陈境峰 廖 倩 马怡蓉 吴传辉

中国政法大学出版社

2019·北京

声　明　　1. 版权所有，侵权必究。
　　　　　　2. 如有缺页、倒装问题，由出版社负责退换。

图书在版编目（ＣＩＰ）数据

军都法学. 第四辑/刘大炜，杨婷婷主编. —北京：中国政法大学出版社，2019.10
ISBN 978-7-5620-9102-8

Ⅰ.①军… Ⅱ.①刘… Ⅲ.①法学－文集 Ⅳ.①D90-53

中国版本图书馆CIP数据核字(2019)第162858号

书　名	军都法学（第四辑）
	JUNDU FAXUE DISIJI
出版者	中国政法大学出版社
地　址	北京市海淀区西土城路 25 号
邮　箱	fadapress@163.com
网　址	http://www.cuplpress.com（网络实名：中国政法大学出版社）
电　话	010-58908466(第七编辑部)　010-58908334(邮购部)
承　印	固安华明印业有限公司
开　本	720mm×960mm　1/16
印　张	20.25
字　数	320 千字
版　次	2019 年 10 月第 1 版
印　次	2019 年 10 月第 1 次印刷
定　价	75.00 元

特别鸣谢

（按姓氏笔画排序）

于国旦	马更新	马怀德	王 平	王传丽
王 军	王秋兰	王顺安	王桂萍	王银宏
王 雷	王新宇	王 蔚	田 瑶	付继存
冯 威	朱明哲	朱 建	庄敬华	刘亚天
刘 杨	刘金华	刘家安	刘继峰	刘智慧
许兰亭	许身健	许浩明	孙 强	李玉香
李 倩	李 超	李 媚	杨 飞	杨 帆
杨秀清	吴日焕	吴香香	吴景明	邱星美
汪庆华	张 力	张 东	张 生	张 弘
张吕好	张陆庆	张钦昱	张德美	陈 健
林 华	罗智敏	周长玲	周青风	周健海
赵红梅	赵言荣	赵珊珊	赵雪纲	赵廉慧
姜廷惠	姜晓敏	洪道德	贺绍奇	袁 钢
顾 元	高家伟	席志国	曹 鎏	董静姝
鲁 杨	曾文科	谢 晶	蔡乐渭	管晓峰
翟远见	潘 勤	薛小建	霍政欣	

序

　　为落实国家卓越法律人才培养计划，不断提高本科生的培养质量，推进本科生培养体制改革，自2011年起，中国政法大学法学院秉承营造学术氛围、活跃学术思想、提高科研能力、引发学术争鸣的初衷，每年在本科生中举办学术论文大赛。时至今日，"军都法学"论文大赛的举办经验日益丰富，活动机制日趋完善，已成为中国政法大学的精品活动，在中国政法大学论文比赛中已具有不可替代的作用。

　　法学院的学生通过参与"军都法学"论文大赛，增强了学术研究意识，强化了专业能力。法学院广大师生对论文大赛的举办给予了充分的支持、鼓励与关注，这是论文大赛得以生生不息的动力。

　　继《军都法学》（第一辑）、（第二辑）及（第三辑）论文集出版后，法学院又成功举办了第七届论文大赛，共收到投稿论文115篇。我们从中选取了17篇优秀作品，集结成《军都法学》（第四辑）出版，以示对学生学术能力的肯定与鼓励，同时扩大学术论文的影响，给更多学生以启发和借鉴。

　　求学问道，亲近名师，浴伯牙风情；满腹经纶，论剑军都，悟学术精神。感谢广大师生的积极参与和支持，向追求学术的法学学子们致以美好的祝愿，对参与论文大赛的老师致以崇高的敬意！

　　本书的出版历经多次修改订正，但仍难免有错漏之处，敬请广大读者批评指正。

中国政法大学《军都法学》编委会

二〇一九年五月

目　录

小股东抽象股利分配请求权的保护

——以有限责任公司为例

中国政法大学法学院 2015 级 4 班　安晨曦

指导老师：中国政法大学民商经济法学院讲师　任启明

摘　要　中国现行的公司股利分配机制不完善，资本多数决下股东利益存在冲突。因此，在股东会拒绝作出分配股利之决议时，小股东分配股利之请求的实现十分困难。本文认为，在解决此问题时，应避免司法介入，尽可能利用公司内部的运行程序解决问题，发挥监事会的监督职能，并借助累计投票制弥补资本多数决的不足。

关键词　抽象股利分配　资本多数决　监事会

绪　论

现代公司运营中，由于利益差别，大小股东在分配股利这一事项上存在利益冲突的可能。且由于资本多数决制度赋予大股东对公司事务实质上的支配权力，小股东的权益容易被忽略或者受到侵犯。

在中国的司法实践中，法院处理此类问题的经验相对缺乏。通常，法院会直接驳回原告小股东的请求。如在"上海市粮食储运公司诉上海南方啤酒原料有限公司公司盈余分配权纠纷案"的二审判决中，上海市第一中级人民法院认为"只有当股东会作出决议分配股利时，股东才享有取得股利的具体请求权，这种具体的请求权是公司对股东所负的一种债务"。[1]如果股东会没有作出分配股利的决议，那么股东并不享有具体的请求权。又如在"武汉华益路桥管理有限公司等与长益资源路桥有限公司公司盈余分配纠纷案"的二审裁定中，[2]最高人民法院认为"有限责任公司是否分配利润以及分配多少利润属公司股东会决策权范畴，股东虽基于投资关系取得利润分配的期待权，但能否转化为具体的利润分配请求权，取决于公司是否盈利以及股东会是否依法作出分配利润的决议等多项条件。故在股东会作出决议之前，股东并不享有利润分配请求权，继而不具有相应的诉权"。由此可见，法院不认同"在股东会作出决议前，股东享有股利请求权"的观点，并主张是否分配股利应当完全交由公司自治。纵然在新出台的《最高人民法院关于适用〈中华人民共和国公司法〉若干问题的规定（四）》（以下简称《公司法司法解释四》）中规定，如果存在"违反法律规定滥用股东权利导致公司不分配利润，给其他股东造成损失"的情形，法院就应当受理起诉，从而赋予了小股东通过诉讼保护自身利益的权利。[3]但法律并未给出明确的"滥用股东权利"的判断标准。可以设想，在司法实践中，小股东仍然负担着较重的举证责任，而且法院也没有明确而一致的区分公司自治与滥用股东权利的标准。

因此，法律对小股东权益的保护仍处于探索之中，未有在实践中真正可行的解决措施。

一、公司决策机制下的程序困境

就股利发放的程序性要件来看，根据《中华人民共和国公司法》（以下简称《公司法》）第 37 条第 1 款第（6）项之规定，审议批准公司利润分配方案的权力由股东会行使。尽管法律规定了股东会定期会议应当依照公司章程按时召开，但公司章程如何具体规定股东会之召开周期不受限制。纵然《公司法》未规定有限责任公司章程具体产生的程序和方式，但依常理可推测，

---

〔1〕 参见上海市第一中级人民法院（2000）沪一中经终字第 610 号民事判决书。

〔2〕 参见最高人民法院（2015）民四终字第 4 号民事裁定书。

〔3〕《公司法司法解释四》第 15 条规定："股东未提交载明具体分配方案的股东会或者股东大会决议，请求公司分配利润的，人民法院应当驳回其诉讼请求，但违反法律规定滥用股东权利导致公司不分配利润，给其他股东造成损失的除外。"

小股东在制定章程时享有具有决定性话语权的可能性微乎其微。可见，在章程中具体规定股东会召开周期的权力也未掌握在小股东手中。小股东实质上丧失了借助章程规定召开股东会的权力。

此外，具备提议召集股东会资格的主体较少，法律中仅规定了单独或合计持有公司10%以上股份的股东和监事会。在实践中，由于利益不同、需求千差万别，小股东之间很难形成一致意见，共同提议召开股东会。而且基于监事的选举机制，小股东很难进入监事会，更难以在监事会中取得优势地位。故此条规定对小股东权利救济的实际效果并不尽如人意。

即使如愿召开股东会，法律并未规定在股东会上必须就利润分配事项进行表决。且依法明确享有提案权的主体仅有监事会和董事会。小股东显然无法在监事会和董事会中取得多数地位，难以借助提案机制表达自己的意见。而且有限责任公司中缺少股份有限公司中允许单独或合计持有3%以上股份的股东提出临时提案的规定，有限责任公司小股东的提案权缺少了法律提供的制度支持。故小股东并无合适的途径在董事会不制定与提交利润分配方案时提出自己主张的利润分配方案。

综上所述，法律规定和司法实践均认为应有经表决的利润分配方案存在，否则不应干涉公司内部问题。但现行的决策机制未给予小股东通过公司内部机制表达诉求的机会，小股东既无权召开股东会，也无权将股利分配作为提案提交股东会讨论。利润分配方案由董事会决定，实质上则取决于大股东。在董事会不提出利润分配方案的情况下，不再存在其他的提出方案的可能性。在法院的裁判逻辑下，既然不存在利润分配方案，何谈具体的利润分配。

二、资本多数决下的利益困境

在实践中，小股东没有途径形成经表决的利润分配方案的实质原因，是资本多数决背后隐藏的利益冲突。无论是股东会召开的例外条款，还是公司章程的自治规定，最终都落脚到股东会的决议或发起人制定章程的决定之上。而此时，根据表决规则，大股东拥有着绝对的话语权。但这仅是冲突的表面体现，隐藏在资本多数决背后的大小股东利益冲突才是问题的关键。

从税收层面出发，中国税收体系存在着经济性重复课税的现象。企业所得税与个人所得税自成体系，分别课征，不考虑企业所得税和个人所得税之间存在的重复课征问题，相互间不存在抵扣。因此，就会出现对股东同一笔所得两次征税的情况。[1]在超额累进税率制度下，大股东分配的利润多，缴纳的个人所得税也更多。大股东为了避免在缴纳企业所得税后，再次缴纳高额的个人所得税，故一般不愿意频繁地分配股利，而是通过其他途径获利。与小股东获利的途径不同，大股东获利的途径不限于股利。一方面，部分大股东作为发起人可以采取非货币出资的方式，故不存在流动资金减少问题。且发起人在设立公司的过程中，可以通过筹备等事项取得一定的劳务收入。另一方面，大股东可以出任董事，从而享受公司的劳动报酬。而劳动报酬是公司的税前分配，可以避免双重征税。大股东可以通过其他的方式取得更多的利益，实无主张分配股利的必要，避免面临双重征税导致的自身利益受损。

除了大股东自身利益与小股东利益存在冲突外，在大小股东参与公司投资的目的上，二者也存在差异。大股东投资更多考虑的是资本投资回报率与公司未来发展等问题，而小股东考虑的往往是投资能否在短期内有明显的回报。大股东往往可以利用表决权优势控制并利用公司资源，故更希望将资金留存于公司，以增加其可利用的资金数量。且由于大股东在公司事务上有掌控权，在一定意义上，公司相当于其牟利的工具。故大股东更加在意如何利用公司以及自己的掌控权来谋取更大的利益。大股东拒绝分配股利，小股东的投资就会永远成为公司扩大生产经营的资本。小股东不但无法从公司的盈利中获得预期的收益，反而还要承担公司经营失败的风险。这使得小股东成为资本多数决制度滥用的牺牲品，并成为大小股东利益之争中的失败者。

三、利益衡量下的边界掌控

大小股东存在着固有的利益冲突，而公司决策机制等制度规定使得小股东在一定程度上无法维护自身权益，成为利益博弈中的牺牲品。这些制度上的问题使得小股东的权益受到侵害。但问题在于，保护小股东权益的边界在哪里？

商事公司法的立法目的决定着法律是否应对公司的内部事务进行干预。有观点认为，商事公司法的目的在于促使公司实现营利目标，而非追求社会

---

[1] 参见邱海：《公司利润分配法律制度研究》，中国政法大学出版社 2004 年版，第 131 页。

公平。[1]故法律应尊重公司自身的股权配置，尊重"大股东大权利，小股东小权利"的股权分配生态规则，提供给小股东的立法和司法保护不应超出其合理期待。[2]此种观点多以经济学思想为基础，认为市场经济本身具有天然的风险性。小股东参与到公司经营之中，就应认为其默认遵守市场经济的法则，故而反对对小股东的权利给予额外的保护。

但此种观点忽略了一点：对小股东进行保护也符合其提出的公司法的立法目的。如果不对小股东的权益进行保护，会造成拥有较少资金之人不愿将资金投入市场的结果。以及在设立公司时，发起人均争做大股东，将其拥有的大部分财产投入至一家公司，以掌握话语权。这两种情况会使得资本的利用率大幅度降低，公司的融资难度增大。同时，将股东与公司捆绑起来，也大大增加了股东承担的风险。因此，对小股东利益加以保护，有利于鼓励人们参与到市场之中，吸引"散户"，从而增加市场中的流动资本，提高资本的利用率。此外，在一定程度上也可以使拥有较多资金的人优化自身的投资方案，而非将自己与一家公司捆绑。

"商人是其自身利益的最佳法官"。[3]公司作为自治组织，应当以公司章程为治理准则。尽管需要法律介入公司治理，但应当十分谨慎。在制定公司法及设立新制度的过程中，应尊重公司自治，维护公司的独立人格。关于利润分配的问题，立法与司法应尊重股东会对公司财产流向的商业判断。但与此同时，应当设定自治的边界，以保护小股东的利益。如法律规定有限责任公司股东会每年召开的最少次数或规定每年应对利润分配一事进行表决的固定次数，以及增设监事会的职权。在私法自治的原则下，借助法律提供的制度支持，通过公司内部机构的运营和特殊机构的职权，保护小股东的利益。

四、解决股利分配问题的措施

(一) 强制股息

强制股息，即强制规定分配利润。这对公司自治施加了较大限制。一般

---

[1] 参见蒋大兴：《公司法的观念与解释Ⅰ》，法律出版社 2009 年版，第 149 页。
[2] 参见蒋大兴：《公司法的观念与解释Ⅰ》，法律出版社 2009 年版，第 127 页。
[3] 参见蒋大兴：《公司法的观念与解释Ⅰ》，法律出版社 2009 年版，第 139 页。

而言，强制股息分为两种模式：（1）在公司设立阶段，发起人可要求在公司章程中规定最低股息率，即规定只要公司存在可供分配的利润，就应当按照不低于该最低股息率的比率向股东分配股利；（2）在公司章程中规定强制性利润分配，即原则上只要有可分配的税后利润就应当进行分配，未经全体股东同意或未达到特定多数的股东同意，董事会和股东会不得决定不分配利润。

但这两种强制股息在实践中应用的可能性不大。对于第一种规定最低股息率的做法，小股东持有的资金并非是公司所急需的，故小股东以不投资为筹码与大股东谈判获胜的可能性很低。且若大部分经营较好、利润较多的公司都拒绝这一方法，则小股东只能被迫将资金投入经营较差，或者刚起步急需资金的新兴公司，从而增加了小股东的投资风险，并可能降低小股东投资所得的利润。对于第二种在公司章程中规定强制性利润分配的做法，值得考虑的是，公司章程由发起人按照所拥有的投票权进行表决，大股东仍旧掌握着话语权，可以直接拒绝通过公司章程。因此，这两种强制股息的做法并没有很好地克服资本多数决的问题。强制股息并非良策，也缺少实行的可能性。

（二）诉讼

在权益受到侵害时，提起诉讼，从而通过法院解决问题，是最普遍的解决方式。但问题在于，提起股利分配之诉是否存在诉权基础，且法院在判决中应当坚持怎样的标准。

在探讨诉权的基础之前，应当明确的是，法院在判决此类案件中，应当坚持"商业判断规则"。[1]在英美法系中，判断公司不分配股利的行为是否是合理的商业行为的具体标准为：（1）作出判断的主体与所进行的商业决策事项不存在利害关系；（2）法官了解并合理地相信该决策是适当的；（3）法官理性地相信该决策符合公司的最佳利益。[2]只有同时满足这三个条件，才可认定股东会的决议是合理的商业行为。但可以看出，这个标准依赖于法官的自由心证与理性，并非是一个确定的标准。

---

〔1〕 彭春莲：《股东权利救济机制研究——以司法救济为视角》，法律出版社 2010 年版，第 110 页。

〔2〕 施天涛：《公司法论》，法律出版社 2005 年版，第 477 页。

另一个要点是，法院审查应当以合法性为主，而非以合理性为主。法院应判断主体的行为是否违背了现行法律的规定，而非是否违背了公平正义原则。

1. 权利滥用之诉

权利滥用之诉限制的是以损害他人为目的而行使自己权利的行为，而非以实现自己的利益为目的而损害他人利益的行为。且由于此种诉讼构成了对行为自由的较大限制，故其适用范围应当被限制在极度狭窄的范围之内，不应适用于此种情况下的小股东权利保护。

2. 信义义务的侵权之诉

许多法院强调以信义义务作为处理股利分配纠纷案件的基础。大股东拒绝分红或不适当分红时，小股东可以认为这种行为构成对其负有的信义义务的违反，法院允许小股东就此起诉，从而以诚实信用原则和公序良俗作为裁判的理由和依据。此种诉讼的问题在于，诚实信用的抽象性使得裁判标准模糊化，判决可能模糊适用诚实信用原则，从而可能造成法院错判、误判，从而不当地干预公司自治，甚至损害大股东利益。

也有观点认为，可以建立"声誉机制"。[1]"声誉机制"要求对主张不分配利润的大股东的信息进行公示，从而降低这些股东在社会征信系统中的信誉度，使得其在市场经营中处于不利地位，实现对股东行为的制约。此种做法可以借鉴，但具体的判断标准仍存在模糊之处，即无法准确地判断大股东的行为是否违背诚信原则。故在实践中，若能完善具体的标准，"声誉机制"的建立不失为一种避免法律过度干预公司自治的措施。

3. 强制分配股利之诉

在新公布的《公司法司法解释四》中，第15条规定从法律上肯定了抽象股利分配之诉的存在，改变了过去只存在针对股东会作出的决议的撤销之诉的情形。但此条文并未规定具体的起诉条件和举证责任，仅概括地规定了抽象股利分配之诉的存在，故仍须具体地加以分析。

考虑到强制分配股利之诉达到的法律效果并非撤销股东会不予分配的决议，而是强制公司分配股利，故起诉的条件应较为苛刻，小股东应负主要举

---

〔1〕 王洪伟：《公司股利分配法律制度研究——以相关主体利益平衡为中心》，中国民主法制出版社 2009 年版，第 118 页。

证责任。

首先，关于起诉条件，应当满足：（1）公司具备分配股利的盈余条件；（2）股东提出的分配股利的书面请求被公司拒绝；（3）公司意思形成机关作出的不分配股利的决议，存在恶意，或欺诈，或导致明显的不公平。

其次，关于举证责任，提起诉讼的小股东应当提供证据证明如下事实：（1）公司存在可供股利分配的利润；（2）公司存在长期不分或者少分股利的事实；（3）大股东存在恶意。

以上起诉条件的规定较为苛刻，且对于小股东而言其负有较重的举证责任。但在实践中，关于是否满足条件的标准不够清晰，且提起诉讼的条件也较为模糊。如起诉条件中的"公司意思机关作出的不分配股利的决议，存在恶意，或欺诈，或导致明显的不公平"、举证责任中的"大股东存在恶意"等条件，由于小股东对公司内部的运营情况了解较少，获得公司财务记录以及报告的难度较大，难以提供有力的证据，主观恶意的证明存在着很大的困难。故尽管规定了强制分配股利之诉制度，发挥的作用可能也不足以改善小股东的"生存"环境。

（三）退出公司

1. 转让股份

小股东可以"用脚投票"，退出公司，转让所拥有的股份。但此种情况中，存在难以转让的问题：第一，在转让的过程中，收购方可能通过不同渠道了解此公司的分配情况，从而考虑到自身的利益，拒绝收购，小股东因此可能不得不低价出售，从而利益受损；第二，小股东转让股权要面临优先购买权的限制，可能面临大股东纠缠的情形。

2. 异议股东回购

《公司法》第74条第1款第（1）项规定，公司在符合分配利润条件且盈利的情况下，连续五年不向股东分配利润，对股东会该项决议投反对票的股东可以请求公司按照合理的价格收购其股权。此条文本意在于，维护小股东的利益，避免其因为资本多数决制度受到损害。但仍有两个无法解决的问题：其一，实行条件太过苛刻，需要满足连续五年不向股东分配利润，且公司要在五年内均具有可分配利润的条件；其二，若公司运营良好，小股东具有更多的预期利益，回购股份有损小股东的利益，也未必能够体现小股东的真实意思。故这一条文并未达到所欲达到的保护效果。

（四）扩大监事会职权

如果能够实现监事会职权的扩大，或许可以通过小股东参加监事会的方式，更好地通过公司内部的管理机制来维护小股东的权利。这样可以借助公司自治的框架，实现保护小股东的目的。但首先需要解决的问题是，小股东如何选举代表进入监事会。累计投票制度，可以使小股东将票数集中在一个人身上，从而取得相对于其余大股东分散投票的优势，使得其代表得以进入监事会中。这是对资本多数决制度的矫正。

在实现了小股东的代表进入监事会之后，下一步应做的是扩大监事的职权，充分发挥监事的作用。《公司法》第53条详细列举了监事会的职权，如果监事会能够充分地发挥职权，即可构成对股东会、董事会的有效制衡。发挥监事会职能的要点在于监事履行职权的条件。因小股东的票数有限，监事会中可能最多只有一个代表，故应当放宽监事履行职权的条件，一个监事也可行使监察公司财务、提请召开股东会会议、提出提案等权力，从而有效克服程序上对分配股利的限制。此外，也可规定监事会对被法院撤销的决议的审查权，从而避免法院裁判作出后，股东会仍旧不通过利润分配决议的僵局，也避免股东会审查自身决议的问题，真正发挥监事会的监督职能。但问题在于，放宽监事履行职权条件的界限难以确定。若过度扩大监事会的权限，可能使得监事会独大，造成公司管理系统的混乱，从而损害股东会自治机关的地位，不利于公司的稳定。故在考虑扩大监事会职权的可能性的同时，也应对其余的具体条件加以限制。

结 论

通过上述讨论，可以看出解决股利分配问题的措施很多，但是能够在不损害公司自治的情况下，尽可能完善地解决此问题的措施却付之阙如。

公司自治是不可损害的基本原则，也是在这一领域采取法律措施必须要遵守的原则。解决小股东的利益保护问题对公司的良好发展具有重要意义，故而在一定情况下，应当适度地对公司自治加以限制。

　　作者认为，"声誉机制"的建立在信誉的影响力较大的商业领域，如果能完善相应的界定标准，并建立起完整的征信体制，不失为一个避免法律干涉的办法。强制分配股利之诉的适用较为困难，且中国缺乏相应的配套制度，具体的实践标准难以确定。比较可行的办法是借助法律对监事会职权的修正，将此问题交由公司内部解决。首先，放宽监事独立履行职权的条件，任何监事均可独立行使监事会职权，如此可以解决大股东拒绝召开股东会以及董事会拒绝提出利润分配方案的问题。其次，对股东会拒绝分配股利的决议提起撤销之诉，请求法院撤销此决议。这种诉讼已存在于现行公司诉讼体制之中，且已有较为完善的诉讼机制和判断标准，具有可操作性。再次，应在法律中规定，法院撤销的股东会决议应由监事会审查，而非由股东会重新作出决议，此种做法可以避免"拒绝——起诉——拒绝"的无尽循环，提高作出利润分配决定的效率。

　　总之，在解决股利分配的问题时，应当坚守公司自治的原则，尽量将股利分配等事务交给公司内部机制协调，并借助公司内部机构的审查作出具体的处理方案，避免法律，特别是司法的过度干预。

Shareholder's Abstract Dividend Distribution
——Also on Limited Liability Company

Abstract：The current dividend distribution mechanism in China is imperfect and there is a conflict between shareholders' interests in the majority rule principle. Therefore, when the shareholders' meeting refuses to make a resolution on the distribution of dividends, the realization of the request for distribution of dividends by the minority shareholders is very difficult. This paper argues that in solving this problem, judicial intervention should be avoided, as far as possible using the company's internal operating procedures to solve the problem, give play to the supervisory function of the board of supervisors, and make up for the majority rule principle as means of cumulative voting system.

Key words：abstract dividend distribution；majority rule principle；board of supervisors

论终结本次执行程序

——以效率取向和权利实现的统一为视角

中国政法大学法学院 2015 级 1 班　陈丹瑶

指导老师：中国政法大学民商经济法学院民事诉讼法研究所教授　刘金华

摘　要　终结本次执行程序是在 2015 年最高人民法院《关于适用〈中华人民共和国民事诉讼法〉的解释》（以下简称《民诉解释》）中新规定的一项执行案件结案方式，其立法目的在于通过化解法院的积案压力、提高执行资源的利用效率，为更多执行案件执行到位创造条件。终结本次执行程序符合执行程序的基本原则，全面保护当事人合法权益原则、执行及时原则、执行穷尽原则。"无财产可供执行"是执行申请人本应承担的风险，终结本次执行程序后，允许当事人通过提供财产线索的方式重启执行程序，为当事人权利实现提供可能。需要通过对当事人的执行异议权的保障、对法院是否"穷尽财产调查措施"的监督、对执行程序恢复中权责的明确，真正保障终结本次执行程序中效率取向与权利实现的统一。

关键词　终结本次执行程序　强制执行法　民事程序法

绪　论

审判与执行向来被视为"车之两轮、鸟之双翼，须臾不可分离"[1]，两者在性质上同属于权利的司法救济，在审判程序确定了当事人的权利后，执行程序动用公权力，高效、充分地实现当事人权利。随着执行案件量的增加、

---

〔1〕　江必新主编：《强制执行法理论与实务》，中国法制出版社 2014 年版，第 1 页。

执行难度的上升、执行资源的稀缺，[1]"从制度上攻克执行难"成为执行程序发展的价值共识。[2]相当一部分执行案件，债务人确实没有财产可供执行，法院穷尽执行措施，均不能实现申请执行人的权利，这一部分案件成为"没有心跳的僵尸"[3]。2016年2月13日，最高人民法院院长周强在十二届人大四次会议报告上做出承诺："用两到三年时间基本解决执行难问题"。[4]在这一语境下，最高人民法院于2016年公布了《关于严格规范终结本次执行程序的规定（试行）》。"终结本次执行程序"这一具有创新意义的执行案件结案方式，在合理分配执行资源、实现执行效率以及切实保障当事人权益等方面所能发挥的制度价值，受到了学者以及实务界人士的广泛关注。

总结既有的对于"终结本次执行程序"的研究，肯定与争议的声音并存。肯定的观点指出了"终结本次执行"作为一种"执行案件退出机制"的创新意义，[5]认为其在化解法院积案、提高执行效率方面具有重要价值，[6]有利于还原民事执行中多主体的风险应然分配。[7]而否认的观点则认为，其与《中华人民共和国民事诉讼法》（以下简称《民事诉讼法》）所规定的"执行终结"程序并不能实现逻辑上的自洽。结合对司法实践的研究[8]，研究者指

---

〔1〕 最高人民法院发布2017年上半年的审判执行数据，全国法院共受理案件1458.6万件，结案888.7万件，结案率60.92%，未结案件569.9万件。参见最高人民法院新闻局："最高法发布今年上半年审判执行数据 全国法院受理案件数突破一千四百万"，载最高人民法院网站，http://www.court.gov.cn/zixun-xiangqing-54892.html，最后访问时间：2017年10月24日。

〔2〕 参见肖建国："执行程序修订的价值共识与展望——兼评《民事诉讼法修正案》的相关条款"，载《法律科学（西北政法大学学报）》2012年第6期。

〔3〕 江必新主编：《强制执行法理论与实务》，中国法制出版社2014年版，第335页。

〔4〕 参见最高人民法院新闻局："最高人民法院发布关于落实'用两到三年时间基本解决执行难问题'的工作纲要"，载最高人民法院网站，http://www.court.gov.cn/fabu-xiangqing-20752.html，最后访问时间：2017年10月24日。

〔5〕 参见徐寒军："论民事执行案件的程序退出机制"，对外经贸大学2006年硕士学位论文；何青青："论无财产可供执行案件退出机制"，西南政法大学2015年硕士学位论文。

〔6〕 张法能："执行退出机制：公正与效率的博弈——以再执行程序的'W'与'H'为角度"，载《法治论坛》2014年第3期。

〔7〕 参见百晓锋："程序变革视角下的终结本次执行程序制度——以《民诉法解释》第519条为中心"，载《华东政法大学学报》2015年第6期。

〔8〕 关于对终结本次执行程序的实证研究成果主要包括：厦门市湖里区人民法院课题组："关于终结本次执行制度的调研报告"，载《东南司法评论》2014年第7期；百晓峰："中国民事执行年度观察报告（2016）"，载《当代法学》2017年第3期。

出终结本次执行程序亟待完善之处，包括需要加强与其他制度的衔接[1]、完善适用范围、程序、救济等方面的规定。[2]

但是，既有的研究并没有关注到终结本次执行制度所面临的应然价值与实践的可能不一致，甚至在没有明确其立法目的的基础上就展开如何完善的讨论。基于上述执行制度的研究成果，本文希望进一步明晰终结本次执行程序作为执行程序关键一环的价值序列。首先对终结本次执行的基本理论进行梳理，着重分析终结本次执行的理论基础和应然层面的制度价值，进而结合法院数据和具体案例，分析在实践中终结本次执行程序的工具价值与目的价值的潜在冲突，最终提出对终结本次执行程序进一步完善的一些建议。

一、终结本次执行程序的基本理论

（一）终结本次执行程序的含义和特点

终结本次执行程序是指在以财产为执行标的的案件中，被执行人无财产可供执行，由执行法院作出裁定，终结本次执行程序，未来在具备特殊条件的情况下可以再次启动执行的一种执行案件结案方式。2015 年出台的《民诉解释》第 519 条用两款规定："经过财产调查未发现可供执行的财产，在申请执行人签字确认或者执行法院组成合议庭审查核实并经院长批准后，可以裁定终结本次执行程序。依照前款规定终结执行后，申请执行人发现被执行人有可供执行财产的，可以再次申请执行。再次申请不受申请执行时效期间的限制。"

对比终结本次执行程序与终结执行，有学者认为其关系类似国外执行制度中"执行程序整体结束"和"具体执行程序结束"，终结本次执行程序与终结执行为部分与整体的关系；[3]由最高人民法院组织编写的《中国强制执

---

[1] 例如终结本次执行程序与个人破产制度、民事执行中的当事人举证制度等制度的衔接，参见唐豪："执行悬赏制度论纲"，载《中共南京市委党校学报》2017 年第 3 期；任建坤："互动共生：执行程序与破产程序的衔接机制研究"，载《全国法院第二十六届学术讨论会论文集：司法体制改革与民商事法律适用问题研究》。

[2] 参见范加庆："适用终结本次执行程序的基本点"，载《人民司法》2015 年第 7 期；刘静："终结本次执行程序的反思"，载《首都师范大学学报（社会科学版）》2016 年第 6 期。

[3] 参见百晓锋："程序变革视角下的终结本次执行程序制度——以《民诉法解释》第 519 条为中心"，载《华东政法大学学报》2015 年第 6 期。

行法（试拟稿）》中也规定了与现有限制执行制度内容高度相似的"特殊的终结执行"[1]，与"普通的终结执行"相对。但在我国现行立法规定上，基于终结执行的事由导致了当事人权利的确定无法实现或者没有必要实现，而无再次启动执行程序的可能，两者的相同点都局限于作为执行案件的结案事由。对比中止执行，其主要基于执行依据或标的因案外人异议、尚未确定权利义务继受者等原因暂时中止，事由消灭后可以重新启动，[2]并非执行案件的结案方式，不发生相对确定的法律效果。

综合以上分析，终结本次执行程序的特点主要包括：（1）终结性，司法解释明确了其作为一种执行案件的结案方式的地位；（2）可恢复性，申请人提供财产线索可以恢复执行程序；（3）适用条件有限性，终结本次执行程序仅仅适用于以财产为标的的执行案件，且必须满足在被执行人确无履行能力的情形下适用。

（二）理论基础

执行程序在价值取向上注重效率，[3]但执行工作的最终目的依然是当事人权利的最大化实现。[4]理论研究对我国强制执行法的基本原则达成了一定共识，包括全面保护当事人合法权益原则、执行及时原则、执行穷尽原则。[5]强制执行原则为执行程序提供了正当性的基础与保障，是执行立法与司法工作的指导。强制执行的基本原则也体现在了终结本次执行程序中。首先，执行及时原则意味着强制执行程序在价值取向上注重效率，它要求法院在法定期限内进行和完成执行行为，不能久拖不执，而债务人无财产可供执行的案件不仅不能在法定期限内得到解决，还占用了大量的司法资源，导致

---

〔1〕 参见杨荣馨主编，《中国强制执行法（试拟稿）》课题组编著：《强制执行立法的探索与建构——〈中国强制执行法（试拟稿）〉条文与释义》，中国人民公安大学出版社2005年版，第262~264页。

〔2〕 参见宋朝武主编：《民事诉讼法学》（第四版），中国政法大学出版社2015年版，第478页。

〔3〕 江必新主编：《强制执行法理论与实务》，中国法制出版社2014年版，第25页。

〔4〕 参见王宝道、邵海强："论终结执行的效力——由一则案例重新审视终结执行的不可恢复性"，载《法律适用》2013年第5期。

〔5〕 参见江必新主编：《强制执行法理论与实务》，中国法制出版社2014年版，第69页。

更多执行案件得不到及时处理的"多米诺骨牌"效应，因此也需要及时清结；其次，"执行穷尽原则"要求法院"穷尽财产调查措施"，在完成"规定动作"[1]后才能适用终结本次执行程序；这一原则意味着法院已经穷尽其职权范围内的执行措施后，债权人权利得不到满足的风险则需要自己承担。全面保护当事人利益的原则，体现在法院适用终结本次执行程序后，当事人提供财产线索，可以再次启动执行程序，全面保护其由执行依据所确定的权利以及程序自主权。

终结本次执行程序的正当性，还依据于债务人无可供执行财产，这是需要由债权人承担的市场风险之一。在经济社会中，每一个个体都同时是市场交易的主体，企业破产乃至个人在事实上破产的情况数见不鲜，"生效法律文书所确定的债权得不到实现是经济发展水平、市场交易缺陷、市场管理制度缺陷等综合原因造成的"。[2]法院执行立案后需要向当事人送达风险提示，以北京市法院系统为例，其向当事人送达的风险提示中明确："被申请人没有财产或没有足够财产可供执行的，申请人将承担财产权益无法实现或不能完全实现的风险。"法院在强制执行活动中作为能动的执行主体，其活动固然带有强烈的职权主义色彩，但其掌握的执行手段和资源都是有限的。而对于当事人而言，在诉讼程序中投入了大量的沉没成本，以至于更难接受这样的事实：司法具有"非理想性"[3]的本质，如同在诉讼程序中面临的败诉风险一样，在执行程序中同样面临着执行不能的风险。法院在执行过程将在申请执行人

---

〔1〕《关于严格规范终结本次执行程序的规定（试行）》中明确了法院在适用终结本次执行程序之前必须完成的调查事项，其第3条规定："本规定第一条第三项中的'已穷尽财产调查措施'，是指应当完成下列调查事项：（一）对申请执行人或者其他人提供的财产线索进行核查；（二）通过网络执行查控系统对被执行人的存款、车辆及其他交通运输工具、不动产、有价证券等财产情况进行查询；（三）无法通过网络执行查控系统查询本款第二项规定的财产情况的，在被执行人住所地或者可能隐匿、转移财产所在地进行必要调查；（四）被执行人隐匿财产、会计账簿等资料且拒不交出的，依法采取搜查措施；（五）经申请执行人申请，根据案件实际情况，依法采取审计调查、公告悬赏等调查措施；（六）法律、司法解释规定的其他财产调查措施。人民法院应当将财产调查情况记录入卷。"

〔2〕厦门市湖里区人民法院课题组："关于终结本次执行制度的调研报告"，载《东南司法评论》2014年第7期。

〔3〕刘静："终结本次执行程序的反思"，载《首都师范大学学报（社会科学版）》2016年第6期。

与被执行人依据生效法律文书重新分配利益和损失，但如果被执行的一方无多余的利益可用于转移，法院并不负有创造利益来弥补申请方的职责，得不到弥补的风险应由当事人自身或社会来承担，而不是由法院来弥补。[1]因而，法院将无财产可供执行的案件做结案处理具有正当性。

最后，终结本次执行程序，并非否认生效法律文书的效力，[2]当事人仍然可以通过提供财产线索恢复执行。关于执行程序中当事人"举证责任"的讨论由来已久，执行程序并不涉及对纠纷的裁决，并不适用民事诉讼中"举证责任分配"的一般规定。[3]但这并不意味着当事人"查明被执行人财产完全是法院的职责"的习惯认识是正确的。比较国外的立法例，"债务人有无责任财产，攸关债权人之债权能否实现，命其调查，必能尽力"，[4]需要当事人主动参与到财产调查的过程中去。固然执行法院掌握着以国家强制力为支撑的强大执行资源，但强制执行作为一种公共产品，却天然有供不应求的倾向，当事人提供财产性线索并非启动执行程序的一项义务，而是弥补强制执行制度性缺位，主动争取实现自身权利的表现。因此，在法院已经穷尽其所能施行的调查方法后，由当事人主动提供财产线索才能重新启动，符合执行效率的原则，是法院与当事人之间合理分担财产调查任务的结果。

（三）价值目标

在2015年《民诉解释》出台之前，1998年最高人民法院《关于人民法院执行工作若干问题的规定（试行）》提出的指引为"被执行人确无财产可供执行的，人民法院应裁定终止执行"；2009年，中央政法委、最高人民法院出台《清理执行积案结案标准》明确将终结本次执行程序作为结案方式；2014年最高人民法院公布《关于执行案件立案、结案若干问题的意见》对终结本次执行程序适用对象范围及适用条件等作了更加详细的规定。随着2015

---

〔1〕 参见邓毕霄："民事案件终结本次执行程序研究"，天津师范大学2017年硕士学位论文。

〔2〕 参见王宝道、邵海强："论终结执行的效力——由一则案例重新审视终结执行的不可恢复性"，载《法律适用》2013年第5期。

〔3〕 参见张卫平："执行中的'举证责任'——一种对于举证责任的误读"，载《人民法院报》2005年4月27日。

〔4〕 百晓锋："程序变革视角下的终结本次执行程序制度——以《民诉法解释》第519条为中心"，载《华东政法大学学报》2015年第6期。

年司法解释的出台，最终肯定了终结本次执行的地位。

回顾终结本次执行制度在规范中逐步确立的过程，有学者指出，其与中国法院系统数次"集中清理执行积案"专项活动在时间上高度重合，[1]并据此认为终结本次执行程序的目的在于化解执行积案，为因被执行人无履行能力而大量长期积存的案件提供出口。化解执行积案、减轻法院执行部门压力，固然是终结本次执行程序最直接的效果，但如果将执行制度作为一个整体来看待，其核心在于以国家强制力保证被执行人履行生效法律文书确定的义务，最重要的目标依然是当事人的权利实现。而终结本次执行程序通过给长期积存的案件画上一个暂时的句号，使执行资源能够倾向权利实现概率更高的执行案件。因而，节约执行资源、提高执行效率的手段为需要借助的"工具价值"，而非"目的价值"。

在社会公平正义的前提下实现效率，判断标准之一即为"一种结构，当改变它以使一些人的状况变好的同时不可能不使其他人的状况变坏时，这种结构就是有效率的"[2]。通过合理分配社会资源、提高利用效率，能够促使更多数人权利的实现，这是终结本次执行程序为一些人的状况改善所作出的贡献；但这必须以不减损处于相对较差地位的另一部分人的利益为前提，也就是说，不能过度减损目前无财产可执行案件当事人的权利在未来得到实现的可能，这一点必须通过对终结本次执行程序的慎重适用、对执行程序重新启动的合理规定来达到。

因此，在终结本次执行程序的价值序列上，效率取向并不能制约权利的实现。在立法实践与司法中存在的一些问题，正是以"效率取向"的这一工具性价值不当限制了"权利实现"这一目的价值，造成了终结本次执行程序难以取得良好的社会效果，因此，必须在制度价值的指导下反思终结本次执行程序存在的问题。

---

[1] 我国法院系统曾在 1998~1999 年、2005 年、2008~2009 年、2010 年、2013~2014 年进行过五次全国范围内的集中清理执行积案的专项行动。参见周震："论终结本次执行程序制度"，中国社会科学院研究生院 2017 年硕士学位论文。

[2] [美] 罗尔斯：《正义论》，何怀宏、何包钢、廖申白译，中国社会科学出版社 2009 年版。

二、终结本次执行程序存在的问题

上述分析着重讨论了终结本次执行程序的应然价值，正如"任何制度都不会坚定不移的只沿着最初设定的方向发展"[1]，终结本次执行程序的出现，旨在通过提高执行效率这一工具价值，达到权利实现这一民事执行法上最根本的目的价值，但在立法实践与司法实践中切实存在着的制度的不完善与对制度的异化，而使得"效率取向"与"权利实现"存在着紧张对立关系。要实现两种价值在实践层面的统一，就需要首先对立法与司法实践中的问题有清晰的认识与把握。

（一）立法与司法实践

2009 年的《清理执行积案结案标准》仅仅将终结本次执行程序作为结案方式；2014 年最高人民法院公布的《关于执行案件立案、结案若干问题的意见》对终结本次执行程序的适用对象范围及适用条件等作了更加详细的规定，例如提出要"穷尽财产调查措施"；继 2015 年司法解释的出台，最高人民法院又于 2016 年 10 月 29 日发布《关于严格规范终结本次执行程序的规定（试行）》，对适用终结本次执行作出了程序性规定。

终结本次执行程序基于为执行积案提供出口的实践导向，在司法实践中被广泛适用。根据厦门市湖里区人民法院的实证研究，该法院在 2009～2013 年以终结本次执行程序结案的案件数量占同期执行案件的 27.9%[2]。而从近期一些法院的网络公开数据看，"终本率"（终结本次执行程序案件在所有已结案执行案件中所占比率）多集中于 40% 到 60%，考虑到执行案件的庞大基数，这一数字无论在绝对还是相对数量上都相当可观。

时至今日，终本率成为一些法院执行工作绩效的负面标准，成为"基本解决执行难问题"需要克服的重点之一，如果终结本次执行程序仅在被执行人确无履行能力时适用，而其中的市场风险又是客观存在的，那么就全然没有必要对"终本率"的高起感到不安，更无必要从对程序适用的趋之若鹜到

---

[1] 苏力：《制度是如何形成的》，北京大学出版社 2007 年版，第 177 页。
[2] 参见厦门市湖里区人民法院课题组："关于终结本次执行制度的调研报告"，载《东南司法评论》2014 年第 7 期。

唯恐避之不及，其背后的原因就在于目前终结本次执行程序不仅在当事人中的接受度不高，法院适用中也会因为相关规则的模糊性、对其作为结案方式的过度依赖而产生不安。

（二）终结本次执行程序的问题

上述分析表明，现有的终本率并非达到预期，其原因在于对于终结本次执行程序的适用，无论在法院自身抑或当事人中，都受到了质疑，其问题可能存在于以下数个方面。

首先，终结本次执行程序的本质"以程序正义弥补实质正义没有实现的缺陷"[1]，在当事人的权利不能实现的情况下，以暂时撤出耗费在其上的执行资源为代价，保障未来再次启动程序的可能性。即使再起启动的希望微茫，在这一过程中，法律文书作为执行依据的效力得到了确认，当事人的权利在未来实现也得到了执行程序的保护。正因为此，终结本次执行的适用必须强调适用程序的严格性与正当性，毕竟实体权利未落实情况下转移执行资源给当事人带来的是心理的落差。

随着程序正义观念的逐渐加强与风险意识的提高，当事人可能逐渐产生对于终结本次执行程序制度本身的认可；即便如此，亦有因为程序规定本身的不完善以及适用上的不严格，当事人的实体权利无法得到实现从而无法在程序适用中感受到"个案的公平正义"，产生不满情绪，增加采用信访途径的概率，进一步加大执行工作的难度。由于案件压力大、执行资源有限，以及执行办案人员面对指标考核所感受到的个人压力，执行部门倾向于将工作重心放在提高执行效率方面，其中的重要一点就是为大量有一定执行难度的执行案件快速画上一个暂时的终点，甚至对于一些能够执行到位的案件，由于存在暂时性的执行障碍而匆匆结案，从而符合执行期限所设定的要求。[2]如果这种倾向没有受到制度的制约，那么终结本次执行制度就会成为执行案件提高结案率的"快速通道"，效率取向作为工具性价值压倒了权利实现，出现了"本末倒置"。除瑕疵适用规定程序外，在程序合法的前提下，依然可能由

---

〔1〕 刘静："终结本次执行程序的反思"，载《首都师范大学学报（社会科学版）》2016年第6期。

〔2〕 参见范加庆："适用终结本次执行程序的基本点"，载《人民司法》2015年第7期。

于规定本身的不尽完善，为消极执行创造了空间。

试举一例分析。在张某国、张某新等与南京鑫达特种水产研究开发有限公司合同纠纷执行案[1]中，申请执行人在执行过程中已经提供存款、对账单等证据，表明被执行人向其实际控制人多次以"差旅费"等名义转账汇款近30万元，并认为公司在执行通知书发出后恶意将巨额资金转移至其董事长、法定代表人、股东等个人名下，但却无法举证。但南京中院异议审查以及江苏高院复议审查均认为，南京中院已经进行了财产登记信息并将相关主体纳入失信被执行人名单，已经完成了"规定动作"，裁定驳回异议及复议。

如果当事人在其举证能力的范围之内，已经举出了当事人通过转移财产逃避债务的相应线索，可以作为申请恢复执行的依据，那么法院此时依据对已完成的法定执行措施裁定终结本次执行程序，而不对当事人提供的线索进行追查，显然就已经陷入了逻辑悖论，让"终结——重启"这一本无必要的过程插入了资源有限和强调效率的执行程序。这一案例是执行工作中采取的强制手段相对单一的缩影。

其次，上述关于终结本次执行程序理论基础的分析，说明当事人在执行程序中自发对被执行人财产状况进行追查，尽管具有正当性，其"举证能力"的提高却是长期的，并且需要与其他制度相互配合的过程。而现有情况却是，当事人与法院处于信息和资源严重不对称的地位，[2]不仅财产调查能力有限，甚至于，当事人提供了相应财产线索，却难以通过法院审查，不能导向高效和有力的恢复执行。

恢复执行是实现当事人实体权利的重要保障，是在执行资源有限制约下对权利实现的最大努力。执行资源的启动取决于由当事人提供的财产性线索，大大增加了再次执行到位的可能性。但与此同时，恢复执行程序是对执行资源的再次需求，放开执行恢复同样是执行部门无力承担之重，立法与司法不得不再次直面效率取向与权利实现之间的冲突。

---

[1]　参见江苏省高级人民法院（2016）苏执复38号裁定书。

[2]　参见百晓锋："程序变革视角下的终结本次执行程序制度——以《民诉法解释》第519条为中心"，载《华东政法大学学报》2015年第6期。

三、终结本次执行程序的完善建议

以上分析指出了终结本次执行程序在适用中存在的问题，"效率取向"压倒了"权利实现"的问题，在立法与司法实践中客观存在。正如法谚所言：迟来的正义为非正义。执行工作中，效率本身是对于权利保障的必须途径之一。但是，效率本身并非目的，如果不对效率取向扩张中的需要进行限制，以"权利实现"构成对于"效率取向"的正当制约，那么在实现效率与当事人实体权利之间的统一以及程序正义与实体正义之间的统一就会存在一定困难。

（一）保障当事人的执行异议权

执行救济，指的是当事人的合法权益因违法或者不当的执行行为受到侵害时，请求给予相应补救的法律制度。[1]终结本次执行的程序正义性系于当事人的程序参与。有观点认为，保障当事人对程序执行以及作出裁定的参与是程序正义的一般性要求。[2]裁定作出后，法院再次审查当事人对程序适用提出的异议，则有悖于终结本次执行程序所立足的效率取向。[3]

《民诉解释》确定终结本次执行程序的适用存在两种方式：其一是申请执行人主动申请，其二是由人民法院主动适用，并从程序上作出了限制，要求合议庭合议、院长审批。申请执行人并不愿意自身的权利脱离执行部门相对严密的保障，可见其并不情愿适用程序；而在法院主动适用中，无论是合议庭合议还是院长审批，都容易流于形式。因而，确认当事人的程序异议权，就有保障权利实现的重要意义。

在异议方式上，以上诉的方式提出异议受到了《民事诉讼法》中只有四种法定的裁定可以上诉的限制，而执行异议指的是执行行为违反程序性规定，当事人通过提出异议寻求救济的法律制度，[4]在终结本次执行中存在适用的

---

〔1〕 参见江必新主编：《强制执行法理论与实务》，中国法制出版社2014年版，第421页。

〔2〕 参见朱福勇："瑕疵执行行为之规制——以执行对话模式的构建为核心"，载《法商研究》2017年第5期。

〔3〕 参见刘静："终结本次执行程序的反思"，载《首都师范大学学报（社会科学版）》2016年第6期。

〔4〕 参见江必新主编：《强制执行法理论与实务》，中国法制出版社2014年版，第424页。

空间。执行行为异议和复议受到了期间的限制，而且审查期间执行不恢复，〔1〕限制了当事人滥用异议和申请复议权、恶意拖延的可能，无损于终结本次执行的效率取向。

司法实践中已经存在当事人针对适用执行程序向上级法院提出的异议请求，例如杨伟与陕西益丰置业发展有限公司、吴拴牢借款合同执行案〔2〕中，当事人不服渭南市中级人民法院作出终结本次执行的裁定，提出异议，认为以"被执行人的财产拍卖余款因涉及广东省法院，陕西省高院正向上级法院请示解决，被执行人再无其他财产可供执行"为由裁定"终结本次执行程序"于法无据，应予撤销，陕西省高院最终认定该裁定无法律依据，裁定撤销。该案例说明执行工作中确实存在终结本次执行程序的不当使用，因此程序异议就是有力的救济渠道之一，保障了当事人的权利实现。

除适用终结本次执行是否正当之外，复议还可以针对其他事项。例如青海东湖旅业有限责任公司与青海银行股份有限公司其他执行一案〔3〕中，最高人民法院首先对终结本次执行程序以及恢复执行是否正当的问题进行审查，认为不存在程序不当；针对终结本次执行程序期间应否计算迟延履行利息的问题，认为该执行程序的暂时中止并未改变被执行人未依法律文书履行义务的状态，青海高院不予支持青海银行主张的相关利息请求证据不足，进行纠正。在立法与司法解释均未进行明确规定的情况下，申请复议执行裁定书认为迟延履行利息作为执行中的间接强制手段之一，存在适用空间，促进了当事人的权利实现。

---

〔1〕 依照《民事诉讼法》第225条的规定，"当事人、利害关系人认为执行行为违反法律规定的，可以向负责执行的人民法院提出书面异议。当事人、利害关系人提出书面异议的，人民法院应当自收到书面异议之日起十五日内审查，理由成立的，裁定撤销或者改正；理由不成立的，裁定驳回。当事人、利害关系人对裁定不服的，可以自裁定送达之日起十日内向上一级人民法院申请复议"。而依据《最高人民法院关于适用〈中华人民共和国民事诉讼法〉执行程序若干问题的解释》第10条的规定，"执行异议审查和复议期间，不停止执行。被执行人、利害关系人提供充分、有效的担保请求停止相应处分措施的，人民法院可以准许；申请执行人提供充分、有效的担保请求继续执行的，应当继续执行"。由于，类推针对一般执行行为的申请复议的法律效果，其法律效果应当在执行程序的异议、复议审查期间终结，原则上不继续进行。

〔2〕 参见陕西省高级人民法院（2017）陕执复38号裁定书。

〔3〕 参见最高人民法院（2014）执复字第19号裁定书。

（二）完善"穷尽财产调查措施"的监督

《民诉解释》规定了法院必须在"穷尽财产调查措施"的前提下，才能适用终结本次执行程序。上述张某国、张某新等与南京鑫达特种水产研究开发有限公司合同纠纷执行一案中，执行法院虽然已经完成了"规定动作"，但对于当事人提供的被执行人恶意转移财产的证据，并没有进行实质性的审查。2016年，《关于严格规范终结本次执行程序的规定（试行）》对于"穷尽财产调查"的含义进一步明确，其中规定了包括查询余额。但是执行面不全，案件材料并不能充分反映执行工作的概况，当事人对于已经采取的执行措施及其直接结果有明确的获知，在缺乏监督的情况下仍然存在程序滥用的可能。

因此，完善对法院是否"穷尽财产调查措施"进行监管，首先要求法院向当事人公开执行信息，减少当事人对执行权运作所产生的"神秘感"，从而增强执行结果的可接受性。[1]如果"法院缺乏一套外在的评判机制即强制执行程序规则，以致无法将各方的行为和博弈纳入法治的轨道，进而导致相互信任的丧失"，[2]在执行工作的关键节点通过送达、举行听证等方式，保障当事人的知情权，是对法院程序适用的有力监督。

其次，"穷尽财产调查措施"还需要在"规定动作"之外，强调法院相机行事的重要。执行工作本身具有行政特征，执行法官保留着合法性以外自由裁量的弹性空间。在类似于追查被执行人恶意转移财产时，需要执行法官依据经验分析判断；当申请执行人已经对转移财产提出有依据的怀疑，而限于其作为个体调查取证的困难，应当事人的申请进行追查同样是执行法院的职责。因此，在现有规定动作的基础上，还需要强调执行法官在相机行事意义上的"尽职尽责"，提高程序适用的正当性、权利实现的可能性以及当事人对于程序的接受度。

（三）明确恢复执行程序中的权责

执行恢复程序意味着当事人的权利再次由国家强制力来保障其实现，甚

---

［1］ 参见朱德勇："瑕疵执行行为之规制——以执行对话模式的构建为核心"，载《法商研究》2017年第5期。

［2］ 百晓锋："中国民事执行年度观察报告（2016）"，载《当代法学》2017年第3期。

至有学者提议要将"恢执率"作为正指标来评价执行员的工作，[1]但恢复执行案件数量不大，除了被执行人确无偿还能力外，也有当事人举证能力不足等问题的存在。即使当事人提出了财产线索的证据，由于恢复执行的细则不明以及启动主体的缺位，保障申请执行人通过执行程序恢复真正实现其权利就有深远的意义。

从启动主体上看，司法解释的规定为当事人向法院提供财产线索，法院审查启动执行程序的恢复。《严格规范终结本次执行程序的规定（试行）》还规定了"终结本次执行程序后的五年内，执行法院应当每六个月通过网络执行查控系统查询一次被执行人的财产"。如果不规定人民法院依职权恢复执行程序并及时向当事人通报结果，那么在适用终结本次执行程序后法院再查控就无太大意义了。除此以外，针对异地执行、委托执行难度大的问题，已经有学者对于执行管辖进行反思，认为允许多地立案、法院对被执行人本辖区内财产执行完毕而未能完全实现其权利，应当允许向异地法院再次申请执行。[2]这与终结本次执行程序的法律效果并不相悖：执行法院裁定"一次"的执行程序终结，并非否认生效法律作为执行文书的法律效力，在财产线索所在异地申请执行，也有助于提高执行的成功率。

从当事人提供财产性线索的能力方面看，"财产性线索"是否足以重新启动执行程序，法院对其审查标准本身关系重大。一方面，如果标准制定过高，于当事人本身而言掌握资源和调查能力有限，突破"高门槛"少之又少；另一方面，如果标准过低，则有可能让通过终结本次执行程序释放的积案压力再次回流，不仅依然不能实现当事人的权利，效率取向也再次落空。因此，在明确"财产性线索"必须体现权利有较大实现概率的同时，要在制度上逐步提高当事人的"举证能力"，例如建立财产调查令制度[3]，执行悬赏等制度，保障当事人能够自主、有力地发现被执行人的财产线索，案件重新进入执行程序后才有较大的可能实现权利。

---

〔1〕 参见王超："终结本次执行程序案件的态势分析与研究——以四川某市为例"，载《法制与社会》2017 年第 6 期。

〔2〕 参见江必新主编：《强制执行法理论与实务》，中国法制出版社 2014 年版，第 238~239 页。

〔3〕 参见邓毕霄："民事案件终结本次执行程序研究"，天津师范大学 2017 年硕士学位论文。

结 论

在终结执行、中止执行等传统执行程序外，终结本次执行程序作为一种执行不能案件的退出机制，可以化解积案压力、提高执行效率，进而合理分配稀缺的执行资源，为最大多数申请执行人权利的实现提供可能。终结本次执行程序的正当性体现在对执行不能风险的合理分配以及法院在财产调查中能动性的有限、"举证责任"合理分配的基础上。

终结本次执行程序的存在有其必要性与合理性，然而却在司法实践中暴露出"终本依赖"、恢复执行难等问题。执行程序始终以实现当事人权利为基点，作为司法过程的正义性，效率取向仅仅具有工具性价值，因而必须以权利实现适度制约对于效率的追求。对当事人的执行异议权的保障、对法院是否"穷尽财产调查措施"的监督、对执行程序恢复中权责的明确，有助于化解"效率取向"与"权利实现"的对立，使得终结本次执行程序不再是"解决执行难"过程中需要对抗和化解的顽疾，而是高效、有序的执行程序建构中不可或缺的一环。

A Study on Terminating the Current Enforcement Proceeding: From the Perspective of Rebalancing Enforcement Efficiency and Rights Realization

Abstract: As an unconventional way to close a civil execution case, terminating the current enforcement proceeding is prescribed in the Supreme Court's judicial interpretation of Chinese civil procedural law enacted in 2015. Being a procedural innovation intended to release courts from the pressure of stacked cases and to improve the enforcement efficiency, it matches the basic principles of enforcement procedure, including realizing creditors' rights timely and entirely as well as exhaustion of enforcement methods. Parties seeking enforcement are noticed in advance for the risk of cases with no executable properties and they can apply for a new start of enforcement by providing clues leading to undiscovered debtors' properties after the current enforcement proceeding is terminated. However, terminating the current enforcement proceeding has been abused by enforcing authority due to an overwhelming pursue of efficiency and the imperfection of previous prescriptions. Parties are facing difficulty in restarting the enforcement. To regain balance between enforcement efficiency and rights realization, it is necessary for the rule-makers to provide parties with right of objections to procedural matters, to secure the due diligence of enforcing authority, and to clarify roles and responsibilities of different subjects.

Key words: Terminating the Current Enforcement Proceeding; Enforcement Procedure; Civil Procedural Law

中立帮助行为的可罚范围研究

中国政法大学法学院 2015 级 2 班　胡飘飘

指导老师：中国政法大学刑事司法学院副教授　董淑君

摘　要　随着社会分工逐渐精细化，社会上经常出现一类形式上无损，客观上却促进他人实施犯罪的行为，刑法理论一般称之为中立帮助行为。由于中立帮助行为表面上符合帮助犯的构成要件，但却具有"日常"的属性，如果不加区分地进行处罚将会导致过于限制人们的交易自由。在界定中立帮助行为的可罚范围时，主观方面，应对行为目的的诸多要素进行论述，而不是对故意确定与否进行区分，行为人不仅要确切地领会到正犯的犯罪意图，同时还要确切地领会到自己的参与行为对正犯行为的具体帮助作用；客观方面，应对帮助行为与正犯实行行为之间的物理、心理因果性进行限定，二者符合其一便认定构成可罚的帮助犯。

关键词　中立的帮助行为　可罚范围　中立行为　帮助犯

绪　论

刀具店老板明知他人购置菜刀是为杀人作准备而向其出售菜刀（"菜刀案"），五金店老板知道他人入户偷盗的计划而向其出售螺丝刀（"螺丝刀案"），银行职员知悉顾客偷逃税款而为其办理资金转账（"银行案"），出租车司机知悉乘客的杀人计划而载其到作案地点（"出租车案"），妻子知道丈夫饭后要实施抢劫犯罪仍然好菜好酒伺候（"饭菜案"），债务人明知他人准备犯罪或逃亡仍归还款物（"还款案"），这种一般无损却客观上促进了他人犯罪行为及结果的行为，就是本文将要研究的中立帮助行为。中立帮助行为的上位概念是中立行为，因为法律的不周延、抽象性以及谦抑性等特征，存在着很多介于合法行为与违法行为之间的中立行为，处于现行立法调整之外，既没有被法律禁止也没有被法律所允许。如果对法律的这些空隙置之不理，一定会带来巨大的社会风险，所以，中立帮助行为才从中立行为中被提出来，并饱受争议。传统观点认为，只要行为对正犯行为及其结果起到了促进作用，即客观上具有因果关系，并且行为人对此明知而持希望或者放任态度，即主观上具有帮助的故意，就成立帮助犯。"而中立帮助行为往往难以否认客观上的因果性及主观上的帮助故意"〔1〕，按照传统的帮助犯理论，中立帮助行为势必会被全部认定为构成帮助犯。"追求法益保护与自由保障之间的平衡是刑法学的永恒主题。"〔2〕如果将上述货品交易、运输服务等中立帮助行为一律认定为帮助犯进行处罚，很大程度上会导致公民行动范围的萎缩，甚至整个社会交往体系的瘫痪。恰如《刑法》第13条"但书"的规定，对于犯罪既有性的规定又有量的规定，即不是对所有的帮助行为都认定构成帮助犯、都具有可罚性，将帮助行为的可罚性限制在一定的范围内有利于社会秩序的平稳发展。因此，近几十年来德、日刑法理论界对如何界定不可罚的中立行为与可罚的帮助犯的问题进行了深入的讨论。如今理论上虽然还存在一些分歧，但中立帮助行为原则上不成立帮助犯已成为德、日刑法理论界的共识。而我国刑事立法及司法实践中并没有中立帮助行为的概念，一直按照传统共犯的成立条件，不加区别地将中立帮助行为按帮助犯处罚，从而不当地扩大了共犯的处罚范围。

随着2016年涉嫌传播淫秽物品的深圳快播公司的"快播案"以及涉嫌虚假广告的百度公司的"魏则西案"的发生，"技术无罪"和"网络中立帮助行为"等字眼迅速进入了众多网民的视野。2016年9月13日上午，北京海淀法院一审宣判深圳快播公司及其CEO王某在内的四名高管均构成传播淫秽物品牟利罪，〔3〕虽然法院已经对此案作出了判决，但笔者认为判决理由及结论还是存在很多可争议之处，由该案触发的中立帮助行为的处罚范围的问题，

---

〔1〕 参见陈洪兵："论中立帮助行为的处罚边界"，载《中国法学》2017年第1期。

〔2〕 参见张明楷：《刑法原理》，商务印书馆2011年版，第9页。

〔3〕 参见王巍："快播案宣判CEO王欣获刑3年半"，载《新京报》2016年9月14日。

也将引起我们久久的思索。本文中笔者也将分五部分针对此问题进行深入探讨：第一部分主要明确中立的帮助行为的概念及其特征，为后文的研究提供前提性基础；第二部分主要论述我国现行刑事立法对中立帮助行为的态度；第三部分主要对中立帮助行为在司法实践中的处罚标准进行类型化分析；第四部分主要论述中立帮助行为的处罚标准的相关理论；第五部分主要论述区分可罚的帮助犯与不可罚的中立行为的具体化标准。

一、中立帮助行为概述

（一）中立帮助行为的概念界定

1. 中立帮助行为的刑法语境

陈洪兵教授的《中立的帮助行为论》在国内属于较早引入这类讨论的文章，文中对这一行为在德日学者研究中的称谓进行了介绍："在德国被称为'外部的中立的行为''日常的行为''职业典型的行为''与职业相当的行为'以及'习惯的业务活动的行为'等。在日本则被称为'日常的行为'、'中立的行为'。"[1]我国台湾地区学者林钰雄称其为"中性帮助行为"[2]，林山田与许泽天称其为"日常生活中的中性行为"[3]等。张明楷称之为"外表无害的'中立'行为（日常生活行为）"[4]，周光权称之为"日常生活行为"[5]等。陈洪兵教授则更倾向于称这类行为为"中立的帮助行为"，笔者也赞同"中立的帮助行为"的称谓。

"中立"即不站在任何一方的立场上，而"帮助"则是指给予他人以物质或者精神上的支援，由此来看，"中立"的非倾向性和"帮助"的倾向性相矛盾，似乎不能共同修饰"行为"。但陈洪兵教授认为，"从犯罪的加害方与受害方的角度看，中立帮助行为具备存在的空间。按照犯罪行为侵害的法益类型，可以将法益分为国家法益、社会法益以及个人法益。而无论侵犯哪

---

[1] 参见陈洪兵："中立的帮助行为论"，载《中外法学》2008年第6期。

[2] 参见林钰雄：《新刑法总则》，元照出版公司2006年版，第457~459页。

[3] 参见林山田、许泽天：《刑总要论》，元照出版公司2006年版，第205页。

[4] 参见张明楷：《刑法学》，法律出版社2011年版，第385页。

[5] 参见周光权：《刑法总论》，中国人民大学出版社2011年版，第326页。

种类型的法益，均存在加害方与受害方（包括社会与国家），在此意义上，实施上述帮助行为的人即属于介于加害方与受害方之间的中立方。而且其本意并不具备帮助加害方的犯罪目的，只是为了实现自己的非犯罪利益。"[1]

2. 中立帮助行为的概念

一般认为中立帮助行为是"从外表看通常属于无害的，与犯罪无关的、不追求非法目的的行为，客观上却又对他人犯罪行为起到了促进作用的情形"。[2]如果仅从形式上看，中立帮助行为似乎完全满足帮助犯的主客观要素。主观上，行为人认识到自己的帮助行为所帮助的对象即将或者正在实施犯罪行为，却至少放任结果出现。客观上，中立帮助行为与正犯造成的危害结果之间具备因果性，在一定程度上促进了结果的发生。因此，中立帮助行为"满足了通说所承认的帮助犯的因果性或者促进关系，因而将其作为帮助犯进行处罚似乎名正言顺、理所当然"。[3]但与帮助犯对结果的态度相比较，中立帮助行为主观上大多持放任心态；在客观上中立帮助行为人往往是为了实现市场交易或者履行民事义务，而这是帮助犯在实施帮助行为时所不具备的。正因为两者存在诸多差异，才需要刑法理论对中立帮助行为进行专门研究。

（二）中立帮助行为的特征

由于中立帮助行为往往发生在市场交易或者履行义务的场合，因此，与帮助犯相比，其具备鲜明的特征。

1. 对象的不特定性

在帮助犯中，被帮助的对象一般是特定的。而在市场交易中，货品交易或者服务的提供者所面向的对象一般为不特定的多数人。中立帮助行为虽然在客观上促进了正犯的犯罪行为，但行为人在实施帮助行为时并不具备帮助特定人的目的。

2. 内容的重复性

行为人在实施市场交易活动或者履行民事义务时，一般通过持续性的活动以实现特定的利益，但帮助犯所实施的行为通常是对正犯的一次性帮助。当

---

[1] 参见陈洪兵："中立的帮助行为论"，载《中外法学》2008年第6期。

[2] 参见陈洪兵：《中立行为的帮助》，法律出版社2010年版，第2页。

[3] 参见陈洪兵：《中立行为的帮助》，法律出版社2010年版，第2页。

然，帮助犯也可能对正犯提供持续性帮助，但即使是持续性帮助，行为人所提供的帮助内容一般不会具备重复性。

3. 行为的可替代性

在市场交易过程中，交易双方之间发生的交易行为通常具备一定的可替代性。例如，收银员甲明知乙为了杀害他人而购买刀具，拒绝出售，但是乙完全有可能向其他人继续购买刀具。因此，正犯并非必须通过与特定的"中立帮助行为人"发生交易关系才能完成自己的预备行为。

4. 日常生活性与业务交易性

由于中立帮助行为往往发生在市场交易或者履行义务的场合，因此，中立帮助行为具备较强的日常生活性与业务交易性。从形式上看，中立帮助行为似乎具备着双重属性，一方面，中立帮助行为通常发生在日常社会交往中，符合正常社会秩序。另一方面，如果中立帮助行为对犯罪行为起到促进作用时，就可能构成相关犯罪的帮助行为。

5. 片面帮助性[1]

客观上，中立帮助行为促进了正犯的犯罪行为及结果，但主观上，行为人与正犯之间并没有全面交互的犯罪意思联络。如果二者之间存在"通谋"，提供帮助的行为人的行为便丧失了中立性，而属于共同犯罪整体行为的一部分。

二、我国刑事立法对中立帮助行为的态度分析

我国刑法总论中并没有与中立帮助行为有关的规定，只能从分则及相关司法解释中窥探出刑法对于中立帮助行为的态度。如2001年4月5日"两高"[2]《关于办理生产、销售伪劣商品刑事案件具体应用法律问题的解释》第9条规定，及"两高"、海关总署《关于办理走私刑事案件适用法律若干问题的意

---

[1] 在片面帮助犯中，帮助者与正犯之间不存在犯罪意思的联络，即正犯并不知晓帮助者的故意内容。片面帮助犯可细分为真正的片面帮助犯与不真正的片面帮助犯。山中敬一认为，真正的片面帮助是指正犯完全不知道帮助行为的存在，也不知道帮助者的帮助行为的情况；不真正的片面帮助指正犯知道帮助行为的客观存在，但是不知道帮助者的帮助故意的情况。中立的帮助行为在实质上属于不真正的片面帮助行为。

[2] 本文中的"两高"皆指最高人民法院和最高人民检察院。

见》第 15 条规定，对于提供贷款、资金、账号或是提供运输、保管等方便行为的，都构成帮助犯。这类司法解释较多，此处不再一一列举。而从 2015 年 11 月 1 日开始实施的《刑法修正案（九）》将饱受争议的网络服务提供行为规定在了刑法之列，在《刑法》第 287 条后增加第 287 条之二，在明知道他人利用信息网络实施犯罪，仍为犯罪分子提供互联网接入、服务器托管、网络存储、通讯传输等技术支持，或者提供广告推广、支付结算等帮助行为，情节严重构成犯罪。可见，立法及司法解释的一贯立场是，"只要行为客观上对犯罪行为有帮助作用，行为人主观上也对此明知，该行为就应当按照帮助犯处理"。[1]法律对于某种犯罪类型中的帮助行为进行明确规定，除了与司法实践中认定疑难问题的需要有关，也意在提醒司法者，对犯罪行为具有助益并与犯罪结果之间具有因果联系的行为众多，容易导致"帮助"一词的犯罪圈过于宽大。罪刑法定原则也要求我们对"帮助"的范围作出具体的规定，让个案能找到相应的法律依据。

三、中立帮助行为的类型化实践分析[2]

法律法规设定的原因就是为了规范司法实践，要对中立的帮助行为的可罚范围进行界定，则有必要对司法实践中的具体判例进行参考，因此，笔者认为对具体案例进行分类研究是十分必要的。笔者主要以我国司法实践中的案例为基础对中立的帮助行为进行类型化的分析，并就其中的可罚性标准进行归纳，为更好地区分可罚与不可罚的中立帮助行为提供实践支撑。

（一）运输行为

目前来说，我国关于中立帮助行为的判例较少，但大部分与运输行为有关，所以有必要把这一行为从职业行为中提出来进行单独讨论。司机的运输行为属于其职业行为，需要履行运输的民事义务，既没有拒载的权利，也没

---

〔1〕 参见车浩："谁应为互联网时代的中立行为买单?"，载《中国法律评论》2015 年第 3 期。

〔2〕 本文中笔者对中立帮助行为的类型化实践分析，主要是根据我国近年来的真实案例进行的分类，便于结合我国的具体国情，不同类型之间有较多重合之处，这是笔者的不足。具体的对中立帮助行为较恰当的分类可以参考陈洪兵：《中立行为的帮助》，法律出版社 2010 年版，第 176~252 页。

有报警的义务，也许在某些情况下做出制止的行为会有人身安全上的危险。但是这样的中立行为在某种程度上会对犯罪有所助益，如果完全否认其可罚性，对于打击犯罪的需要和维护社会秩序是十分不利的，也会放任犯罪活动的肆虐。

关于运输行为，司法实践中存在这样几种情况：一是出租车司机容留犯罪者在其车内吸毒，被判容留他人吸毒罪。[1] 承办法官解释称：容留他人吸毒罪是指为他人吸食、注射毒品提供场所，很多人误认为只要自己不参与吸毒、贩毒行为就与自己无关了，其实，像出租车司机这样，对在其车内吸食毒品的行为不加制止或事后不及时报案，就已经构成了犯罪。二是司机对乘客在车内进行的强奸行为不予制止，温州的"冷漠的哥"以强奸罪被判处有期徒刑两年。[2] 审理法官认为，虽然司机本人没有与被害人发生性行为，但其不予制止的行为实际上协助了乘客实施强奸行为，仍然构成强奸罪，应追究其刑事责任。三是司机明知道行为人实施了犯罪仍帮助其逃匿（载其离开事发地点），被判处窝藏罪。[3] 法官认为司机将行为人载离事发地点之后并没有立即向公安机关报警，此行为不能认定为正常的接送乘客的工作范围，故构成窝藏罪。且提醒广大出租车司机在遇到类似本案的情况时，首先应予拒载，如受到威胁无法拒绝时可以伺机报警，或在到达目的地之后及时主动向公安机关反映情况，以免遭受牢狱之灾。四是司机明知道乘客要进行犯罪活动仍将其送至目的地，湖南省湘潭县人民法院对出租车司机明知乘客去偷鸡仍出车76次一案作出了对其认定为盗窃罪并判处有期徒刑2年6个月的判

---

〔1〕 详细案件情况参见吕姚炜："嘉善：黑车司机容留他人吸毒获刑"，嘉兴在线新闻网2018年3月14日。

〔2〕 详细案件情况参见："温州'冷漠的哥'获刑两年定罪强奸，法官详解原因"，新华网2018年3月14日。

〔3〕 详细案件情况参见龚秀玲："出租车司机明知是涉嫌犯罪的人而载其逃离的行为认定"，重庆法院网2018年3月14日。以及类似案例欧恒："目睹犯罪并帮助行为人逃匿应如何定性"，载《人民检察》2007年第6期。还有辽宁省沈阳市的"的姐"拉走杀人乘客被判处窝藏罪一案，法官认为司机目睹了行凶的过程，明知对方涉嫌犯罪，且自身并没有受到威胁，事后也没有报警，行为已构成窝藏罪。关于此案具体情况参见范春生："'的姐'拉走杀人乘客，法院依法判处窝藏罪"，载《人民公安报·交通安全周刊》2007年8月14日。

决。[1]审理法官认为，明知道行为人是去盗窃，仍然开车送行为人至目的地，是典型的共犯（从犯），司机发现犯罪现象应及时予以报警。以上几种中立的运输行为的情形，也仅是属于得到处理的少部分案件。通过法院的判决可以看出，司法实践中运输行为的中立性被忽视，在主观上如果对犯罪行为明知，在客观行为上则要求对犯罪违法行为具有制止（对被害人具有救助）、报警（包括事中报警或事后及时报警）和拒载的义务。

（二）商品销售行为

在对商品销售行为这一类型进行研究时发现，我国关于这一类型的司法判例几乎没有，目前尚且处于理论研究的层面。在对这一类型的中立行为进行研究时，大多参考了日本学者山中敬一的相关理论，将该行为分为犯罪构成物提供型、法禁物提供型、日常使用危险物提供型以及日常使用物提供型。[2]笔者在这里选取几个较为典型的案例来对其判断标准进行分析。

日本枪支走私案。卖方美国人明知买方为日本人，也明知该日本人会将枪支走私带入日本，仍向其出售了枪支。日本地方法院判处被告美国人构成帮助犯。认为被告人对该日本人主观上会把枪走私带入日本这一点上至少存在片面故意，还是将枪支卖出，属于销售明显用于走私的物品，为可罚的帮助犯。[3]可以看出日本司法实践中并不考虑商品销售行为的中立性，认为其符合普通帮助犯的构成要件就是可罚的。

德国向卖淫场所售酒案。被告人向卖淫场所持续提供烈酒，德国法院判处其构成卖淫中介罪的帮助犯。法院认为被告人提供烈酒的行为导致顾客人数增多，促进了卖淫活动的进行，且被告具有使卖淫场所经营更容易化的意思，该售酒行为与卖淫嫖娼活动存在密切关系。[4]该法官还指出，不同于向卖淫场所出售面包、肉类食品，出售烈酒的行为与卖淫活动更具客观关联性。

---

[1]　详细案件情况参见黄戌娟："明知乘客去偷鸡，出租车司机出车 76 次构成盗窃罪"，载《湖南日报》2015 年 4 月 24 日。

[2]　参见陈洪兵：《中立行为的帮助》，法律出版社 2010 年版，第 176~182 页。

[3]　参见杜文俊、陈洪兵："商品销售中立行为的帮助之可罚性探究"，载《贵州警官职业学院学报》2009 年第 6 期。

[4]　参见杜文俊、陈洪兵："商品销售中立行为的帮助之可罚性探究"，载《贵州警官职业学院学报》2009 年第 6 期。

可见，该德国法院在认定中立性的行为是否成立帮助犯的态度上，更偏向于对客观行为与犯罪行为之间关联性大小的认定上。

我国三鹿奶粉案。从事养殖业的被告人张玉军"发明"了按照特定比例将三聚氰胺和麦芽糊调配成"蛋白粉"的方法，可以"提高"原奶中的蛋白质含量、祛除异味，能让不符合标准的原奶通过质量检查进入奶产品加工厂。法院认定张玉军构成以危险方法危害公共安全罪并判处死刑。那么，对于明知购买者的用途却仍向其提供三聚氰胺的销售方，是否构成帮助犯？在整个事件的处置中，并没有对销售三聚氰胺的一方给予刑事处罚。可见，我国对于对正犯行为具有助益的中立的商品销售行为的可罚性是持否定态度的，认为此类销售行为不为法律所禁止，所进行的违法犯罪行为由购买者自我答责。

（三）职业行为

除了前文所讨论的典型的运输行为，在具有中立性的职业行为之列还存在银行金融服务行为、律师职业行为、雇员职业行为等职业性行为。

银行金融职业行为。随着网络信息的发展，越来越多的犯罪者借助银行的金融业务实施犯罪活动，银行在某种程度上很可能帮助了犯罪者的犯罪活动。但考虑到金融服务提供的中立性，怎样对这类行为的法律性质进行合理评价呢？在现实情况中，我们经常可以看到这样的报道：银行员工故意多次输入错误密码，为受骗者挽回损失；[1]八旬老太取钱受阻，银行员工识破骗局；[2]男子取钱被银行识破等。[3]这些见义勇为的行为往往体现了一个银行工作者的责任心，就银行业本身而言，其实银行既没有义务也没有权利审查客户钱款的由来，即使主观上明知行为人有犯罪意图，但只要其在职业规范范围内，行为就不具有可罚性。

律师职业行为。律师提供的法律服务如果被委托人利用而进行违法犯罪活动，而律师对于这一情况是明知的，是否应该承担法律责任？德国曾发生

---

〔1〕 详细案件情况参见"银行员工故意输错3次密码，为受骗者锁住13万"，载《常州日报》2012年9月12日。

〔2〕 详细案件情况参见"山东龙口：八旬老太取钱受阻，银行员工识破骗局"，齐鲁网2015年7月10日。

〔3〕 详细案件情况参见"男子见到内有147万元银行卡，欲取钱被银行识破"，载《北京晚报》2015年7月31日。

过一起律师诈骗帮助案，律师一开始就明知委托人有进行诈骗的意图仍然为其提供法律服务，法院判处律师构成诈骗罪的帮助犯，而德国联邦法院撤销了此判决。[1]德国联邦法院认为律师的行为确实促进了诈骗行为的实施，但是不能充分认定律师具有帮助的故意，所以认为律师不成立诈骗罪的帮助犯。

雇员职业行为。具有中立性的雇员职业行为主要是指受雇用的员工明知道老板从事的是非法经营，仍然为其打工，从事非法活动。山东省发生的一起打工仔帮老板加工病死鸡送市场销售的案件，打工仔以销售不符合安全标准的食品罪被判处有期徒刑九个月。[2]法院认为打工仔主观上对老板的非法行为心知肚明，客观上仍帮助老板进行加工及运输行为，构成帮助犯。在职业行为中，银行金融职业行为及律师的职业行为只要其符合业务规范，行为不超出职业规范的范围，基本上是不作为可罚的行为来看待的。但同样具有中立性的雇员职业行为，由于受职业命令及义务的影响，往往是被动地被参与到犯罪活动中去，这时对于雇员的刑事责任就需要依据其在犯罪活动中所起的作用来加以认定，职业行为不能作为行为不可罚的保护伞。

（四）容留行为

我国刑法中关于容留型的罪名仅有两个，即《刑法》第354条的容留他人吸毒罪和第359条第1款的容留卖淫罪。在这里讨论的容留行为具有正当业务性或日常性，具有"中立性"的一面，司法实践中主要有以下几种情况：邀朋友一起在宾馆或家中吸毒（根据刑法规定应认定有罪）；[3]司机容留乘客在车内吸毒（前文已述）；明知承租人从事卖淫活动仍出租房屋。

明知承租人从事卖淫活动仍出租房屋。北京朝阳区人民法院就审判过这样一个案例，夫妇二人租房之初并不知晓承租人从事卖淫活动，在承租之后

---

〔1〕　参见陈洪兵：《中立行为的帮助》，法律出版社2010年版，第192页。

〔2〕　详细案件情况参见"打工仔帮老板加工病死鸡，送市场销售被判刑"，水母网2018年3月14日。相似案例有雇工帮助雇主运输酒瓶、洗瓶、翻装酒瓶并贴上名酒的商标后送至批发部销售，被以假冒注册商标罪判处徒刑。详细案件情况参见"老板做非法生意，打工仔也有罪？"，载《北京日报（北京）》2010年11月18日。

〔3〕　根据我国法律规定，这里的"容留"场所既包括自己所有的、管理的、使用的、经营的固定场所，如住宅、宾馆、饭店、餐厅、歌厅、理发店等，也包括流动的场所，如汽车、轮船等。

经常见陌生男子出入大院，也有所耳闻，后淫窝被端，夫妇二人被判处容留卖淫罪。[1]虽然容留朋友在家中吸毒、司机容留乘客在车内吸毒以及明知承租人从事卖淫活动还继续出租房屋有其日常性或职业性的一面，但是仍然被司法评价为犯罪，可见我国法律对这类中立性行为的态度是可罚的。

（五）履行民事义务的行为

履行民事义务具有中立性，帮助者负有向正犯提供某种帮助的义务，而其履行民事义务的行为对正犯的行为起到了助益的作用。出租车司机的运输行为、银行职员的金融服务行为、律师的职业行为等等其实也是在履行自己的民事义务，在这里不再赘述。而在这类行为中争议较大的情形就是：向逃犯归还欠款的行为。

常州天宁区法院遇到过类似案例：被告人将人打成重伤后潜逃，并通过电话联系张某，表明自己正在潜逃需要用钱，请求张某归还被告人借给他的欠款 4500 元，并提供了自己的银行账号，张某随即还钱给了被告人。[2]问题的关键就在于，债权人涉嫌犯罪是否能阻却民事义务的履行？法院认为，张某明知被告人涉嫌犯罪依然积极地向被告人提供的账户上汇款，且事后并未及时向公安机关报告，企图以还款形式掩盖帮助被告人逃亡藏匿的事实，构成窝藏罪。且案中所体现的中立性的矛盾在于义务冲突的问题，这时应当衡量冲突所体现的法益价值，义务人应履行法益较大的义务。可见，在履行民事义务与同违法犯罪做斗争的义务相矛盾时，应履行法益较大的义务。在迫不得已的情况下履行了民事义务，也应当及时报警。

（六）网络服务提供行为

随着信息网络技术的日益发展，网络犯罪活动逐渐猖獗。"两高"也曾在2004 年 9 月通过了《关于办理利用互联网、移动通讯终端、声讯台制作、复制、出版、贩卖、传播淫秽电子信息刑事案件具体用用法律若干问题的解释》，对于明知进行上述违法犯罪活动仍提供帮助的行为以共犯论处。

---

〔1〕 参见北京市朝阳区人民法院（2007）朝刑初字第 660 号刑事判决书。
〔2〕 参见韩琳、刘民："向在逃犯还欠款是否构成窝藏罪"，载《江苏法制报》2009 年 8 月3 日。

在快播传播淫秽物品牟利案中，[1]还没等快播案予以判决，《刑法修正案（九）》已经跑到了前头，其中第287条第2款规定网络服务提供者明知他人在其网络上传播违法信息或实施犯罪，仍然提供技术支持或者平台服务的，以帮助信息网络犯罪活动罪，独立地追究刑事责任。这就将理论上还存在争议的中立帮助行为，通过立法提升到正犯的高度了。对于网络服务提供行为的性质，有观点认为其是属于侵犯著作权罪中的"复制发行"行为；有观点认为网络服务提供行为实际上是一种传播行为；还有观点认为网络服务提供行为对网络侵权具有"帮助"性质，属于中立帮助行为。[2]最终海淀法院一审判决认为被告构成了传播淫秽物品牟利罪，二审维持原判。可以看出司法实践中认为，网络服务提供者是负有网络监管义务的，其主观上明知他人利用其服务进行违法犯罪活动，客观上其提供的服务又促进了犯罪活动的进行，就构成了帮助犯。

（七）其他日常的中立行为

前文已对中立的帮助行为的类型做了介绍和论述，各个类型的行为并非有严格意义上的区分，大多都存在一些类型上的交叉，而除此之外也有一些中立行为的帮助者与正犯者之间存在着家庭关系或其帮助行为符合人伦常理。如经典案例中的假设：丈夫会在吃完晚饭之后出去实施盗窃行为，妻子对这一情况明知，仍悉心为其准备晚餐；仆人明知道主人早上不梳洗是不会出门的，且明知道主人要出去实施杀人行为，仍为他准备梳洗。都指向同一个问题：具有日常性的行为是否能构成可罚的帮助犯？当然在实际生活中对于上述这些行为并没有实际的案例，且法律具有谦抑性，也不应对日常生活过多地干预。

安徽省曾发生过这样一个案例：被告人曹某在实施了杀人行为之后逃至其父母处，其父母明知道儿子实施了杀人行为仍然为儿子提供食宿。法院认为曹父曹母构成帮助犯罪人藏匿的窝藏罪。[3]也有学者认为，仅是让儿子在

---

[1] 参见"快播案"北京市海淀区人民法院一审判决书（主要内容），载新浪博客，http://blog.sina.com.cn/s/blog_772327490102xdsr.html，最后访问时间：2018年3月14日。

[2] 参见陈兴良："快播案一审判决的刑法教义学评判"，载《中外法学》2017年第1期。

[3] 详细案件情况参见安徽省高级人民法院刑事裁定书（2004）皖刑终字第215号。

家吃住的行为是很难认定制造了法律所不允许的风险，对于父母没有及时向司法机关告发的行为，不能予以处罚也不能认定其具有帮助犯的性质。[1]可见，法院对于父母容留杀人犯儿子的行为是予以否定评价的，父母正确的行为选择应该是将儿子"扫地出门"，不应让儿子在家吃住。

河北省一被告人在实施了杀人行为之后逃至其朋友张某家，张某明知道被告人实施了杀人行为却留其在家吃饭，并资助20元助其逃跑。[2]法院判决张某构成窝藏罪，因其明知被告人实施了犯罪行为仍为其提供资金，帮助犯罪分子得以逃匿。在本案件中，中立性表现为张某出于朋友间的关系为犯罪行为人提供了吃食并提供了少量财物，其帮助行为也并非对逃匿起到了实质性的作用。可见，基于人伦常理的关系，帮助行为人应选择保护法所保护的法益。

四、中立帮助行为刑事可罚性的理论梳理与评析

（一）中立帮助行为不具有全面可罚性

对于中立帮助行为是否构成帮助犯，理论界存在着不同的看法。一些学者认为，只要行为人存在帮助的故意且实施了帮助行为，即符合帮助犯的构成要件，就构成可罚的帮助犯，这是一种对中立帮助行为的可罚性持全面肯定的观点。例如有德国学者就认为，药剂师如果明知行为人购买安眠药将会用于犯罪，即他意识到了犯罪行为人的犯罪意图，至少存在间接故意，然后行为人利用安眠药实施了犯罪行为，从客观上来说，安眠药促进了犯罪行为及结果的发生，在这种情况下药剂师构成帮助犯。[3]这种"全面处罚说"在一定程度上是比较切合刑事司法政策的，但是存在明显的漏洞。仅仅对帮助犯的构成要件进行表面化的理解，没有进行实质化审查，致使日常生活中人人都负担着警察的义务。另外，从市场交易的方面来看，这势必会使得所有

---

〔1〕 参见陈洪兵："中立的帮助行为论"，载《中外法学》2008年第6期。

〔2〕 详细案件情况参见河北省衡水市中级人民法院刑事附带民事判决书（2001）衡刑初字第31号。

〔3〕 ［德］汉斯·海因里希·耶赛克、托马斯·魏根特：《德国刑法教科书》，徐久生译，中国法制出版社2001年版，第842~843页。

经营者对消费者的消费意图都具有审查的义务，加重了经营者的负担，严重限制了市场的自由发展，所以大多数学者支持"限制处罚说"。"限制处罚说"分为"主观说""客观说"和"折中说"，下文中笔者根据这些学说是否考虑帮助者的主观方面将其分为两类，分别对它们进行评析。

（二）区分故意的确定与否仅影响量刑

将行为者的主观方面作为区分不可罚的中立行为和可罚的帮助犯的考量因素，最早出现在德国刑法学者对中立行为可罚性的研究发展过程中。其中，犯罪意思促进有无说认为，要构成可罚的帮助犯，不仅需要中立行为的行为人意识到犯罪人的犯罪行为，还必须具有促进正犯实施犯罪行为的认识。未必的故意否定说则认为，行为人只有具有确定的故意才构成帮助犯，反之仅有未必的故意就不能认定为帮助犯。

截止到今天，德国刑事司法实践中的这种主观考量的倾向，并未发生任何变化。[1]仅从行为人的主观方面来对中立帮助行为的可罚性进行区分，是存在明显缺陷的。关于犯罪促进意思有无说，首先，判断什么情况下可以认定为具有促进犯罪的标准较为模糊；其次，仅从主观方面来判断两个相同行为是否具有可罚性没有实践价值，毕竟很难准确了解到行为人在实施帮助行为时的意思，只以口供作为根据无疑会导致很多可罚的帮助行为逃脱处罚的情况，根本没有任何意义；最后，一定又会从行为人的客观行为上来界定其犯罪意思的有无。关于未必的故意否定说，首先，从《德国刑法》第27条[2]的规定可以看出，在帮助犯的构成要件中，主观上除了故意，没有任何要求，而在这个理论中再区分故意的未必与确定，势必有自相矛盾的嫌疑；其次，未必的故意也是属于故意的种类之一，并没有任何理由要将其区别看待；[3]再次，面对足够的客观条件，却选择先从主观方面来排除犯罪的构成，有循环论证的嫌疑；最后，对主观方面过多的关注，以主观方面作为界定是

---

〔1〕 参见孙万怀、郑梦凌："中立的帮助行为"，载《法学》2016年第1期。

〔2〕《德国刑法》第27条规定，对他人故意实施的违法行为故意予以帮助者，是帮助犯。

〔3〕 ［日］山中敬一："由中立的行为所进行的帮助的可罚性"，载《关西大学法学论集》第56卷第1号，第72页。转引自孙万怀、郑梦凌："中立的帮助行为"，载《法学》2016年第1期。

否犯罪的依据，有心情刑法的嫌疑。[1]考虑到上述这些问题，学者们逐渐意识到只从主观方面来界定中立帮助行为的可罚性是不太合理的，应该综合考量主观和客观各方面的因素。因此学说观点持续地得到修正，逐渐重视结合客观方面的诸多因素，德国学者罗克辛正是其中的代表。随着我国学者开始广泛关注这一问题，这一建立在主观恶性基础上考量客观行为的理论得到推崇。

罗克辛主张客观归属论，他的观点被称为犯罪的意义关联说，有许多学者将他的观点纳入客观说。罗克辛认为中立行为可罚性的依据在于：第一，帮助者意识到犯罪行为人的犯罪企图（具有确定故意的场合）。只要帮助者意识到犯罪行为人的犯罪企图，就会具有刑事可罚性，即达成一种犯罪意义上的联系。这种犯罪意义上的联系促使正犯的犯罪行为变成可能或变得更加容易。但是，"在支持性贡献涉及一种合法的行为时，只要这个行为本身就能够独自说明对这个实行人是有意义的与有用处的，并且，只要这个行为还另外对这个实行人是一个与之相对立的、建立在独立决定基础之上的犯罪性举止行为的条件的，就缺乏在犯罪意义上的关系了"。[2]第二，帮助者仅估测到犯罪行为人的犯罪行为（具有未必故意的场合）。例如，商店老板出售螺丝刀给他人，从消费者奇怪的举止表现怀疑他会用此螺丝刀实施盗窃。此种情况下，罗克辛认为应当根据信赖原则来对其可罚性进行排除。信赖原则指帮助者信赖他人不会利用帮助行为实施犯罪行为。但是，如果正犯具有"明显的犯罪倾向"时，则不再适用信赖原则，应认定帮助者构成可罚的帮助犯。

罗克辛的理论观点影响较大，但同时也有很多学者对它提出了质疑。首先，对帮助者的主观故意进行确定与不确定的区分不具有可操作性，将其进行分辨存在很大的难度，而且仅从帮助者的主观故意确定与否方面来区分不可罚的中立行为和可罚的帮助犯，很大可能会导致心情刑法。其次，为了要确定中立帮助行为具有可罚性，在帮助者意识到犯罪行为人犯罪企图的情况下，就必须有犯罪意义上的联系，而促使正犯的犯罪行为更易实现时的帮助

---

〔1〕〔日〕松生光正："由中立的行为所进行的帮助（一）"，载《姬路法学》第27、28合并号，第209页。转引自孙万怀、郑梦凌："中立的帮助行为"，载《法学》2016年第1期。

〔2〕〔德〕克劳斯·罗克辛：《德国刑法学总论》（第2卷），王世洲主译，法律出版社2003年版，第157页。

者与正犯之间犯罪意义上的联系，其证明标准过于模糊。再次，在帮助者仅估测到正犯犯意具有未必的故意的情况下，如果正犯有明显的犯罪倾向时，就肯定帮助行为具有可罚性，笔者认为这是明显不合理的。一方面，存在确定的故意的情况下，因不具有犯罪意义上的关联性就认定帮助行为不可罚；存在未必的故意的情况下，犯罪行为人具有明显的犯罪倾向时就认定帮助行为可罚，先不讲"犯罪意义上的联系"与"明显的犯罪倾向"如何界定的问题，确定的故意比未必的故意犯罪性更高，只因为帮助行为与犯罪行为的联系较低就要否定其可罚性，这明显存在问题。

我国学者周光权主张，认定中立帮助行为的可罚性主要应该考虑：第一，从客观方面考量帮助者的行为是否存在显著的法益侵害性，即帮助行为与正犯实施犯罪的行为之间的物理、心理因果性的大小，帮助行为侵害的法益是否到了应当认定为帮助犯的程度。第二，从主观方面考量帮助者是否对犯罪行为人的实施行为达到了确定故意的认识程度。第三，从共犯理论方面考量，帮助者的帮助行为对正犯实施犯罪的行为在违法性、因果关系上的影响，是否达到了应当认定为帮助犯的程度。[1]我国学者张明楷则主张全面考虑正犯实施的犯罪行为的紧迫性，帮助者所应当负担的对法益的保护义务，帮助行为对法益受到侵害起到的促进作用及帮助者对犯罪行为人行为的确切意识等因素，才能得出妥当的结论。[2]

综上所述，笔者认为不确定的意识也是意识，未必的故意也是故意，在理论学说上对故意进行划分实在毫无必要，在刑事司法实践中也很难进行界定，最后势必要借助客观行为来对主观方面进行界定。追根溯源，"确定故意"与"不确定故意"这一对概念是大陆法系国家在"认识主义"的基础上所作的划分，随着1912年《暂行新刑律》的颁布实施而被引入中国，主要以主观认识因素为划分标准，"不确定的故意根据其认识内容与认识程度又分为概括故意、择一故意与未必故意"。[3]将主观故意进行确定与否的区分，它的作用就在于为复杂案件的犯罪故意的分析提供独特视角、更加确切地判断主观恶性的程度、为精确量刑提供理论依据。即对确定的故意与未必的故意进行

---

〔1〕 参见周光权：《刑法总论》，中国人民大学出版社2011年版，第235页。

〔2〕 参见张明楷：《刑法学》，法律出版社2011年版，第385页。

〔3〕 参见杨芳：《犯罪故意研究》，中国人民公安大学出版社2006年版，第239页。

划分主要是用来判断主观恶性程度，而不应将其作为认定构成犯罪的条件之一。

（三）从客观方面界定中立帮助行为

对于如何界定中立帮助行为的可罚性，不同于考量帮助者故意、犯罪动机等主观方面的主观说、折中说，有些学者主张从客观行为出发来加以认定。

第一，借助德国学者汉斯·韦尔策尔（Hans Welzel）倡导的社会相当性理论来判断中立帮助行为是否具有可罚性。社会相当性理论来源于"行为无价值"学说，主张存在一些法益侵害应该得到允许，如医生的手术等，符合通常的伦理规范，符合一般的社会相当性，阻却其违法性质。[1]学者们利用社会相当性理论来作为界定中立帮助行为可罚性的一种手段，主张帮助者的中立行为是符合一般的社会相当性的，而且并没有超越通常的日常生活秩序范围，不具有可罚性，应该排除在可罚的帮助犯之外。学者韦塞尔斯与博伊尔克同样认为，如果中立帮助行为处于日常行为形态的范围内，特别是处于纯粹的职务行为的范围内，如卖刀具给谋划杀害他人的人，卖螺丝刀给意图盗窃的人等，都具有一般的社会相当性，不应认定构成帮助犯。[2]但是社会相当性理论本身就存在一些缺陷，最大的问题是如何界定社会相当性，其标准模糊不清，中立行为通常都具有"日常生活行为"的特征，不划定确切的标准，无疑将导致所有的中立帮助行为都免于处罚。

第二，对社会相当性理论进行适当的改进，使其更加适应于职业典型行为。德国学者哈塞默认为社会相当性应该在各类不同的职业领域分别进行判断。他指出，"'遵守规则的、社会容许的、中立的业务行为'这种职业行为只是为了履行已经被国家和社会认可的任务，而且对行为规范进行了公示，与刑事司法规则并不相抵触，且不如说是刑事司法规则的增补、延伸和具体化。即使这种职业行为符合了犯罪的构成要件，对法益造成了侵害，也不应将其归于刑法所关注的范围，不认定构成帮助犯"。[3]按照哈塞默的理论，刑

---

〔1〕 周光权：《刑法总论》，中国人民大学出版社 2011 年版，第 140 页。

〔2〕 周光权：《刑法总论》，中国人民大学出版社 2011 年版，第 140 页。

〔3〕 ［日］曲田统："日常的行为与从犯——以德国的议论为素材"，载《法学新报》第 111 卷，第 2 号、第 3 号，第 159 页。转引自孙万怀、郑梦凌："中立的帮助行为"，载《法学》2016 年第 1 期。

法不应禁止职业相当性行为。一定程度上"职业相当性说"解决了"社会相当性说"标准模糊不清的问题，但还是存在缺陷。第一，职业行为规范和刑法规范不相等价，符合职业行为规范的行为不一定就符合刑法规范，界定职业行为的合法性应该以刑法规范统领职业规范为视角。第二，根据"职业相当性说"来界定一个中立帮助行为的可罚性时，如果帮助者对正犯的犯罪目的有明确的认识而实施帮助行为，很有可能根据职务行为规范认定帮助行为无罪，这势必会让一大部分可罚的帮助行为在职业相当性说的庇护下而逃脱惩罚。第三，利用"职业相当性说"来对职业行为进行"出罪化"，其实是对职业行为的特殊处理，与刑法的平等原则不符。

第三，基于立法论的考虑从利益衡量的角度对帮助犯的客观要件进行限缩解释，进而对中立帮助行为的可罚范围加以限定。具体是在犯罪构成要件方面，考量刑事基本法所保护的潜在帮助犯的行动自由与从法益保护角度出发的禁止催生他人犯罪行为的要求，以此来限定帮助者的处罚范围。[1]利益衡量说与结果无价值理论十分相似。[2]笔者认为利益衡量说也存在一些问题。第一，利益衡量的标准过于含糊其辞，理论过于抽象，很难在实践中运用。第二，在个案中，正犯的犯罪行为给社会造成的法益侵害相比于帮助者的行为给正犯实施犯罪行为所带来的利益，明显要大得多，这样就会导致所有的中立帮助行为都被认定为具有可罚性，失去利益衡量说的实践意义。

第四，以共犯的一般构造论为视角来界定中立帮助行为的可罚性，如共犯的处罚根据论等。共犯的构造论的主要倡导者舒曼主张，判断是否构成帮助犯，非常重要的一点是甄别帮助行为与正犯的犯罪行为之间是否存在连带性，认定帮助行为具有可罚性的实质根据是"促进行为对正犯行为的核心产生了影响"，其界定的标准就是与正犯实施的犯罪行为距离的远近。总之，在正犯着手后所实施的对正犯实行行为起到帮助作用的行为，原则上都是具有可罚性的帮助行为。但这个理论中以"与正犯行为的接近性"来界定中立帮助行为可罚范围的标准过于含糊。而帮助犯构成要件的实质是帮助行为对正犯实施犯罪行为的危险促进作用，并不是衡量实施帮助行为的时间点在正犯

---

〔1〕 陈洪兵："中立的帮助行为论"，载《中外法学》2008年第6期。

〔2〕 结果无价值理论认为，违法性的本质内容是行为造成法律所保护的生活利益被侵害或者引起危险。

着手前还是着手后，笔者认为这样的区分违反了帮助犯的根本性质。

第五，客观归属论的实质是以行为与结果间客观归属为视角来界定中立帮助行为的可罚性。其中，雅克布斯的"溯及禁止说"主张，只有实行帮助行为时的态度与正犯的犯罪实施行为相符合，同时成为正犯实施犯罪行为的依据，也就是说具有规范性的"共同性"时才可认定为共犯。另外，发展之后的溯及禁止说还认为，帮助者保有自身无害的意识，即使他人实施犯罪行为时对其加以利用，也不能将其划归于犯罪组织的范围内。按照上述理论，即使面包店老板认识到购买者谋划用食物毒害他人，但只要是在正当的经营活动范围内，就不认定为帮助犯。溯及禁止说也受到了诸多质疑。首先，以正犯和帮助者之间的犯罪"共同关系"作为判断中立帮助行为可罚性的根据，通常的日常交易、服务行为被认定为不构成犯罪，将致使大量可罚的帮助行为都得以免于处罚，显失公平。其次，认识到他人紧迫实施的犯罪仍对其提供帮助，如果帮助行为超出一定的限度还不肯定其可罚性不具有合理性。

五、可罚的帮助犯与不可罚的中立行为的具体划分标准

在对司法实践中存在的中立的帮助行为类型进行分析，及对相关理论进行梳理之后，中立的帮助行为在什么情况下可以认定构成可罚的帮助犯渐渐清晰了起来。对各种理论进行朴素的理解，对中立的帮助行为界分标准的解决方案主要涉及帮助行为的客观方面及帮助者的主观方面的要素：在客观方面主要考察帮助行为与正犯行为之间的共同性、关联性、参与程度等，在主观方面主要考察帮助者的意图、目的、故意程度等。关键问题在于：在界定中立的帮助行为的可罚范围时，是对"帮助行为"进行界定，还是对"帮助犯"的成立条件进行界定。[1] 如果仅是对帮助行为进行界定，那么仅考虑其行为要素，而行为要素仅是客观方面的构成要素，那么在讨论行为这个客观要素时就不应过早地引入故意这个主观方面的内容。而如果是讨论帮助犯的成立条件，对故意要素的引入固然是妥当的，笔者认同后者。

---

〔1〕 方鹏："论出租车载乘行为成立不作为犯和帮助犯的条件——'冷漠的哥案'中的法与理"，载《刑事法判解》2013年第1期。

（一）从行为的目的出发考察主观关联性

笔者认为，帮助犯在本质上属于目的犯，因为帮助犯只有意欲通过帮助行为助益于正犯行为来追求犯罪结果的实现，才构成犯罪。关键是对行为目的要素进行论述，而不是对犯罪故意予以区分，"因为帮助犯的目的在很大程度上影响了帮助行为的性质，而并非只是归责的问题。"[1]在成立可罚的帮助犯的主观关联性上，既需要行为人确切地认识到正犯的犯罪意图，也需要行为人确切地认识到自己的参与行为对正犯行为的具体帮助作用。

1. 帮助者对正犯确定实施的犯罪行为具有确切认识

帮助者在确切意识到正犯的犯罪意图后，仍然实施帮助，可以认定构成帮助犯；而帮助者没有确切意识到正犯的犯罪意图，仅是认识到自己的帮助可能会被正犯实施犯罪行为所利用，则不构成帮助犯。例如，一个杀人犯到杂货店买刀，对老板说，"我要杀人，卖给我一把刀"，店主卖刀给杀人犯。在这种情况下，帮助者对犯罪的意图有确切认识，也知道刀对于正犯杀人的帮助作用，仍然将刀出售给杀人犯成立帮助犯。如果杀人犯对老板说，"我是一个杀人犯，请卖给我一把刀"。上述情况下，店主对于正犯杀人犯的身份知晓，但不确定正犯买刀是否是去实施犯罪行为，对买方买刀实施杀人行为没有确切的认识，也不能确切认识到自己的售卖行为对正犯行为的作用，故不能认定店主有帮助行为人实施犯罪的行为目的，不成立帮助犯。

2. 帮助者应确切认识到帮助行为与正犯行为有紧密关联并对正犯行为有实质助益

帮助者除了对正犯实施犯罪行为应有确切认识，还应确切认识到其帮助行为与正犯行为之间存在紧密关联并对正犯有实质助益，两者缺一不可。如果帮助者仅是对正犯行为有确切认识，而对帮助行为与正犯行为之间的紧密关联性及其帮助行为对正犯行为的实质助益认识不确切，也不能认定帮助行为的实施者有帮助的目的。如前文所述例子，一杀人犯对店主说，"你卖把刀给我，我要去杀人"，店主不愿意卖给杀人犯，于是杀人犯就骗道，"你就卖给我吧，我还要回家用刀做菜呢，吃饱了才有力气杀人啊"，店主相信了杀人

---

[1] 方鹏："论出租车载乘行为成立不作为犯和帮助犯的条件——'冷漠的哥案'中的法与理"，载《刑事法判解》2013年第1期。

犯所述就将菜刀卖给了他。但实际上，杀人犯在买到刀具之后就实施了杀人行为。在这种情况下，店主虽然知道杀人犯将要去杀人，但不知道自己卖刀是为其杀人提供实质助益，不能认定其构成帮助犯。

（二）从因果性出发考察客观关联性

通说认为，刑法中所说的因果关系指危害行为与法益侵害结果之间的因果关系。很明显这是从正犯的行为角度出发去解释因果关系，按照此种定义，帮助行为只是借助正犯行为间接地与法益侵害有因果联系，并没有关注帮助行为所具有的特殊性。在对共犯的处罚依据方面，与共犯的因果关系主要涉及几点争议：以共犯行为与正犯行为是否具有因果关系，分为因果关系不要说与因果关系必要说；在因果关系必要说之下，以共犯行为与正犯行为之间的因果关系是基于行为还是结果，存在着正犯行为说与正犯结果说。[1]笔者认为，帮助行为与正犯行为及危害结果都存在着因果性。应把其因果性分为两个层次。首先，帮助行为与正犯行为之间是否存在因果性是判断是否构成"帮助未遂"的前提；再次，帮助行为与危害结果之间是否存在因果性是判断是否构成"帮助既遂"的前提。故，帮助行为只有与正犯行为及危害结果都具有因果性时才构成帮助犯。这里我们所论述的中立的帮助行为的性质，正是因为正犯借助了这些表面无害的行为才致使危害结果发生，如果将帮助行为与正犯行为之间的因果关系限缩在具体范围内，把帮助行为与危害结果的因果性排除在因果关系外，就能界定中立帮助行为的可罚范围。而帮助行为与正犯行为之间的因果性不像正犯行为与结果之间的因果性容易限定，所以下面就从帮助行为在物理因果性和心理因果性两方面对正犯行为造成的影响进行分析，只要二者符合其一即认定构成帮助犯：

1. 物理的因果关系限定

物理的因果性指帮助行为客观上对正犯实行行为的发生起到了促进作用。客观说中的客观归属论对于如何认定帮助行为与正犯行为之间的物理因果性，有一定的启发性和参考性。日本学者岛田聪一郎主张的代替原因考虑说认为，在判断帮助行为是否升高了正犯行为犯罪结果发生的危险性时，将已经发生

---

[1] 参见杨金彪：《共犯的处罚根据》，中国人民公安大学出版社 2008 年版，第 229~238 页。

的结果与去除该行为的状况加以比较看是否是必不可少的，即将帮助行为在整个事实中剔除，看这个帮助行为是否明显增加发生该结果的危险性，如果是可以替代的则不成立帮助犯，如果是不可或缺的则成立帮助犯。

第一，中立的帮助行为通常可替代性较高，不会致使正犯实施犯罪行为，只是恰巧被正犯者加以利用的状况下应认为帮助行为与实行行为之间不具有物理因果性。如商老板出售刀具给准备杀人的犯罪人，出售刀具的行为通常不会致使消费者实施杀人行为，是正当的市场交易行为，且销售刀具的行为具有较高的可替代性，"你家不卖，别家卖"，帮助正犯的行为可以被轻易替代，应该否定其物理的因果性。

第二，依据行为时的客观情况，正犯实施犯罪的行为具有紧迫性，中立的帮助行为高度盖然性的会导致正犯犯罪实行行为的发生，又被正犯恰好利用的状况之下应该认定帮助行为与实行行为之间具有物理因果性。如两人在商店门口争斗，其中一个人突然冲进店里购买刀具，这种情况下，出售的刀具很可能会用于争斗中，如果此时店主向购买者出售了刀具，则肯定帮助行为与正犯实行行为间的物理的因果性。

第三，中立的帮助行为超越了其本身普遍性和必要性的限度，而为正犯的实行行为提供帮助时应肯定帮助行为与实行行为之间的物理因果性。如出租车的运输行为是应乘客的要求将其送至目的地，而犯罪人在搭乘出租车之后要求出租车司机留在原地等候一段时间再将其送至某地，让犯罪人更容易逃脱犯罪现场，随后等候犯罪人的行为就超出了其运输行为本身的通常性必要性的限度，其运输行为与正犯实行行为之间存在物理的因果性。

2. 心理的因果关系限定

心理的因果性指从精神上对正犯实行行为的发生起到了促进作用。从客观方面认定正犯者的实行行为与中立的帮助行为之间的因果性时，需要对物理的因果性和心理的因果性都进行考虑，只要符合其一就成立帮助犯。在某些情况下，很难对帮助行为与正犯实行行为之间的物理因果性进行认定，就需要从心理的因果性的角度对帮助行为的性质进行把握。这里中立帮助行为人事前与正犯没有犯罪意思的联络，如果事前有通谋，不管其行为表面看起来有多么得"无害"都应认定构成犯罪。且中立的帮助行为中的"帮助"不是技术上的指导性帮助，如教授正犯如何熟练地撬开房门、告知被害人的出行路线及时间等，这些行为让正犯获得指点，使实行行为变得更为容易，或者才从根本上变成可能，这样的行为构成犯罪是毋庸置疑的。[1]中立的帮助行为给正犯实施犯罪的行为造成的心理影响与一般的帮助行为是不一样的，其带来的心理影响的内容通常与中立的行为有关，有着从事日常交易活动、履行民事义务的意义，却让正犯者了解到帮助者的帮助意思，强化了犯意、激励了犯行，具有刑事可罚性。

要界定中立的帮助行为与正犯实行行为具有心理的因果性，客观方面帮助者促进正犯实行行为的意思要为正犯所了解。如在商店里两位顾客用英语商讨着用刀具杀人的计划，恰巧商店老板听得懂英语，于是知晓了犯罪者的犯罪谋划，但是最终老板还是向顾客出售了刀具。在本案中商店老板只是知晓了正犯的犯罪意图，其出售行为属于业务范围之内，如果老板有意向两位犯罪者推荐适用于杀人的工具，这时老板就有促进正犯者实行行为的意思，当老板把自己的意思告知正犯时，就已经使正犯了解了自己促进正犯者实行行为的意思，这时应肯定其出售行为与正犯实行行为存在心理的因果性。

（三）小结

综上所述，中立的帮助行为在外观上与帮助犯无异，有帮助的故意且有帮助的行为，但却具有日常性等特征，往往带有从事民事活动、履行民事义务的意义。如果将这些行为都纳入帮助犯的范围内，势必造成社会经济秩序的崩溃，人人岌岌可危。要对中立的帮助行为可罚范围进行界定，应当综合考虑其主观与客观关联性。

结　语

对中立的帮助行为的研究，德日学者是最先开始的，而现有的研究基础也以德日理论居多，同时也给我们提供了很多具有价值的思考角度。关于中立的帮助行为性质的认定，德日理论中根据认定标准的不同，大体分为全面可罚说与部分可罚说，在部分可罚说内又包括主观说、客观说及综合说。在主观

---

[1] ［德］克劳斯·罗克辛：《德国刑法学总论》（第 2 卷），王世洲主译，王锴、劳东燕、王莹、李婧、徐晓辉译，法律出版社 2003 年版，第 149 页。

方面纠结于对故意的确定与否的区分，在客观方面具有一定的合理性但大多标准无法落地。应从主观方面考察帮助者对正犯行为是否具有确切的认识，这是对行为目的要素的论述，并不是对故意的区分，对故意确定与否的划分仅仅是对主观恶性程度的揭示，不确定的故意仍然是故意，其划分仅影响量刑而不影响定罪，由此构成故意仍可由直接故意与间接故意构成；在帮助者确切认识到正犯实行行为之后还需要认识到其帮助行为与正犯行为有关联、对正犯行为有助益。从客观方面考察帮助行为与正犯行为及危害结果之间的因果性，利用因果关系这一客观存在的联系来对中立的帮助行为所具有的特殊性进行研究，把因果关系分为物理的因果性与心理的因果性，二者只要符合其一便认定构成帮助犯。

综上，笔者在前人理论的基础上，结合自己对中立的帮助行为研究的理解，探究归纳出对中立的帮助行为的界分标准：（1）主观上，需要行为人确切地认识到正犯的犯罪意图，同时也需要行为人确切地认识到自己的参与行为对正犯行为的具体帮助作用。（2）客观上，符合物理或心理的因果性其一即可。物理的因果性：第一，根据行为时的客观情况，正犯的实行行为具有紧迫性，中立的帮助行为高度盖然性的会导致正犯实行行为发生，又被正犯恰好利用的情况之下应该认定帮助行为与实行行为之间具有物理因果性；第二，中立的帮助行为超越了其本身普遍性和必要性的限度，而为正犯的实行行为提供帮助时应肯定帮助行为与实行行为之间的物理因果性；第三，中立的帮助行为一般不会导致正犯的实行行为，可替代性较高，只是偶然被正犯利用的情况之下应该否定帮助行为与实行行为之间具有物理因果性。心理的因果性：行为人促进正犯的实行行为的意思要为正犯所知悉。

Research on Neutral Help Behavior

Abstract：With the refinement of social division of labor, there are some behaviors which have the form of harmless and the objective of promoting crime, it is usually called the neutral help behavior in the theory of criminal law. Neutral help behavior due to conform to help make the surface of the constitutive requirements, but with a "Daily" attribute, indiscriminate punishment may lead to overwhelming limitations on the daily life of citizens in commerce and communication. Neutral help be-havior punishment scope, in the subjective aspect should discuss the factors of coping behavior, rather than to distingniching between intentional and unintentional forms may include direct and indirect intentional behavior, people need to recognize exactly the principal criminal intent, but also need to act exactly to participate in their specific help to criminal behavior; in the objective aspect, the implementation behavior between physical causality and heart for help behavior and crime, the fruit of the two limit, meet one of constitute punishable accessory.

Key words: neutral help behavior; range of penalty; neutral behavior; abettor

我国过程性信息豁免公开制度的反思与重构

——兼评析《信息公开条例》草案征求意见稿第 17 条

中国政法大学法学院 2014 级 2 班　刘陈桉

中国政法大学法学院 2014 级 2 班　曾立城

摘　要　《关于做好政府信息依申请公开工作的意见》中对于作为豁免公开政府信息的过程性信息，定义显然过于宽泛，且规范保护目的不明，造成了理解出现分歧与混乱，对民众的知情权、民主监督的保护产生了消极影响。作者在探究了过程性信息的本质与制度价值后，认为应当以是否涉及行政机关人员的意思沟通与思辩过程，作为判断所涉过程性信息是否应当豁免公开的基础标准。一方面，基于保护行政决策不受不合理干扰的立法目的，对过程性信息采取一般性地豁免公开；另一方面，基于分离原则，公开属于纯粹基础事实的过程性信息，并进一步通过公益原则的适用，在利益衡量的过程中对关涉重大公益的信息予以例外公开。由此，作者构建出阶层性的过程性信息豁免公开制度。

关键词　过程性信息　豁免公开　信息公开　分离原则　公益原则

引　言

"过程性信息"这一概念，没有出现在《中华人民共和国政府信息公开条例》[1]（以下简称《条例》）这一行政法规层级的规范性文件中，而首见于属

---

[1]　本文中提及的《中华人民共和国政府信息公开条例》为 2007 年 4 月 5 日发布、2008 年 5 月 1 日实施的版本。

于其他规范性文件的《关于做好政府信息依申请公开工作的意见》（以下简称《意见》）中，其第2条第2款中规定，"行政机关……处于讨论、研究或者审查中的过程性信息，一般不属于《条例》所指应公开的政府信息"。在长期的行政实务中，《意见》成为判断过程性信息最主要的与最常用的依据。

然而《意见》是否提供了"过程性信息"的清晰定义与判断标准呢？我们认为答案是否定的，这可从在行政与司法的实务界、行政法学界，对过程性信息的判定标准不一的现象得到印证。《意见》的上述条文，在实效上似乎是"力有所不逮"。2017年6月，《条例》迎来首次修改，《条例》修订草案征求意见稿[1]（以下简称"《条例》征求意见稿"）第17条第2款[2]首次在行政法规层面细致、明确地规定了"过程信息"的豁免公开制度。如何更好地理解和适用这一规定，并提出适当的改进建议，需要我们首先解决过程性信息的本质为何这一前提性问题；其次明确过程性信息的判断标准和适用方法，这样才能让规定成为"行动中的法"，也避免成为政府免除公开行政信息义务，阻碍公众知情权、监督权行使的缺口。

基于此，本文遵循探究实践、发现问题、分析问题、解决问题的逻辑思路。在内容上从过程性信息的本体论和运行论两个面向展开论述。行文具体结构为：首先，了解《条例》修订的背景确有必要，因此本文在立法、司法、理论三个层面，从既有的制度、案例与学说中总结过程性信息的内涵，并分析这些内涵是否揭示了过程性信息的本质；其次，在规范的解释与适用层面，以及相关理论与解决路径的局限性方面，分析现今过程性信息豁免公开制度运行的问题；再次，我们结合域外类似立法进行比较，围绕《条例》征求意见稿中的相关规定展开解释论的分析，探求过程性信息的本质；最后，我们在司法适用层面，分析我国台湾地区的司法判例，以为中国大陆地区关于"过程信息"公开问题的立法提供借鉴，并提出了具有可操作性的制度建构

---

〔1〕 "《中华人民共和国政府信息公开条例》（修订草案征求意见稿）"，载中国政府法制信息网，http://zqyj.chinalaw.gov.cn/readmore? listType=1&id=1869，最后访问日期：2017年10月9日。

〔2〕《条例》征求意见稿第17条第2款："行政机关在行政决策过程中形成的内部讨论记录、过程稿，以及行政机关之间的磋商信函、请示报告等过程信息，公开后可能会影响公正决策或者行政行为正常进行的，可不予公开。法律、法规对行政机关公开履行行政府职责过程中形成的信息有规定的，依照其规定办理。"

方案。

一、过程性信息豁免公开制度及司法现状

背景与现状的梳理、归纳，是理解、评价、改进与适用新的法律规范的重要途径。《条例》征求意见稿第17条关于过程性信息豁免公开的规定，有其修改背景与动因，因此对我国该问题的现状进行研究是必要的。而且不仅应当了解静态的法，还需要了解动态的法的实施，在下一部分，我们还将整理学界在这个问题上的理论支持与成果积累。

（一）相关制度现状分析

首先分析《意见》中关于过程性信息豁免公开的条文规定，相关表述出现在其第2条。[1]第2条第1款是对"政府信息"这一概念的界定；从文义解释的角度看第2款第1句，其是在揭示应予公开的政府信息的性质，即在形式上正式，在内容上准确、完整、可正式使用；再结合第2款第2句，"因此"这一逻辑连词表明，前一句关于应予公开的政府信息性质的描述，从反面上对后一句中豁免公开的"过程性信息"的概念内涵进行了阐释。因此，通过体系解释可以认为，过程性信息是非正式、不准确、不完整，或者不具有正式使用价值的政府信息，这主要是从内容角度进行的概念界定。然而，第2句又以"处于讨论、研究或者审查中"来修饰"过程性信息"，这是从形式上对概念进行了界定，这种文义解释的结论与前述体系解释的结论是否存在冲突，若存在冲突如何取舍与协调，能否解释为处在讨论、研究或者审查中的政府信息通常是不准确、不完整、不能正式使用的，这些问题都有待解决。我们归纳出体系解释结果及文义解释结果的关系如下图所示：

---

[1]《意见》第2条第1款："《条例》所称政府信息，是指行政机关在履行职责过程中制作或者获取的，以一定形式记录、保存的信息。"第2条第2款："行政机关向申请人提供的政府信息，应当是正式、准确、完整的，申请人可以在生产、生活和科研中正式使用，也可以在诉讼或行政程序中作为书证使用。因此，行政机关在日常工作中制作或者获取的内部管理信息以及处于讨论、研究或者审查中的过程性信息，一般不属于《条例》所指应公开的政府信息。"

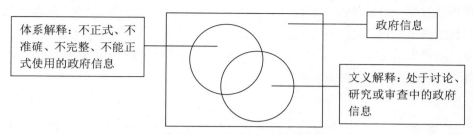

体系解释：不正式、不准确、不完整、不能正式使用的政府信息

政府信息

文义解释：处于讨论、研究或审查中的政府信息

图1 体系解释结果与文义解释结果的关系

综上，对《意见》条文的解释方法不同，所得的结果也不同，该条文并未对过程性信息进行清晰地定义，采体系解释可认为其被界定为不完整或不能使用的政府信息，但如何处理与文义解释的结果即"处在特定过程中的政府信息"这一形式定义的关系仍有争议。究其原因，与《意见》这一规范性法律文件的效力层级低、表述语言的规范性与精确性不足都有一定关系。

（二）相关司法现状分析

我们以"过程性信息""过程信息"为精确关键词进行全文检索，在"中国裁判文书网""北大法宝"案例库中共检索到北京市89件、湖南省41件司法裁判文书[1]，剔除重复[2]、无关[3]的裁定书和判决书，最终获取的分析样本为40件，其中北京市29件，湖南省11件。[4]通过对这些判决文书的梳理与分析，我们发现，原告诉讼请求被支持的比例很小，仅为22.86%；法院采过程性标准判定政府信息是否为过程性信息的比例较高，约为48.57%；同时大部分判决中的说理不够充分，仅仅是引述全部或者部分的法律条文。

《意见》中的表述是"过程性信息一般不公开"，这表明法官进行裁判时的逻辑应当分为以下两个层次：首先判断案涉政府信息是否属于过程性信息，

---

〔1〕 为了提高数据的代表性和可比较性，特选取法治水平较高的经济发达地区北京，和中部地区的湖南省为案例样本。裁判文书日期截至2017年6月19日。

〔2〕 不同审级，以一计，判决和裁定，以一计。

〔3〕 "无关"系指一些法院引用法条时将含有此关键词的法条一并引用，但案件争议点却与之无关，或是最终判决并未依相关规定作出裁判等。

〔4〕 各裁判文书的案号、判决结果及审判人员采用的判断标准详见附录。

再判断过程性信息是否应当公开。但实务中往往欠缺对案涉信息是否属于过程性信息的说理论证，并且对过程性信息几乎都采取了"一律不公开"的态度。我们归纳法院裁判文书中主要采用的过程性信息判断标准如下所示，各标准对应的案例详见附录：

表1 过程性信息界定标准

序号	判断标准	主要内容
1	成熟性标准	其依据是《意见》第2条第2款，即"行政机关向申请人提供的政府信息，应当是正式、准确、完整的"，通过反面解释与体系解释，以信息是否成熟作为判断标准
2	效力标准	即认为过程性信息的本质特征是对外不产生任何终局性效力，此标准亦可看作为成熟标准的一个分支
3	过程性标准	其依据是《意见》第2条第2款，即"处于讨论、研究或者审查中的过程性信息"，采文义解释，认为处于特定行政行为作出前过程的即是过程性信息
4	时间性标准	以"不属于尚处于讨论等阶段的过程性信息"为由，否定涉案信息为过程性信息。此观点认为，行政行为作出后，相应的过程性信息不再应豁免公开。此标准是对过程性标准的进一步限缩

　　成熟性标准和过程性标准分别以对《意见》第2条的体系解释与文义解释结果为基础，最易为法院采用；效力标准可以看作是成熟性标准的一个分支，其关注的是与特定行政行为相关的信息对行政相对人的效力，而非信息本身是否正式、准确、完整，其与成熟性标准的共同点是认为过程性信息是不可以正式使用的；而时间性标准其实是对过程性标准的一个限缩，二者的界定角度相近，最大的区别就是离开行政行为作出的过程后，是否仍是过程性信息。

　　通过归纳司法案例，厘清各种界定标准的关系，我们发现实践中以采用成熟性标准和过程性标准为常态，同时也派生出与此二者不同的效力标准与时间性标准，尚未形成统一的判断标准与路径。原因在于，如上文对我国制度层面的分析所述，对《意见》相关条文采用了不同的法律解释方法，对应从内容还是形式层面对过程性信息进行界定的选择的不同，也是对过程性信息的本质探究不清楚，遑论形成具有可操作性的过程性信息豁免公开制度架构与思路了。

二、我国学者的分析思路与解决路径评述

司法裁判是一门解释和适用法律的技术，而如何提供一个合理的解释路径，则是理论界与实务界共同的工作。针对上文指出的制度层面上的模糊与实务层面上的分歧，本部分将梳理与归纳我国学者提出的过程性信息本质探究与制度适用两个层面的观点。

（一）学者对过程性信息本质的探究

对"过程性信息"本质的探究，学界主要存在三种意见。

第一种意见即前述时间性标准，以杨小军教授为代表，其认为过程性信息应当处于行政行为作出前之程序或过程，"行为的过程结束了，原来的过程性信息也就不再继续是过程性信息了"[1]，过程结束后，过程性信息不再豁免公开。同时杨教授也进一步细分出主体行为信息和服务主体行为等相关信息。[2]王敬波教授亦赞同此观点，认为"过程性信息以行为所处的阶段及其效力作为标准"[3]。

第二种意见为过程性标准，以孔繁华教授为代表，其认为"过程性政府信息是行政主体在行政程序开始后行政决定作出之前搜集、制作的信息"，"过程性政府信息需要满足决策前和审议中两个条件"。[4]他明确指出"过程性信息"和"过程性信息公开"的不同，认为审议结束后仍然是过程性信息，以对杨小军教授的观点作出修正。[5]可以看出，持此观点的学者，在界定"过程性信息"时选用的规范依据主要是《意见》第2条第2款"处于讨论、研究或者审查中的"规定，即前述文义解释的立场，然而似乎对《意见》第2条第1款欠缺关注。

---

〔1〕 杨小军："过程性政府信息的公开与不公开"，载《国家检察官学院学报》2012年第2期。
〔2〕 杨小军："过程性政府信息的公开与不公开"，载《国家检察官学院学报》2012年第2期。
〔3〕 王敬波："政府信息概念及其界定"，载《中国行政管理》2012年第8期。
〔4〕 孔繁华："过程性政府信息及其豁免公开之适用"，载《法商研究》2015年第5期。
〔5〕 孔繁华："过程性政府信息及其豁免公开之适用"，载《法商研究》2015年第5期。

　　与此不同，杨登峰教授认为上述标准有违普通民众的认知，是在明显地扩大政府信息豁免公开的范围，故提出了第三种意见。他认为应当从信息本身的制作或获取状态来界定，"过程性信息的根本特征并不是'过程性'，而是'非正式、不完整'，进而导致对生产、生活和科研没有使用价值"。[1]杨登峰教授基于他所认为的《条例》第1条[2]反映的立法目的，以有扩大打击而损害立法目的之虞为由否定了杨小军教授的观点，并提出信息公开的本质标准应当是具有使用价值，凡过程性信息都具有欠缺使用价值的特征。此观点与上文总结的成熟性标准一致，是通过将客观的时间性标准转向主观的价值标准，从而实现对过程性信息范围的限缩，既具有一定的合理性，也符合公众的一般认知。然而此观点可能会受到以下两个方面的质疑：其一，政府信息是否有使用价值的判断标准是主观的和因人而异的，因此在司法实践中，法官自由裁量权的限制以及裁判标准的统一化也就成为难题；其二，此观点对《条例》立法目的的归纳失之偏颇，依据《条例》第1条，立法目的至少有"提高政府工作的透明度，促进依法行政"和"充分发挥政府信息对人民群众……的服务作用"两个方面，事实上，包括过程性信息豁免公开问题在内的许多政府信息公开问题均是在多种利益中找寻平衡点，而成熟性标准何以是最佳的平衡点，正是杨登峰教授的文章中所忽略的。

（二）学者提出的过程性信息公开问题的解决路径

　　对本质的认识不同，概念界定标准、语词的内涵与外延也将不同，进而引发出过程性信息豁免公开问题上解决路径设计时考虑因素的不同。

　　采时间性标准的学者，尚未给出清晰、完备的解决路径，例如杨小军教授在其文章中仅通过列举的方式细化豁免公开的过程性信息外延范围，而对过程性信息的本质与内涵欠缺关注，因此其列举是不周延的。[3]该种路径的优点在于，通过细化过程性信息的类别，使得作为所列举子集范围内的过程

---

〔1〕　杨登峰："论过程性信息的本质——以上海市系列政府信息公开案为例"，载《法学家》2013年第3期。

〔2〕　《条例》第1条规定："为了保障公民、法人和其他组织依法获取政府信息，提高政府工作的透明度，促进依法行政，充分发挥政府信息对人民群众生产、生活和经济社会活动的服务作用，制定本条例。"

〔3〕　杨小军："过程性政府信息的公开与不公开"，载《国家检察官学院学报》2012年4月。

性信息在行政与司法实务中更易判断，然而当出现非所列举的过程性信息时，该路径也就显得苍白无力。

采过程性标准的学者一般是通过确定若干原则，如坦诚性原则、影响社会稳定原则、影响公平权益原则、利益衡量原则、分割原则、成熟原则等，以试图弥补从过程性角度对概念进行界定而导致的豁免公开范围过大的弊端。[1]然而调整的原则太多，司法实践中易出现原则之间相互冲突、实务人员无从下手之困境，反而可能导致"一刀切"，行政机关与司法工作者机械地适用法律，一律豁免公开。

杨登峰教授的概念界定方式，即采成熟性标准，从信息的内容与使用价值方面界定，则避免了前述列举式与引入多种原则的尴尬处境。此种实质判断标准实际上已经为应予豁免公开过程性信息的筛选指明了方向。然而"价值""作用"等语词皆非客观明确之判定标准，具有一定的模糊性，这无疑赋予了行政机关极大的裁量权，既不利于权力的限制与行政公开的建设，也使得司法的监督意义有限。

如前所述，三种路径都存在一定缺陷。杨小军教授的列举法对过程性信息的本质欠缺关注，且无法通过列举穷尽过程性信息的子集；孔繁华教授引入的多重原则在实际适用中易造成无序；而杨登峰教授的实质标准以对现行规范的完备解释为基础，但是在可操作性上，语词的模糊性与裁量基准的缺失可能导致行政机关自由裁量权过大，司法上的监督与审查恐怕也将鞭长莫及。

三、过程性信息的本质和豁免公开制度立法目的探究

（一）解释论困境

上文从我国的立法现状、司法现状和学界理论三个层面，对既有的过程性信息的本质探究和豁免公开的判断路径两个问题进行了介绍与分析。

首先是立法层面，作为行政行为、司法裁判与理论分析的依据，《意见》第2条存在规范性文件本身效力层级低、条文表述的精确性和可操作性不足

---

[1] 孔繁华："过程性政府信息及其豁免公开之适用"，载《法商研究》2015年第5期。

的缺陷，使得过程性信息的定义模糊，而概念界定是确立判断标准的先决条件，因此《意见》对过程性信息的模糊界定是路径选择相去甚远问题的源头。定义是揭示事物属性的方法，内容和形式是对立统一、不可偏废的两个要素。不论是从内容角度认为过程性信息是不完整、不成熟的政府信息，还是从形式角度认为其是处在行政行为作出之前的程序之中的政府信息，此两种表述都是片面且不准确的。

可能的原因之一，是我国的相关制度制定之始就缺乏对过程性信息本质的认识和考虑，因为从《条例》第 2 章所规定的政府信息公开范围来看，我国所确立的是依法公开原则，这与一些国家、地区所确立的"以公开为原则，以不公开为例外"原则不同。全国人大常委会法工委行政法室处长黄海华认可了此观点，他认为除了应当公开的和依法豁免公开的政府信息外，还存在大量模糊的"灰色地带"。[1]而《条例》对"过程性信息"豁免公开未予规定，可见其即处于"灰色地带"之中，行政机关享有较大的自由裁量权，实践中出现了很多问题，故为了设置行政机关的裁量依据、统一对过程性信息的处理方式，《意见》中关于过程性信息豁免公开的规定也就应运而生。可见，《意见》的规定是对"灰色地带"进行"救火"式填补，这样的填补反映出该制度的产生是实效导向的，对制度背后的原理，可能欠缺关注与考虑，可以说立法目的是缺失的。

制度的缺陷影响到了司法适用层面，法律解释是法律推理与适用的前提，而法律规范是法律解释的素材，规范的先天不足必然造成司法实务中的分歧和混乱。通过现有的规范，法官难以掌握过程性信息的本质和豁免公开制度的立法目的和所要保护的利益。立法目的的探寻是目的解释的基础，而目的解释在法律解释的方法中至关重要，原因在于，规范的陈述与制度的框架往往是以立法目的为核心而设计的，魏德士甚至认为，文义解释、体系解释、历史解释等方法从属于解释目标。[2]因此，过程性信息的本质为何与相关立法目的的模糊性是首先应予解决的根源问题。

---

〔1〕 黄海华："修改《政府信息公开条例》应当遵循的立法原则"，载《中国法律评论》2016 年第 4 期。

〔2〕 〔德〕魏德士：《法理学》，丁晓春、吴越译，法律出版社 2005 年版，第 313 页。

（二）过程性信息的本质和豁免公开制度的立法目的

我国大陆地区现行相关条文的立法目的不明，制度的设置更多是出于填补《条例》空白的考量。我们采用比较解释的方法，参照域外相关规范的表述，将我国大陆地区"过程性信息"的表述对应到其他国家、地区的类似概念与规范，如美国法规定的"作成决定前之意见沟通或文件"（pre-decisional communication or document）、英国法规定的"作为决策背景的统计资料"（statistical information）属于豁免公开资讯（exempt information），我国台湾地区也规定了"政府机关作成意思决定前，内部单位之拟稿或其他准备作业"之豁免[1]。尽管这些表述都是从形式上进行的定义，没有从实质内容角度进行阐释，但从我国台湾地区相关部门对"政府资讯公开法"的逐条说明可以看出，其相关条款是为了保护"机关最后决定之作成"，防止"对有不同意见之人加以攻讦"等"滋困扰"。[2]"即为使各机关畅所欲言、无所瞻顾，俾政府决策计虑周详"，而保护"思辩过程"（deliberative process）[3]。这是该规定所要保护的利益，也是界定这类信息的实质内容角度的定义。概言之，这些形式的政府信息之所以豁免公开，意在保护某一更优越的利益——政府决策的思辩过程不受滋扰，更抽象来说是行政效益等价值的要求。

综上所述，过程性信息的本质，即是行政行为作出过程中、公开会影响行政决策的一类信息，而相关制度的立法目的则是通过豁免公开此类政府信息以避免行政决策受到影响。

《条例》征求意见稿认可了过程性信息的此种本质特征，其第17条对过程信息采取了"列举式+立法目的"的表述，即"行政机关在行政决策过程中形成的内部讨论记录、过程稿，以及行政机关之间的磋商信函、请示报告等过程信息，公开后可能会影响公正决策或者行政行为正常进行的，可不予公开"。可以看出，该条文的表述既有如我国台湾地区的形式上的定义，也有

---

[1] 我国台湾地区"政府资讯公开法"第18条第1款规定了"应当限制公开或不予提供的政府信息的情形"，其中第（3）项规定："政府机关作成意思决定前，内部单位之拟稿或其他准备作业。但对公益有必要者，得公开或提供之。"
[2] 《"政府资讯公开法"问答暨解释汇编》，我国台湾地区相关部门编印，2010年12月。
[3] 翁岳生主编：《行政法》（下），元照出版公司2006年版，第146页。

实质内容上的定义，在借鉴其他地区立法经验的同时，进行了更为明确的细化工作，合理缩小了行政、司法人员的裁量空间，更具可操作性。也可以看出，该条文对《意见》第 2 条的规定进行了舍弃，并没有采取所谓"不成熟、不完整"的表述。实际上，不成熟、不完整本身就兼有形式和内容两个方向的解释可能，和"行政决策过程中"这样纯粹的形式定义兼容起来会有矛盾。另外值得注意的是，第 17 条一改学界和《意见》的惯用语词"过程性信息"，而替换为"过程信息"。其目的为何，何者更优？我们倾向于认为二者没有实质区别，在文义上属于同义词，但删去"性"一字，在一定程度上也有纠偏之效用，避免法官望文生义，认为"过程性"是这类信息的实质特点。

四、过程性信息豁免公开制度的阶层化

立法目的的实现依赖于制度的合理适用，故需要具有可操作性的步骤或阶层，否则"徒法不足以自行"，信息公开制度维护之公益也会不当减损。下文将结合《条例》征求意见稿第 17 条等相关条文，对我国过程性信息豁免公开展开制度重构与阶层化的探索。

（一）《条例》征求意见稿第 17 条适用的体系考量

《条例》征求意见稿第 17 条已经清晰地展现出过程信息的内涵，然而法律条文的适用往往需要放在一个法律体系当中，处于特定的体系地位，与其他规范相互作用。

某一规范性法律文件中，一般性的立法宗旨对确定具体条文的体系地位有重要作用，因此我们从《条例》的立法宗旨入手。《条例》第 1 条引述如下："为了保障公民、法人和其他组织依法获取政府信息，提高政府工作的透明度，促进依法行政，充分发挥政府信息对人民群众生产、生活和经济社会活动的服务作用，制定本条例。"概括而言，《条例》的立法宗旨可包括两大内容：其一，便民利民，保障公民知情权所要求的信息提供请求权；其二，践行"行政透明化"理念，监督、促进政府依法行政之法治要求。根据第二点即可认为，公民通过申请信息公开的方式行使监督的权利，不能以所谓的相关政府信息"无价值""非利害相关"等理由而拒绝。我国台湾地区学者

林三钦总结了当前世界对政府信息公开制度理解的主流观点，对信息公开制度的价值归纳更是到位：（1）与"民主化"有关，人民参与政府决定的深度与广度影响民主的发展；（2）与法治有关，政府信息是人民事后监督政府是否依法行政的重要凭借；（3）与个人利用有关，出于个人自身利益的考量，为了规划个人的职业与营业取向等所产生的资讯需求的合理的。

无论是制度还是学界理论，都反映出我国目前对信息公开制度的理解停留在林三钦所归纳的第三层面，即人民之需要，学者所持的观点"信息需要有价值"就是最典型的体现，这恰恰忽略了立法目的中对民主监督的肯定。由此，我们认为所有政府信息原则上都是应予公开的，采用一般公开为原则更符合立法宗旨，而所谓的"灰色地带"应当尽可能地消除。值得肯定的是，此次的《条例》征求意见稿第5条即已明确提出"以公开为常态、不公开为例外"的原则。

过程性信息就是建立在政府信息以公开为常态（原则）的基础上，基于合理理由而例外性地豁免公开的一类信息。在法律解释上，应当采"例外解释从严"的原则，否则"信息公开与限制公开之范围互为消长，如豁免公开之范围过于扩大，势将失去本'法'制定之意义"[1]。过程性信息的豁免公开不仅需要合理的理由，其理由也应当符合"以公开为常态"背后反映的系列价值。当形式上符合豁免公开条件，即某一信息处于行政行为作出过程中，而实质上有违上文所述之制度设计的价值，也要基于某些原则，如公益原则的运用而予以公开，这是下文中阶层化适用框架的基础。

（二）构建阶层化的利益衡量框架

某一价值或利益的地位总是相对的，利益间冲突的解决方式就是进行衡量比较。信息公开"究非唯一、至高之价值，还有更加优越之公、私权益，仍需退让"。[2]政府信息的公开与否，同样是利益衡量的技术，因此各国法律大多规定有豁免公开的例外情况。在以"公开为原则，不公开为例外"的国家和地区中，例外规定的存在正表明价值间优越地位的可变性。《条例》征求

---

〔1〕 《"政府资讯公开法"问答暨解释汇编逐条说明》，我国台湾地区相关部门编印，2010年12月。

〔2〕 翁岳生主编：《行政法》（下），元照出版公司2006年版，第143页。

意见稿第 17 条的规定就是一种利益衡量，即是将对"思辩过程"以及背后的行政效率等利益的保护与其他利益进行较量。

如此一来，过程性信息豁免公开制度就被放置在利益衡量的大框架下了。分析、比照域外经验，我们发现大陆地区很多研究者其实也已经提到过"分离原则""公益原则"，但是正如上文分析所述，我国研究者使用这些原则时，往往"放错位置"，原则间的关系是混乱的，不能发挥应有之作用。这与过程性信息相关条文体系地位不明，以及适用时没有顺序、缺少价值衡量有关。问题的关键不在于大陆地区是否需要引入以及引入何种原则，而在于如何确定原则的适用顺序。下文将结合我国台湾地区实务案例，提供一个阶层化、步骤明确的适用模式。

1. 分离原则

对"思辩过程"以及背后的行政效率等利益的保护，需要与公民的知情权、民主监督权利、生产生活需要等利益进行衡量，寻找各种利益的平衡点。其他国家和地区通行的做法是"分离原则"的适用，实质上是具体判断信息是否涉及"思辩过程"而应豁免公开。以我国台湾地区为例，其理论界、实务界大都认为应当分离出意思决定之基础事实而予以公开，因该基础事实无涉泄露决策过程之内部意见沟通或思辩过程。[1]结合我国台湾地区"政府资讯公开法"第 1 条的"立'法'宗旨"，基础事实的公开非但不影响机关意思之形成，而且有助于民众检视及监督政府决策之合理性。[2]但也应承认，区分基础事实与内部意见沟通或思辩材料，具有一定的难度。"难谓凡属事实叙述者，即与思辩过程无涉"[3]；同样，思辩过程材料中，也常常包含作成决策之基础事实。

为给我国大陆地区提供具有可操作性经验，我们在我国台湾地区相关部门判例查询页面检索，搜集了相关裁判，几类通常是被认为与思辩无涉的基础事实，如下表所示：

---

[1] 如我国台湾地区由汤德宗教授主持的研究课题，《"政府资讯公开法"改进之研究》，针对该款所提的立法改进意见即是，"增加但书'但关于意思决定作成之基础事实，仍应公开或提供'"。相同观点可见翁岳生主编：《行政法》（下），元照出版公司 2006 年版，第 146 页。

[2] 参见我国台湾地区相关法院 2015 年度诉字第 1206 号判决。

[3] 参见我国台湾地区相关法院 2015 年度诉字第 1206 号判决。

表2 无涉思辩过程而应当公开之信息类型

类型	例子	决定
基础事实	房价计算之"估价标准""依据""计算方式"〔1〕	应当公开
	教师"平时考核纪录"及"工作成绩、勤惰数据、品德生活纪录、奖惩纪录"等资料	
会议资料之汇集	联系开会业务、时程及资料所用之函稿	
	机关内部单位为拟稿或其他准备作业所搜集、参考之相关信息文件〔2〕	

上述信息有以下共同特点：（1）都处于行政活动作出前的过程；（2）都具有成熟性，如前述我国台湾地区相关法院判决称，"被告称系争调查表仅系其内部业务单位在某一时间点所作之经费预估，即属预估，之后即有修改更正之可能，该资料仅供参考，非为意思决定之基础事实"。因此要作为基础事实或是资料之汇集，则须兼具过程性与成熟性。

在基于分离原则对决策过程材料进行区分时，我国台湾地区法院持严格限定基础事实之范围的态度，从时间性、涉他性、滋扰可能性等方面，将基础事实限于纯粹、绝对与思辩过程无涉的资料、信息范围内。翁岳生教授借鉴美国经验后也认为，当事实与决策材料密不可分，或事实呈现之方式会透露决策的过程时，应当豁免公开。〔3〕就我国台湾地区司法实践来看，个案具体判断是适用分离原则的主要方式，且往往成为一个证据问题。尽管《条例》征求意见稿第17条并没有明确提出分离原则，但是和我国台湾地区的规定不同的是，《条例》征求意见稿指明了立法目的，即保护公正决策与行政行为的顺利实施，这为法官在个案裁判时，提供了解释余地，通过分离原则界定出来的基础事实类信息因为不影响公正决策而得以公开。当然，我们建议增加明确的条文表述在《条例》正式出台时确立分离原则。

2. 公益原则

除思辩无涉的信息之外，是否其他过程性信息一概不能公开呢？回到制

〔1〕 参见我国台湾地区相关法院2012年度诉字第1855号判决。

〔2〕 参见我国台湾地区相关法院2013年度判字第746号判决。

〔3〕 翁岳生主编：《行政法》（下），元照出版公司2006年版，第146页。

度设计的目的上看，分离原则显然仍无法保障一般人民知情权，资讯公开属"一般性之信息公开"，具有公益性，因此我国台湾地区规定"但对公益有必要者，得公开或提供之"，这要求政府机关应本于法律赋予之裁量权限，就具体个案情形判断公开该项信息所欲增进之公益，与豁免公开该信息而维护之"公务执行"的公益之间何者更为重大，以求取平衡点与利益总和的最大化。[1]同时信息公益性之大小，与该政府信息涉及公益程度、其应受人民监督必要性之高低相关。[2]这样的判断标准通常被总结为公益原则。

公共利益属于高度不确定的概念，但也并非完全是个"空洞的形式"[3]，不仅可以发挥立法、司法及行政的政策功能，更关键的是可通过法律解释，作为个案争议的裁判依据。[4]我国台湾地区学界以吴庚教授的见解最常为学界及审判实务界引用，其认为："公益不是整个社群或是其中大部分成员利益的总和，而是各个成员事实上利益，经由复杂的交互影响过程，所形成理想的整合状态。"[5]概言之，公共利益并非必然与私人利益相对立而需要进行取舍，公共利益应是多数人利益与少数人利益整合后呈现出的一种"理想状态"。[6]

我国台湾地区关于过程性信息豁免公开中适用公益原则的司法判例可资借鉴。在我国台湾地区，如下情况被界定为公共利益：

---

〔1〕 我国台湾地区相关法院 2016 年度判字第 225 号判决。

〔2〕 我国台湾地区相关法院 2013 年度判字第 147 号判决。

〔3〕 林明锵："都市更新之公共利益"，载《台湾法学杂志》第 227 期。

〔4〕 杨仁寿："阐释法律之方法论"，转引自林明锵："都市更新之公共利益"，载《台湾法学杂志》第 227 期。

〔5〕 吴庚："都更未爆弹知多少"，载《中国时报》2012 年 4 月 5 日；我国台湾地区相关法院判决对公共利益亦定义为："组成政治社会各分子事实上利益，经比较交叉影响过程所形成之理想状态结合"；"即由特殊私益与公共利益共同组成之整合概念"。转引自林明锵："都市更新之公共利益"，载《台湾法学杂志》第 227 期。

〔6〕 林明锵："都市更新之公共利益"，载《台湾法学杂志》第 227 期。

表3　公共利益的司法界定

序号	案名	判决内容
1	国有企业民营化案[1]	国家实质控制的公司的民营化，涉及全民福祉所在，改制过程利弊得失之检讨，于日后公共政策之形成影响深远，其资讯确有必要揭露于民众
2	课纲修改案[2]	该会议中畅所欲言，无所瞻顾，贡献各自领域专业知识与智慧，经由与会委员翔实、坦率的交换意见及思考辩论，作成最符合教育目的之决议后，公布实施，系"具有高度之'公共性'及强烈之'公益性'"之制度
3	历史建筑审查案[3]	历史建筑登录之审查及讨论属于社会文化之一环，与公益息息相关，而房屋登录为历史建筑后，原所有权人之处分权将受到限制，故仍有受人民监督之必要性

也有判例否认了一些行为的公益性，如前述我国台湾地区相关法院2015年度诉字第1206号判决认为，"关于被告与所聘用之教学助理间是否具有雇佣关系暨被告应否为该等教学助理办理劳保等事项之争议，其所涉公益程度尚非重大，应受人民监督之必要性亦难谓高"。

归纳可知，公共利益的判断，往往与人民监督必要之程度呈正相关；且公众参与广泛、公共性明显的事项往往被认定为具有公共利益。同时也能发现，思辩过程的保护，其实也可以指向公共利益，如我国台湾地区热议的"课纲调整案"，我国台湾地区相关法院的判决中指明，委员翔实、坦率的交换意见及思考辩论，对公共性极强的教育方案实施的好坏有很大关联，而该案就出现双方皆认为己方利益属于公共利益，由此其实可以对公共利益产生更深刻的理解，即是否具有决定意义的公共利益，不在于是否属于一般认识上的公益，不是对某一行为的单独评价，而是利益衡量之后所得到的结果。

总结我国台湾地区判例，公益原则的适用不是指凡存在公共利益则应当一律公开，而是意味着进入利益衡量的过程。为了避免公共利益的空洞化[4]，就利益衡量之标准，瑞士学者Daniel Gsponer曾在报告中提出了利益衡量的如

---

〔1〕　我国台湾地区相关法院2013年度判字第147号判决。

〔2〕　我国台湾地区相关法院2016年度判字第225号判决。

〔3〕　我国台湾地区彰化县政府电子法务季刊29期。

〔4〕　陈慈阳：《行政法总论》（第二版），翰芦图书出版有限公司，第138页。

下步骤：[1]（1）在具体个案中对相关利益加以调查；（2）在具体个案中对具决定性的利益加以评价；（3）在具体个案中对具决定性的利益进行利益衡量。

我国台湾地区实践中以此发展出通用的模式："政府机关作成意思决定前，内部单位之拟稿或其他准备作业"是否因"对公益有必要"而予公开或提供，应由主管机关作以下两组权衡：第一，就"公开'内部单位之拟稿或其他准备作业'所欲增进之公共利益"与"不公开'内部单位之拟稿或其他准备作业'所欲保障决策过程中之参与人员能畅所欲言，无所瞻顾，避免干扰最后决定之作成"间比较衡量判断之；[2]第二，就"公开'内部单位之拟稿或其他准备作业'所欲增进之公共利益"与"提供相关信息所侵害之决策过程中参与人员言论表达之法益"为衡量。

反观《条例》征求意见稿第17条，缺失了对公益原则的规定，即如我国台湾地区"政府资讯公开法"第18条"但对公益有必要者，得公开或提供之"的表述。尽管通过对行政法制度体系的解释可以找寻到公益原则的适用土壤，但为了向行政机关与司法工作者提供明晰的指引，我们建议在《条例》征求意见稿中该条文下增加相应的表述。

3. 其他因素

行政信息的公开与豁免公开，涉及多元利益的冲突，故利益衡量之时仍需兼顾其他复杂的特定因素，针对个案作出具体判断。某一利益自身由于时间等因素，在衡量过程中的权重亦会变化。"国有公司民营化信息公开案"中，法院考虑到"会议召开于10年前，公开其内容，并不妨碍机关决策，对机关咨询单位成员言论究责可能性不高，且有助于民众检视机关之决定是否参酌咨询单位提供之资讯，其判断是否合理，两相权衡，可认申请人之资讯公开权之法益高于上诉人主张排除公开之法益"。法官便是基于上文的基础分析框架，同时兼顾考虑利益受时间要素的具体影响而发生的权重变化。

"课纲修改案"同样给我们新的启示和借鉴，我国台湾地区相关法院对原审法院轻率地以属公益而提供信息的裁判持否定态度，认为是"速断"。针对

---

[1] 王珍玲："论都市更新之公共利益"，载《法学新论》第45期。
[2] 我国台湾地区相关部门2014年3月4日法律字第10303500500号函。

衡量之细节给出了尚应斟酌的八个具体判断情形：[1]

表 4　八种具体情况

序号	具体情况
1	审议信息本身性质是否具高度敏感性且可能引起争论
2	审议过程是否已完成
3	牵涉于其中之个人身份职位之公开是否会对该公务员或持相同立场之公务员造成影响
4	公开造成之压力是否会对于审议质量、程序造成损害
5	损害是否具重要性
6	该信息是否因时间经过而使限制理由不存在
7	有关审议委员个人信息、隐私之敏感性
8	提供申请人该项信息与重大公益目的之达成，具有密切之必要性与关联性

综合可知，针对是否会对公务人员的决策产生干扰，法院从信息本身的敏感程度、审议相关事项人的信息敏感性、审议过程的完成性、损害的重要性多角度分析；针对公益保护，则使用了比例原则中的合目的性原则分析公开和公益目的间关联性。通过细化的分析，才真正实现了实质的利益衡量，在司法审查强度的把握上，考虑并尊重了行政的技术性、专业性，否则司法审查的价值将不复存在，更可能如该案所发生的，有别有用心的人试图以舆论之压力，将其所认同的公益观念强加于法官，进一步借判决之效力影响社会全体民众之公益。如何让公益原则真正实现目的，就取决于法官利益衡量过程的精细化。判断过程越简单，越容易被操纵，越难以实现对行政的监督。在法律框架内进行利益衡量的技艺，域外经验可作为学习与参考的材料。

4. 小结

各个国家和地区针对同一调整对象的制度建构不尽相同，但制度背后的利益平衡往往相近，规范所保护的利益也大体相同，使得制度的借鉴与移植成为可能。综上分析，我们总结出我国过程信息豁免公开制度的理想设计，

---

[1]　我国台湾地区相关法院 2016 年度判字第 225 号判决。

如下图：

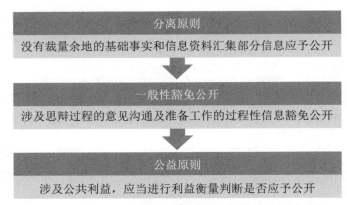

图 2　过程性信息豁免公开制度设计

再就杨小军教授、杨繁华教授的观点进行反思，比较得出这种制度设计的优越性：杨小军教授没有明确过程性信息豁免公开事由的保护目的和背后的利益权衡，因此缺乏对过程性信息的实质性判断与关注，对于应当如何保护、保护到什么范围，都没有明确的标准；只有先明确了一般性豁免公开的目的，才能对制度设计有宏观把握，形成逻辑有序的判断步骤，否则就会出现保护不周情形——例如杨繁华教授采用的罗列各种原则的方法，而各原则的属性不同（比如有些是对概念本质的定义，却被归为原则，如坦诚性原则），属性不同的原则间可能就会出现冲突，导致实务人员难以适用。原则的功能定位可能也会不明确，比如在我国台湾地区，公益原则是作为一般豁免公开之例外来适用的，而在杨繁华教授的论文中，认为公共利益是豁免公开的理由之一，并进一步认为属于不确定的法律概念，赋予行政机关过多裁量权，对其适用的合理性持否定态度，这显然就限缩了公益原则的作用，因为公益原则从某种程度上，是正向要求信息公开，保护公民知情权的有力武器。

通过上文分析，可以发现这样的制度设计形式上结构清晰，逻辑上具有阶层性，更为关键的是该制度基于利益衡量而协调保护了制度所要保障的各种利益，形成阶层化的适用步骤，而非对原则进行简单的堆砌，实现了对公共利益、个人权益的保护。

结　语

过程性信息往往涉及行政机关决策过程中的意思沟通，如果一味地公开，极易对行政决策产生滋扰，因此必须以豁免公开为原则。但信息公开不仅是公民生产、生活的需要，更是民主监督、知情权保护的要求，因此作为制度的例外，公开部分过程性信息，是这一立法宗旨的要求。在这一问题领域，存在"公共利益"等诸多不确定法律概念，行政机关的裁量权限较大，当前实践中，行政机关不给理由，径直豁免公开的做法很多，法院也缺少评价标准，难以形成司法对行政的监督与制约。细化我国行政机关的裁量过程，让我国的行政机关作出信息豁免公开决定、法院作出相关判决的时候"有话可说，有理可循"实有必要。

因此，本文强调要明确过程性信息的本质，即其是一类处于行政决策作出之前、公开会影响行政决策公正和行政行为作出的政府信息，豁免公开制度的立法目的是保证决策公正和行政行为顺利实施。而在过程性信息豁免公开制度的适用上，不能盲乱无序，首先要明确其体系地位，遵循阶层化的判断顺序，依次用好分离原则、公益原则，综合考虑各种因素的影响，渗透比例原则的思维于其中，具体案件具体分析，从而平衡公民的各项民主权利和自由与行政决策的效益等各种利益之间的冲突与矛盾。

《条例》征求意见稿第 17 条等相关规定为过程信息制度的实施提供了基本的方向，但可操作性仍有待强化，因此我们也提出修改建议，即增加分离原则、公益原则的相关表述，当然法律的生命在于实施，最重要的是需要在司法实践中积累经验，形成更具体的、层次化的适用步骤。

Reflections on and reconstruction of
China's disclosure of procedural information
——and Analysis of the Article 17 in the
Government Information Publicity Modification Draft

Abstract：Government information disclosure is required by the principle of governing the country by law. However it cannot exhibit its proper value in reality. I hope to do analysis of disclosure of procedural information from the view of legislation and judicial practice. In the meantime, I will find the controversy focus and shortages of the scholars 'statements by analyzing their opinions. Besides, I will try to reform our current information disclosure system gaining practical experience from other countries or regions such as the US and the Chinese Taiwan region.

Key words: procedural information; exemptions; disclosure of information; severability principle; commonweal principle

附录：司法实务中"过程性信息"案件的裁判结果及判断标准

序号	案号	裁判结果	"过程性信息"的判断标准
1	（2013）西行初字第 496 号	被告胜诉	过程性标准
2	（2014）东行初字第 379 号	被告胜诉	过程性标准
3	（2014）东行初字第 671 号	被告胜诉	说理不充分
4	（2014）朝行初字第 373 号	被告胜诉	时间性标准
5	（2014）朝行初字第 366 号	被告胜诉	说理不充分
6	（2014）海行初字第 561 号	原告胜诉	过程性标准
7	（2014）怀行初字第 13 号	原告胜诉	说理不充分
8	（2014）二中行终字第 646 号	被告胜诉	过程性标准
9	（2014）二中行终字第 555 号	被告胜诉	过程性标准
10	（2015）西行初字第 772 号	被告胜诉	说理不充分
11	（2015）顺行初字第 106 号	被告胜诉	过程性标准
12	（2015）丰行初字第 100 号	被告胜诉	过程性标准
13	（2015）通行初字第 63 号	原告胜诉	时间性标准
14	（2015）二中行初字第 896 号	被告胜诉	过程性标准
15	（2015）二中行终字第 1880 号	被告胜诉	过程性标准
16	（2015）二中行终字第 146 号	被告胜诉	过程性标准
17	（2015）二中行初字第 973 号	被告胜诉	过程性标准
18	（2015）二中行终字第 2191 号	被告胜诉	说理不充分
19	（2015）三中行终字第 122 号	被告胜诉	过程性标准
20	（2015）三中行初字第 251 号	被告胜诉	成熟性标准
21	（2015）四中行初字第 825 号	原告胜诉	效力标准
22	（2015）四中行初字第 828 号	被告胜诉	过程性标准
23	（2016）京 01 行初 205 号	原告胜诉	过程性标准+成熟性标准

续表

序号	案号	裁判结果	"过程性信息"的判断标准
24	（2016）京 0101 行初 391 号	原告胜诉	时间性标准
25	（2016）京行终 4303 号	被告胜诉	过程性标准
26	（2016）京 02 行终 910 号	被告胜诉	过程性标准
27	（2016）京 02 行终 553 号	被告胜诉	过程性标准+成熟性标准
28	（2016）京 0101 行初 392 号	原告胜诉	时间性标准
29	（2017）京 01 行终 225 号	被告胜诉	说理不充分
30	（2013）岳行初字第 00245 号	被告胜诉	过程性标准
31	（2014）长中行终字第 00154 号	被告胜诉	说理不充分
32	（2015）望行初字第 00049 号	被告胜诉	过程性标准
33	（2016）湘 0111 行初 65 号	原告胜诉	过程性标准+成熟性标准
34	（2016）湘 0111 行初 68 号		
35	（2016）湘 0111 行初 71 号		
36	（2016）湘 0111 行初 78 号		
37	（2016）湘 0111 行初 82 号		
38	（2016）湘 0111 行初 84 号		
39	（2017）湘 01 行终 151 号	被告胜诉	效力标准
40	（2017）湘 01 行终 305 号	被告胜诉	效力标准

论认罪认罚制度下值班律师在场权的构建

——以北京市海淀区为实证分析对象

中国政法大学法学院 2015 级 1 班　刘乃玮

指导老师：中国政法大学证据科学研究院教授　张　　中

摘　要　认罪认罚从宽制度将"效率"置于价值取向的首位，解决了我国案件处理缓慢这一长久以来的痛点。然而，本应起到"镇流"作用的值班律师制度，却一直处于失灵状态。本文围绕"深化公众监督"这一改革大方向，创造性地引入市场力量，定位与重构值班律师在场权，以期有效解决法律援助"老大难"的问题，让值班律师在认罪认罚制度中真正起到良好的"镇流"作用，为推进人权保障的刑事诉讼改革增添新动力。

关键词　认罪认罚制度；值班律师；市场化；公众监督；在场权

引　言

由最高人民法院、最高人民检察院、公安部、国家安全部、司法部于 2016 年 7 月 20 日发布并实施的《关于推进以审判为中心的刑事诉讼制度改革的意见》，明确提出了"建立法律援助值班律师制度，法律援助机构在看守所、人民法院派驻值班律师，为犯罪嫌疑人、被告人提供法律帮助"。其后，最高人民法院等部门出台了《关于在部分地区开展刑事案件认罪认罚从宽制度试点工作的办法》，在构建认罪认罚从宽制度的同时，明确将其与值班律师制度相结合，从而迎来了刑事诉讼改革的新契机。

毫无疑问，相关的制度运作为被告人的人权保障带来福音。但是，在各地积极探索"因地制宜"开展值班律师制度的过程中，由于值班律师的使命主要在于通过自身的专业知识纠正司法机关在办案过程中可能存在的违法行为，充分保障认罪认罚人的合法权利，故而可能受到一定程度的阻碍。因此，为增强值班律师制度与认罪认罚从宽制度的有效互动，探索认罪认罚从宽机制下值班律师在场权的构建是可行的方案：

首先，认罪认罚制度需要引入市场工具打破法律援助的僵局。长久以来，法律援助工作面临着动力不足的情况。笔者认为，欲提高律师进行法律援助的服务质量和参与法律援助的积极性，与其制定更加完善、严厉的规定，不如将监督、管理的直接责任落实到律所，以律所作为考评机制的责任主体、激发主体能动性，由律所主动对其下属律师进行管理监督。如此，运用灵活的市场作为选拔工具，开启将市场引入法律援助的先河，或可打破我国现阶段法律援助成本高、效果差的僵局，同时为将来提高司法机关办案质量提供制度基础。通过市场化的选任制度和专业化的培训，促使值班律师队伍中执业水平提升空间较大的律师不断完善专业技能，让不具有法律执业资格的司法局工作人员逐渐"代谢"，从而形成一支法律职业技术水平高、律师职业道德水平高的"双高"律师队伍。值班律师的流动性，更能提升整个律师队伍的执业水平，从而推动法律职业共同体的建设。

其次，在认罪认罚从宽制度的背景下应当加强公众监督以维护司法权威。以效率为导向的认罪认罚从宽制度中，有必要引入具有一定法律执业经验、具有"类公职"身份的监督者，以其为代表，让公众监督的阳光普照，自侦查至审判后阶段，均转变为全新的"三元主体结构"，切实提高司法体制权威，使公众信仰法律、崇尚法律。

再次，要处理好效率与公平的关系，促进司法资源的优化配置。随着认罪认罚制度的推行，其适用范围必将不断扩大。将值班律师这一中立、独立且具有法律执业经验的特殊角色引入到仅有犯罪嫌疑人、侦查人员的侦查阶段，仅有犯罪嫌疑人、检察官的程序选择和量刑协商阶段等趋于封闭的阶段，是非常有必要的。

综上，对值班律师在场权体系的全方位研究与构建，与推动认罪认罚制度的呼声相一致，同时也契合了我国刑事诉讼体制改革的大背景。笔者以此为出发点，结合实证调研结果，以法律实效主义为方法论，试图重新定位认罪认罚制度下值班律师的身份，以值班律师在场权的全方位构建为核心，辅之以市场化的选任方法和恰到好处的配套保障制度，让认罪认罚制度在公众的监督下良好地运行，以期为中国的法律援助工作和刑事诉讼改革开辟新路。

一、认罪认罚制度中"值班律师"的概念与功能

(一) 概念

笔者认为，普通的值班律师和法律援助律师属于种属关系。所谓法律援助律师，是由政府出资支持的专门为社会弱势群体提供无偿法律服务，以便使法律赋予每一位公民的法定权利得以实现的公职律师。[1]所谓值班律师，是指由国家财政出资，由法律援助机构委派，在公安、法院、检察院、监狱、拘留所等地设置固定办公场所，不审查申请人的财产持有状况和案情标准，为申请人提供免费法律服务的律师。[2]

对于认罪认罚制度背景下的值班律师，由于其责任的特殊性及配套制度构建的需要，对其的定义应当较之值班律师更为具体，且具有本质性差别。笔者试将其定义为：以国家财政和地方政府政策优惠作为运行保障，对司法局负责，以公开招标竞标等市场化的方式筛定特定律所作为责任主体的，由该特定律所委派至公安、法院、检察院、监狱、拘留所等固定办公场所，为在尽量不损害效率的情况下最大限度地保障嫌疑人的权利，于特定程序内对特定机关行使特定监督权利、履行特定监督义务的律师。值班律师与广义上的律师的关系，见图1。

---

[1] 王进喜、程滔：《政府律师》，北京大学出版社 2007 年版。
[2] 赵鹏："我国值班律师的构建"，吉林大学法学系 2012 年法律硕士学位论文。

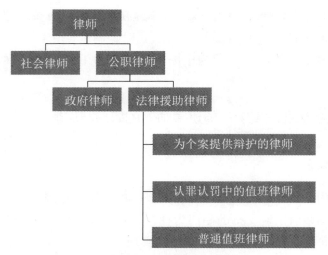

图1　值班律师概念定位图

（二）功能

对认罪认罚制度中值班律师身份的定位应当是具有法律专业知识的，代表广大民众监督司法的法律职业人员。在以效率为导向的认罪认罚从宽制度中，侦查、检察、审判三大机关在司法实践中产生了微妙的角色异化倾向。因此，可以重新定位案件参与主体，引入值班律师作为公众监督的代表，积极参与到认罪认罚从宽制度的良性运作中。

美国最高法院大法官路易斯·布兰代斯说："阳光是最好的防腐剂。"构建认罪认罚制度中的值班律师在场权的目的在于让值班律师作为具有法律专业知识的公众代表，让司法、执法暴露于公众监督的阳光之下。

二、实地调研与现实问题

（一）制度运行现状

本文的数据来源于笔者参与的主题为"从值班律师制度看刑事速裁中被追诉人的权利保护现状及对策研究——以北京市海淀区人民法院和北京市海淀区看守所为例"的"2017年'国家级大学生创新创业训练计划'创新训练

项目"的调研经历，不过由于刑事速裁制度已满两年的试点期，现已归入认罪认罚制度[1]，调研背景即由"刑事速裁制度的实施"变更为"认罪认罚制度的推行"。笔者对海淀区政法委工作人员、司法局工作人员、驻看守所值班律师、法官、检察官及台湾政治大学的 H 教授进行了采访，并通过线上问卷调查的方式，在更大范围内了解值班律师制度的现状，进而归纳出认罪认罚制度下的值班律师制度的运行问题。

访谈对象	实证记录	场所	现状总结
中共海淀区政法委员会某干事	"值班律师就是为了维护当事人的权利……我们做统筹的安排，具体实施在各个单位，所以想要了解详细情况，你们需要到各个单位去了解"	区委、司法局、法律援助中心	（1）上下衔接不佳，相互不够了解，欠缺沟通；（2）一天 500 元的补贴稍显微薄，值班律师的付出与收入不成正比，欠缺激励机制
海淀区司法局某干事	"值班律师都是由法律援助中心统一管理，司法局负责法律援助中心的领导工作但是不直接参与他们的具体工作，所以我建议你们去法律援助中心具体了解情况"；"制度运行应该还算良好，但是问题肯定存在，你可以到具体负责的单位了解"		
海淀区法律援助中心负责人某主任	"法院不会设置值班律师值班工作站，通常是在有需要的时候通知法律援助中心，由法律援助中心临时进行指派；对于检察院，有专门的值班律师工作站办公室，且只针对取保候审的案件。这部分案件基本都能做到办理案件时有值班律师在场，被追诉人签订具结书，值		

---

[1] 参见最高人民法院、最高人民检察院：《关于授权在部分地区开展刑事案件认罪认罚从宽制度试点工作的决定（草案）》。

续表

访谈对象	实证记录	场所	现状总结
	班律师也要在其上签字；对于看守所，也有专门的值班律师办公室，且针对的是在押的被追诉人"；值班律师从区的注册律师中挑选，由律师报名，然后从中进行筛选；目前值班律师发挥作用主要是在审查起诉阶段；没有相关激励机制，因为没有相应的资金支持；由于值班律师制度的相关文件中没有规定值班律师的补贴问题，目前是按照财政局、司法局对法律援助值班律师咨询接待的标准，即每天 500 元发放补贴；"正常来讲，应当在法院、检察院、看守所、公安执法办案管理中心都建立值班律师工作站，但是目前公安执法办案管理中心的办公地点设在看守所的法律援助工作站"，即一套人马、两套班子		
北京市海淀区人民法院某法官	"法院接触值班律师不是很多"；"法院专门设置有值班律师办公室，值班律师在认罪认罚案件过程中发挥了一定的作用，但我们实际接触到的值班律师不是特别多"	法院	法院的值班律师办公室有所利用，但仍有很大的制度完善空间，不过从认罪认罚具结书当中我们可以得知，认罪认罚的程序是由检察官、值班律师及当事人共同在场协商确定的，且值班律师的在场率是 100%

访谈对象	实证记录	场所	现状总结
海淀区看守所某值班律师	值班律师只是在审查起诉阶段介入案件,其主要任务是保证犯罪嫌疑人接受刑事速裁程序的自愿性、合法性以及程序的有效性	看守所及附近律所	(1) 对于值班律师是否应当介入程序,不同司法角色之间甚至没有形成统一的看法; (2) 实践中的运作有流于形式之嫌,业界呼声不高; (3) 看守所里有专门的值班律师办公室,且专门用于为认罪认罚制度提供法律服务。但是办公室只有一个,而办公室里面同一时间段值班的仅一人,这种情况完全无法满足如此大量的认罪认罚案件的要求。且由于案件数目不定,有的时候一上午就有 8 到 9 件,但有的时候一天都没有一件。此外,缺乏相应的激励制度,每天 500 元对于那些在一天内处理很多案子的律师而言很不公平,案件处理质量也就随之下降
看守所门口律师事务所的某律师	"我认为值班律师的工作就是提供法律咨询、接收材料,而不介入程序,一旦介入程序,就不是值班律师了";"我了解的情况是刑事速裁案件当中值班律师的真正的介入比例不高";"最快的 48 小时抓捕到宣判,律师跟不上办案进度";"仔细帮犯罪嫌疑人分析案件的值班律师有限,目前发挥的作用还不是很大"		
海淀区人民检察院某检察官	值班律师的人数基本可以满足需求;"在特殊情况下无法满足的话,我们会向法律援助中心申请增派人手;基本能够做到认真负责;在犯罪嫌疑人没有委托律师的情况下,我们会为其指派值班律师,帮助他们了解程序的适用条件、流程、结果,保障他们的知情权"	检察院	由于在海淀区,检察院和法律援助中心是在一起的,所以在检察院门口有值班律师的接待窗口。但这里值班律师的工作限于接待当事人及提供相应的法律咨询服务,和认罪认罚制度中的值班律师关联不大

(二) 折射出的现实问题

1. 认罪认罚制度中值班律师的人数偏少,且制度运作流于形式

可以说,值班律师是认罪认罚从宽制度运作的"镇流器",对于认罪认罚者的人权保障起着至关重要的作用。但从目前情形而言,值班律师的服务范

围多限于提供法律咨询和推进监督程序，有较大的发展空间。

究其原因，可能在于值班律师的运作缺少实质性的激励政策和资金扶持，导致律师欠缺动力。对此，笔者尝试设计了认罪认罚制度下的值班律师配套运作机制，重构了值班律师的选任标准和监督体系，并将于本文第六部分详述。

2. 值班律师的任职人员法律素养普遍偏低

实务中，大部分值班律师是当地司法局法律援助部门的工作人员，缺乏办案经验、法律素质不高，故客观上确实难以有效地介入程序，为当事人提供辩护。而从业时间较长的资深律师，往往受利益驱动和自身地位影响，缺乏参与积极性。值班律师系统的薪酬体系、奖励内容欠缺吸引力，岗位风险大以及配套权利保障制度空白等诸多原因，共同导致了高水平律师"没兴趣"、中等律师"没勇气"、低水平的值班律师在岗人员难以自然"代谢"的状况。

3. 认罪认罚制度中对值班律师的定位尚未形成共识

笔者认为，造成此问题的主要原因在于两个方面：第一，人们对于值班律师的职能已经形成惯性认识。其实，在2014年刑事速裁制度推进之前就存在"值班律师"的岗位，其工作内容一般分为两部分：接受申请法援的当事人所提交的材料和就当事人的法律咨询提供法律建议。由此一来形成的惯性认识使得刑事速裁中的值班律师制度亦参照了先前的模式。就海淀区而言，其在值班律师程序介入方面仅规定了两项权利：犯罪嫌疑人在程序选择前有向其进行法律咨询的权利；在和检察官进行量刑协商的时候，值班律师有在场并提出建议的权利，并于最后达成一致的书面文件——认罪认罚具结书上签字。但是调研表明，侦查阶段的值班律师发挥作用的方式方法尚不明确，故目前的值班律师参与主要集中于审查起诉阶段。第二，认罪认罚程序中的值班律师职权的转变缺乏具体的上层规范，故有待于在实践中进一步明晰权责、形成共识。对此，笔者构建认罪认罚制度中的"值班律师在场权"，以期推动司法实践，解决现有问题。

三、认罪认罚中值班律师在场权的全景式构建

学理上，值班律师在场权有广狭两义之分[1]。针对认罪认罚制度下的值班律师，本文采广义的值班律师在场权概念，即打破"值班律师不应介入程序"或"只能介入审查起诉阶段"的思维桎梏，试图从侦查讯问阶段、审查起诉阶段及庭审前后阶段进行值班律师在场权的全景式构建，从而达到监督侦查人员、司法人员规范、文明办案的目的，亦可助力我国刑事诉讼人权保障与程序正义迈上更高的台阶。

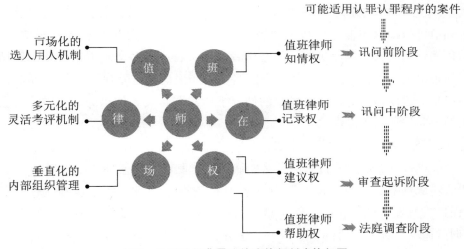

图2　认罪认罚背景下值班律师制度构架图

---

〔1〕　目前对律师在场权的界定并不统一，依据诉讼阶段内容与范围的不同，大致有最广义、广义与狭义之分。最广义的律师在场权主要是指在刑事诉讼的全部活动中，国家专门机关在对被追诉人进行讯问、勘验、辨认、审问时，律师均有权在场，并提供相应的法律帮助；广义的律师在场权主要指审前程序中，侦控机关实施对嫌疑人讯问、勘验、辨认等行为时，律师辩护人有权在场，并提供相应的法律帮助；狭义的律师在场权仅指在侦查程序中，侦查机关对被追诉人讯问时，律师辩护人有权在场，并提供相应的法律帮助。本文对于律师在场权的定位介于"最广义"与"广义"之间，但为表述方便，文中常将其表述为律师在场权。其实，笔者认为囿于学理区分意义不大，在司法实务中真正发挥在场权的实际效用以推动司法实践的改革发展方是终极目的。

（一）侦查讯问阶段的值班律师在场权

依据讯问进行的时间阶段，认罪认罚制度下的值班律师在场权共分为两部分——讯问前的值班律师知情权和讯问中的值班律师记录权，分述如下。

1. 讯问前的值班律师知情权

值班律师在讯问开始前获知关于讯问的相关信息，是其行使在场权并进行有效监督的起点和保证。为此，法律应当对于值班律师参与侦查讯问阶段的主体、权利义务和责任后果进行明确的规定与公示。鉴于我国的犯罪嫌疑人大部分在押，讯问的决定权又在侦查机关，因此告知的主体应当为侦查机关。[1]至于告知的内容，笔者认为除了个案讯问的时间、地点外，还应及时告知值班律师嫌犯被提出指控的缘由。为保障值班律师知情权的真正实现，必须规定相应的保障性机制，如有学者提出，若法律明文规定律师有权到场而侦查机关并未告知的，讯问结果应当适用非法证据排除规则。[2]亦即对于在侵犯值班律师知情权、在场权的情况下由犯罪嫌疑人作出的有罪供述，应当作为非法证据予以排除。

2. 讯问中的值班律师记录权

被告人认罪认罚的自愿性是认罪认罚从宽制度构建的核心与前提。[3]认罪认罚从宽制度下的"认罪"意味着对被指控犯罪事实的承认和叙述，而"强迫"嫌疑人证实自己有罪正是"自愿"认罪的反面状态，具体体现为以"刑讯逼供、威胁、引诱、欺骗等非法方式"[4]迫使其认罪。故当正式进入讯问阶段，值班律师的在场权便集中体现在"记录权"上，这也是三阶段权利中的主体部分，意在加大其对于公安机关不当、违法行为的监督力度，保障当事人的基本人权。具体的设计思路如下：第一，值班律师作为独立第三

---

〔1〕 袁荣林："关于确立侦查讯问中值班律师在场权制度的构想"，载《北京人民警察学院学报》2005年第2期。

〔2〕 袁荣林："关于确立侦查讯问中值班律师在场权制度的构想"，载《北京人民警察学院学报》2005年第2期。

〔3〕 孔冠颖："认罪认罚自愿性判断标准及其保障"，载《国家检察官学院学报》第25卷第1期，2017年1月。

〔4〕 《中华人民共和国刑事诉讼法》第50条："严禁刑讯逼供和以威胁、引诱、欺骗以及其他非法方法收集证据，不得强迫任何人证实自己有罪。"

方在场，故犯罪嫌疑人不可与之有任何沟通，这是因为认罪认罚制度下的值班律师的主要任务在于"监督"而非"辩护"；第二，监督的主要方式在于对审讯过程中的违法行为进行收集取证，必要时可进行录音，并且在特殊[1]的记录簿上进行记录；第三，在侦查程序结束后，值班律师的特殊记录簿和录音等取证记录将随公安机关的侦查卷，共同移送至检察院，并由值班律师签字。故而值班律师应当是最后进行签字并将整个侦查卷和随案记录簿封存入文件袋的人，在此之后由侦查机关将整个文件袋移交给检察机关。若未出现违法行为，值班律师应当在侦查卷上签字。如果既没有签字，也没有违法行为的取证记录随卷，那么应认定此卷为问题卷，分别交由司法局、检察院制作副本并备案。

（二）审查起诉阶段的值班律师在场权

审查起诉阶段的值班律师在场权主要体现为值班律师与检察官交流意见的权利。检察官、犯罪嫌疑人就程序选择和量刑建议的提出进行协商时，检察机关亦应当保障值班律师的在场权。值班律师就检察官给出的量刑"优惠"向犯罪嫌疑人提出自己的建议，并就同意适用认罪认罚的法律后果对犯罪嫌疑人进行详细介绍。协商完毕，达成一致的，律师、检察官、犯罪嫌疑人均应当在认罪认罚具结书上签字，如果无法达成一致，则认罪认罚程序应当转换为普通程序。

讯问后阶段值班律师在场建议权的设计，意在防止检察官利用其知识、地位上的优势扩大适用认罪认罚制度案件的范围，从而平衡双方对量刑信息了解的不对称，防范认罪认罚具结书签署过程中可能存在的不规范行为。应当重视审查起诉阶段的值班律师在场建议权构建，并以此为基点，扩大其他诉讼阶段律师在场权的适用范围。换言之，为充分保障嫌犯的诉讼权利，强调值班律师为嫌疑人提供法律建议的权利，首先保障现有基本运作模式的良

---

[1]　此处的"特殊"体现在其法律地位和作用几个方面：首先，侦查人员无权对值班律师的特殊记录簿和附簿录音等取证记录进行检查；其次，值班律师应当一案一记，一记一存，即值班律师应当每案记录，分为两份，一份附于侦查卷移送，用于证明案件侦查过程是否有违法行为，一份上交司法局封存，用于对值班律师终身追责；最后，记录的每页应当有防伪标识和唯一编号，由值班律师实名登记配给。

好运营是十分必要的。

（三）法庭审理阶段前后的值班律师在场权

1. 庭前会议阶段的值班律师帮助权

2017年11月27日，"三大规程"[1]之一的《人民法院办理刑事案件庭前会议规程（试行）》（以下简称《规程》）正式发布，为笔者构建认罪认罚制度下的值班律师制度提供了新思路。尽管认罪认罚程序的特点使得其通常可能会略去庭前会议的环节，但出于逻辑的周延性和对现实复杂情形的全面考虑，在庭前会议阶段赋予值班律师帮助权，更有利于保障当事人权益、提高结案率并减少冤假错案的发生。当然，为保障值班律师参与庭前会议的权利，人民法院应当在召开庭前会议三日前通知其到位。

作为认罪认罚程序顺利进行的协助者，值班律师应当充分结合现行规范下庭前会议中被告人被赋予的应有权利，为相对弱势的被告人一方提供帮助。申言之，值班律师庭前会议帮助权体现在以下几个方面：第一，依前述《规程》，被告人在庭前会议中享有管辖异议权[2]、申请回避权[3]、不公开审理申请权[4]、非法证据排除权[5]等合法权利。尤其对于证据方面，《规程》第3条明确指出"被告人申请排除非法证据，但没有辩护人的，人民法院可以通知法律援助机构指派律师协助被告人参加庭前会议"，该条可作为值班律师支持、帮助被告人提出证据异议的正当权源，如此，值班律师可以帮助可能极度缺乏法律常识的被告人分析证据的证明力等事项，并适时提出质疑，切实保障被告人的证据材料调取申请权等权利。第二，值班律师可协商确定

---

〔1〕 最高人民法院制定深化庭审实质化改革的"三项规程"（即《人民法院办理刑事案件庭前会议规程（试行）》《人民法院办理刑事案件排除非法证据规程（试行）》和《人民法院办理刑事案件第一审普通程序法庭调查规程（试行）》），并确定河北省廊坊市、山西省太原市、吉林省松原市、黑龙江省哈尔滨市、上海市（二中院）、江苏省宿迁市、浙江省湖州市和台州市、福建省泉州市、江西省上饶市、山东省淄博市、湖北省黄石市、广东省广州市、海南省海口市、四川省成都市、陕西省西安市、甘肃省兰州市等17市的各中级人民法院及其所辖的部分基层人民法院为试点法院。

〔2〕 参见《规程》第10条。

〔3〕 参见《规程》第11条。

〔4〕 参见《规程》第12条。

〔5〕 参见《规程》第13条。

庭审的举证顺序、方式等事项，保障司法公正。第三，《规程》规定，"庭前会议情况应当制作笔录，由参会人员核对后签名"，笔者认为，庭前会议的记录可以由值班律师担任。这是因为认罪认罚体系下的值班律师本身作为类公职人员，其身份较为客观中立，且作为除被告人外案件全程的参与者，可以切实记录会议内容，起到对于公权力有效监督的作用。值班律师需在会议记录上签字，并对记录负责。

2. 庭审中的辩护律师意见支持权

2017 年最高人民法院、最高人民检察院、公安部、国家安全部、司法部《关于开展法律援助值班律师工作的意见》明确规定，"法律援助值班律师不提供出庭辩护服务"。笔者认为，这并不意味着值班律师不能介入法庭审理阶段的诉讼程序。从另一方面讲，既然适用认罪认罚程序的案件一样需要开庭审理，那么即使值班律师无辩护权，也不应忽视其对于法庭审理程序的监督。例如，在不排除认罪认罚人员聘请社会律师为其辩护的情况下，对于辩护律师提出的调整量刑的建议，值班律师应当记录并酌情予以支持。

认罪认罚程序实施初期，实践中难免会出现量刑不当、协商不一致、公检法衔接有隙等问题，若认罪认罚当事人选择社会律师为其辩护，往往存在罪轻情节等真实理由，此时社会律师的辩护声音自然对于认罪认罚的审判起到至关重要的作用。庭审中值班律师的"辩护律师意见支持权"的意义便在于，为合理的辩护论据发声，更有利于均衡两方对造的实力，使法官真正能够在兼听双方意见后进行公正裁判。

3. 审判后的值班律师判决定期复查权

笔者认为，赋予值班律师以审判结束后的判决定期复查权，对于前阶段的在场权有重要的补充和保障意义。

具体而言，判决定期复查权是指法院应当将已经适用认罪认罚简易程序并判决执行的案件的所有案卷材料归类，按时间排序，以方便派驻于法院的值班律师定期复查，并由值班律师在复查无误书上签字的制度。如果案卷复查的过程中，值班律师认为某个案件的处理存在问题，则可以拒绝签字，并要求法院对案卷进行复查。经值班律师要求复查的案件，法院应当对案卷进行复查，复查期间原则上不停止执行；法院经复查认为有问题的，应当立即停止执行，并启动法院内部的纠错程序，纠正后，应当对被告人按照《国家赔偿法》进行赔偿；法院认为没有问题的，应当向值班律师进行说明，如果经过说明之后值班律师认为问题解决的，应在案卷上签字；如果值班律师依然认为有问题的，则可以拒绝在案卷上进行签字，并上报司法局就该案进行备案，备案期设置为两年——因为刑事案件的申请再审期限一般为两年[1]。如果案件确实出现问题，那么值班律师可以免责，并予以适当奖励。如果值班律师于案卷上签字，而案件由法院自主启动再审程序的，则应对值班律师进行追责，如果有非常明显的错误，值班律师在复查过程中由于疏忽大意而没有发现的，属玩忽职守行为，一般应予以吊销律师资格证的处罚，造成严重后果的，依据玩忽职守罪交由司法机关处理。

笔者认为，在审判阶段赋予值班律师判决定期复查权有充分的现实意义。首先，案件宣判后的短期内，由派驻于法院的值班律师对整个案件进行复查和梳理，基于其特殊的独立身份对于案件处理提出见解，既可以进一步保障认罪认罚案件的结案质量，又可以锻炼、提升值班律师的审查案卷执业技能。其次，判决定期复查权是一种对于案件整体的监督，由于其具有事后性，且原则上复查的同时并不停止执行，故让独立第三方[2]在不停止执行的情况下对案件进行复查，既对效率没有丝毫减损，同时也可以加强司法的公正性，与认罪认罚制度的改革方向相契合。

---

〔1〕 最高人民法院《关于规范人民法院再审立案的若干意见（试行）》第10条规定："人民法院对刑事案件的申诉人在刑罚执行完毕后两年内提出的申诉，应当受理；超过两年提出申诉，具有下列情形之一的，应当受理：（一）可能对原审被告人宣告无罪的；（二）原审被告人在本条规定的期限内向人民法院提出申诉，人民法院未受理的；（三）属于疑难、复杂、重大案件的。不符合前款规定的，人民法院不予受理。"

〔2〕 笔者认为，由值班律师来行使判决定期复查权应当是唯一且正确的选择。因为审判该案件的法官显然已不再适合担任该角色——其在审判时已经对案件有了一个判断，且适用认罪认罚简易程序案件的数量多、负担重，所以为节省复查成本计，值班律师乃不二人选。

四、值班律师在场权设计优越性的对比说明

（一）值班律师和检察官的比较

	值班律师	检察官	结论
立场	由于值班律师的本职依然为"律师"，故其在行使职权时首先会为嫌疑人的基本权利保障着想，虽然有时也会进行灵活处理，但是其立场比检察官更中立和客观	检察官是根据法定的程序产生，具有法定的职务名称、法定的权利义务和职权的，依法在检察机关行使检察权的检察人员，是检察机关履行法律监督职能的代表。[1]在履行法律监督职责时，尽管同嫌疑人进行程序选择协商的检察官和进行监督的检察官并不是同一个人，但是由于二者同属一个机关即检察院，所以实际上还是没有打破犯罪嫌疑人和检察院在审查起诉中程序协商的二元结构	在认罪认罚制度下，由值班律师担任监督角色更加合适
可接受性	值班律师并不代表机关利益，更准确地说，其应当为具有法律专业知识的人民代表。故赋予值班律师在认罪认罚制度中的监督权力，有利于提高律师群体在"法律职业共同体"[2]中的地位，促进"法律职业共同体"[3]的良性发展	检察官若在认罪认罚中被赋予更大监督权，易扰乱三大机关的权力分配均衡现状。虽然也许可以通过立法来规定侦查机关和审判机关的职能配合，但是这不利于构建法律职业共同体这一长远目标	值班律师更容易被接受

---

〔1〕 金文彤："中国检察官制度研究"，中国政法大学 2005 年博士学位论文。

〔2〕 张文显、卢学英："法律职业共同体引论"，载《法制与社会发展》2002 年第 6 期。

〔3〕 法律职业共同体，是指由法官、检察官、律师、立法者以及具有准司法性质的法律从业人员通过系统的法律教育和职业训练，具有类似的法学教育背景、相通的法律思维方式，共同的法治精神及法律信仰的职业群体。

（二）值班律师和社会律师的比较

	值班律师	社会律师	结论
覆盖率	由于可能适用认罪认罚的案件都为轻罪且事实清楚，故犯罪嫌疑人往往不会聘请社会律师。其实值班律师存在的真正意义在于，让没有聘请社会律师的嫌疑人也能够在需要帮助时获得相应的法律援助	如果仅仅依赖于社会律师在整个案件过程中行使监督权，就会导致案件侦查程序和案件复查程序得不到专业法律服务的覆盖	在认罪认罚程序中，值班律师制度的适用范围相对于社会律师而言更加广泛、覆盖率更高
身份优势	值班律师拥有"类公职身份"，正由于该种公益性质，使得其更易被司法机关和执法机关所接纳，降低程序介入难度。尤其是在判决定期复查权的行使过程中，值班律师可以定期查阅大量案件。同时，第三方的独立判断能够让有问题的案件于事后及时得到纠正，在不影响效率的情况下，又维护了公正	社会律师由于其商业性较强的属性，其在诉讼程序当中往往偏向嫌疑人立场，基于客户利益和强调自身作用的目的，在案件复查时反而会提出一些不必要的要求，为案件审理增加不必要的麻烦。所以相比之下，让社会律师获得案件复审提出权，其制度推行难度更大	社会律师和值班律师的身份有所差异，且值班律师比社会律师更客观独立，更便于通过履职对司法机关和侦查机关的违法行为进行纠正
工作特点	值班律师"属地不属人"，其长时间派驻于法院和看守所等地，不随案件程序的推进而转移。这样的工作特点使得值班律师更加关注在某一特定阶段，司法程序是否良好地保护了嫌疑人的诉讼权利，从而更具针对性	社会律师"属人不属地"，其直接介入程序，目的是为特定当事人提供全程服务，故随程序的推进，其发挥作用的场所也会随之变化。相比之下，社会律师更加在意的是特定嫌疑人在整个侦查、审查起诉、审判过程中的基本权利是否得到保障	值班律师的分工更加精细和趋于专业化，对嫌疑人权利保护的能力达到同等水准所花费的成本更低、培养周期更短

（三）认罪认罚背景之有无对于值班律师功能发挥的比较

	认罪认罚制度中的值班律师	非认罪认罚制度中的值班律师	结论
身份性质不同	独立第三方的类公职身份；客观而中立	以当事人为中心；偏向当事人一方	认罪认罚制度下的律师在场权不同于一般意义上的在场权，其更加针对可能适用认罪认罚的案件，更加适应逐步扩大认罪认罚范围的趋势。前者的具体的行使方式是，派驻侦查讯问地的值班律师在侦查机关进行讯问的整个阶段必须在场监督，这既是犯罪嫌疑人应当被保障的权利，也是值班律师应尽的义务。侦查机关应当保障值班律师的在场权利，值班律师应当积极履行在场义务
权利内容不同	总体而言，值班律师的权利性质主要为监督权。其主要目的在于对讯问中的侦查人员出现的诱供、刑讯逼供等违法行为进行监督，而不是帮助犯罪嫌疑人脱罪。故以在场权为例，该种情形下的值班律师在侦查讯问阶段不应与在场双方有任何的交流	监督功能较弱，有为当事人辩护的权利。如可能会有特别会见权等类似辩护律师的权利	

（四）比较结论综述

笔者认为，认罪认罚制度下的值班律师最大的特点是相较于社会律师、检察官等，其身份定位更具中立性，但同时其"律师"的本质定位又更有利于其通过监督侦查机关、司法机关保护被告人权益，有利于认罪认罚程序效率与公平的兼顾。由于具有低保障成本、高配合效率等优势，值班律师对于认罪认罚的当事人有更高的可接受度，对于认罪认罚制度推进的大背景更具有合目的性，从而成为作为第三方力量介入认罪认罚程序，监督司法机关行为，保障当事人基本人权的最佳选择。

五、构建认罪认罚制度下值班律师在场权的可行性

（一）选择值班律师在场监督的理由

之所以选择值班律师行使在场权，是因为在笔者的构想中，认罪认罚制

度下的侦查讯问阶段，担任在场监督的人员应当至少具备三点素质：

第一，监督者应当具备一定的法律知识。至少应当对违法取证行为有敏锐的认识，并且清楚如何取证，取哪些证才是有效和有用的。因为，值班律师即便有个别从业经验不足，也不会缺乏最基本的法律常识。

第二，监督者的身份具有一定的公职成分。为维持社会稳定，侦查机关往往将打击犯罪的目标置于保障人权之前，亦是符合国情的选择。而依法律实效主义的理念，为了在提升侦查效率的同时兼顾人权保障，监督者具有中立、独立的身份地位是最佳的。因为监督者只有同时独立于犯罪嫌疑人、侦查人员，才能最大限度地降低侦查人员反感度，从而便于制度推行、减小阻力。

第三，监督人员应当保证应需随叫随到。故最好将部分值班律师派驻于侦查场所，从而有力地保障案件处理效率。

综上，值班律师无疑是最佳人选。总体而言，值班律师在场权的重要制度贡献，在于让侦查讯问、审查起诉的场所中不再仅存在犯罪嫌疑人、侦查人员或检察人员的两方对立主体，而是转变为有独立第三方对整个讯问过程进行监督的"三方主体结构"。

（二）构建认罪认罚制度下值班律师在场权的现实意义

1. 权力架构简单，推行成本低

推行认罪认罚制度中的值班律师在场权，只是为我们长期目标的实现打下基础。本文构建的"值班律师在场权"，仅专属于单类主体即值班律师于三种程序中的单项权利，而且是伴随着相应义务的、具有很大局限性的一项权利。这是由我国律师制度和值班律师队伍现状所确定的，目的在于防止在推行制度过程中出现司法机关不清楚值班律师的权利义务的相关规定，或者由于规定的权利范围过广招致抵触的效果。不过，在未来我们要不断扩大律师在整个侦查、审查起诉、审判过程中的话语权，比如在侦查程序中，值班律师也可以为犯罪嫌疑人提出建议，让嫌疑人也能拥有"被辩护权"。

2. 运用法律实效主义方法论，制度运行成本低

当前的法学流派大致可以分为自然法学派、实证法学派和实效法学派三类。自然法学派关注法律的道德效力，违背人类良知的法律不能称之为法律，即"恶法非法"。实证法学派关注法律的应然效力，只要是经过正当的程序制

定出来的行为规范即可称之为法律，即"恶法亦法"。而实效法学派，则关注法律的实然效力，在社会中真正有效运行的法律才是法律。法律经济学，特别是法律博弈论为实效主义法学的发展注入了生机，它使得实用工具主义法学突破了"思想的大体方向"阶段，进入到实效主义法学的发展阶段。[1]实效主义法律的核心观点为法律应然效力与现实效力的统一性，从而将立法与司法、法律的稳定与变化相统一。笔者即采法律实效主义方法论，研究认罪认罚制度中值班律师在场权的构建问题。

钱弘道在《法律的经济分析》中提到，"诉讼的收益既表现在可以用经济指数计量的财产上，也表现在非经济性的社会秩序、司法正义和公民自由等伦理性价值"。从经济角度看，诉讼制度的目的无疑是使得成本最小化。笔者认为，以"效率"至上的运作思维是存在缺陷的，即使"诉讼周期的长短与诉讼成本的投入量成正比例关系"[2]，认罪认罚的高"效率"降低的也是直接成本（诉讼制度的直接运行成本），但因此无视极可能增高的错误成本（错误的司法判决的成本）与伦理成本（国家专门机关和当事人以及其他诉讼参与人在进行诉讼过程中所遭受的精神利益的损失）[3]无疑是自欺欺人的做法。质言之，从法律实效主义的视角对认罪认罚制度进行实证研究和理性审视，笔者认为其带来的司法效率提升的成果非常可观，但这不能以降低公正的标准为前提。故笔者选用法律经济学的方法和法律实效主义的角度观察相应制度中效率与公正的兼顾，并且以可行性为构建该制度的核心要点，意在让推行值班律师制度的成本降到最低，从而便于推行。

3. 顺应认罪认罚制度的适用呼声高涨之大势

随着我国对认罪认罚制度的不断推进，认罪认罚程序的适用范围必将不断扩大。将值班律师这一中立、独立且具有法律执业经验的特殊角色引入到趋于封闭的阶段是确有必要的。

综上，值班律师在场权体系的全方位的构建与研究，十分切合当下中国刑事诉讼体制改革的大背景与认罪认罚制度的呼声，亦是推进认罪认罚制度的大势所趋。

---

〔1〕 参见柯华庆："实效主义法学纲要"，载《法律和社会科学》2010年第2期。

〔2〕 钱弘道：《法律的经济分析》，清华大学出版社2006年版，第137页。

〔3〕 钱弘道：《法律的经济分析》，清华大学出版社2006年版，第137页。

六、值班律师在场权运行中可能出现的问题及其应对

（一）认罪认罚制度中值班律师在场权运行可能出现的问题

首先，值班律师在场权行使的前提是有充足的值班律师作为保障。由制度运作现状可知，由于认罪认罚的案件大多事实清楚、量刑轻微，大概只有两成的当事人会选择耗费高成本聘请社会律师出庭辩护，故在认罪认罚制度背景下，值班律师的需求量相对更大。而根据对海淀区看守所的实证调研，看守所中仅有一个专门用于认罪认罚程序的值班律师办公室，且同一时段仅有一位律师值班，这种现状显然无法满足大量认罪认罚的案件需求。所以，笔者认为，要从根源激活值班律师制度，让其在认罪认罚制度中成功转型以迸发更大的活力。

首先应当改变选任机制、增添激励机制、构建质量监督体系，提高律师值班的积极性和主动性，更好地保障被追诉者的人权。

其次，值班律师在场权的运行需要律师自身有娴熟的工作技能与中立、刚正的道德水准。否则，面对有较高法律素养和经验积淀的法官、检察官等司法工作人员，值班律师难以快速对于当事人的涉案事实进行判断和法律解读，从而提出合理、妥当的程序选择及量刑意见。故相对社会律师而言，认罪认罚制度下的值班律师更具中立性、公职性，其相对刑事速裁阶段及以前的值班律师而言，更应当充分发挥监督司法机关的作用。对此，笔者认为应当重新定位认罪认罚背景下的值班律师组织架构，并辅之相应的岗前培训使得律师在入职前就清楚、明了相关职权，更好地迎合制度大方向，更好地配合认罪认罚制度的推行。

再次，认罪认罚制度下的值班律师可能出于私情而滥用职权，亦可能出于个人惰性和机制蔑视而玩忽职守。对此，笔者认为应当在明确值班律师权利义务规范的同时，建立反制约机制，力求达到值班律师、当事人、司法执法机关的三方平衡。

（二）应对上述问题的方案设计

1. 认罪认罚制度中值班律师的选用评测机制构建

为了将值班律师制度与认罪认罚的刑诉改革背景相契合，首先应当明确值班律师的选任方式。从实证调研的结果看，目前的值班律师选任方式主要是在律师自行报名的前提下从区县的注册律师中筛选。

笔者认为，可以建立由当地政府向当地的各大律所招标竞标的选用机制，并由律所对律师服务质量负责。具体而言，由政府于年初对接下来一年内的专门用于认罪认罚的值班律师法律援助服务进行招标，所给予的不仅是财力保障，还有相应的税收减免及其他优惠政策，从而达到吸引律所竞标的目的。

值得一提的是，虽然提供法律援助是律师的义务[1]，但单靠律师对其自身的道德约束与政府的强制令是断然不够的。即使为进行法律援助服务的律师给予一定的物质奖励，也极有可能囿于资金匮乏而进入死循环。故不妨换一种思路——政府采用多种混合方式支付对价，因为对于政府而言，其可动用的无形资产是雄厚的。对于数量众多的律所而言，政府的政策性鼓励及税收优惠，或许比一次性财产奖励更富长远意义。加之律所自身对律师进行适当的金钱奖励，整个制度改革便可以进入良性循环并持续向前推进。

笔者认为，如此设计的优势如下：首先，律所对于律师的监督会更为灵活，管理成本更低，对于律师自身不乏益处；其次，选任律师均由律所自行决定，为提升中标几率、争取优势评价、保持良好形象，律所必将提高法律援助的服务质量以顺应市场规律；再次，赏罚分明，主体责任落实到位，律所的积极性被激发，就会主动让律所内中上水平的律师去担任认罪认罚制度中值班律师。

律所竞标后，由律所对其律师提供的服务承担全部责任，并向当地司法局负责。律师服务的质量由被服务人即犯罪嫌疑人和被监督的机关共同评价，作为主观评价体系；同时将错案率等客观的数据考评机制作为客观评价体系。多元化、全方位的综合评测体系，会让律师随着科学奖惩机制的引导而有效、正确地履行监督义务、行使监督权利。

---

[1]《律师法》第 42 条明确规定，律师、律师事务所应当按照国家规定履行法律援助义务，为受援人提供符合标准的法律服务，维护受援人的合法权益。

2. 认罪认罚制度中值班律师的组织架构及岗前培训

在值班律师的组织架构方面，笔者认为，认罪认罚制度中的值班律师队伍应当独立于整个值班律师队伍，并进行专业化培训。值班律师在认罪认罚制度中将履行监督义务，故理论上其地位、角色是类似于检察官的"半国家工作人员"的性质，这一点与普通的、提供法律咨询的值班律师有着本质上的差别。加之具备更加配套、完善的制度保障，理应单独管理。具言之，内部应采垂直化领导模式，即律师由律师事务所管理，律师事务所向当地司法局负责，组织上不受司法机关的干预；外部增加岗前专业化培训环节，重点针对特定监督程序的特点、方式、运行，从而内外合一，相互照应、平稳运行。

笔者认为，专业化的免费培训，会让这些值班律师在不同阶段的监督环节中更加高效。同时，可以在安排"如何与相关机关进行良好的交流、沟通"的方式方法培训（诸如在行使在场监督权时应当注意什么，应当如何与侦查人员接触等）时，让侦查机关、司法机关选派人员作为兼职教员陪同。如此，便可从一开始就将办案机关对于值班律师监督的排斥度降到最低，使改革顺利进行。

3. 值班律师在场权的反制约机制

构想总是偏向理想化。笔者认为，如何确保认罪认罚制度下值班律师忠于职守、全力监督，应当针对值班律师的违法或不当行为设置何种司法机关"反制约"机制，是一个值得考虑的问题。囿于篇幅，笔者暂举出如下几种方式以抛砖引玉，望读者多多海涵。

第一，值班律师可能出于私情或偏袒一方的目的而滥用在场权。对于这种不当行径，讯问人员可以随时制止，甚至中止、切断律师的在场权，必要时可由司法、行政部门予以严厉处分。

第二，值班律师可能出于惰性和蔑视机制而玩忽职守。理论上，每一次的侦查讯问均应配有值班律师在场监督，如果律师无正当理由不在场或拒绝在场的，应当对律师予以处罚。

第三，值班律师可能出于个人疏忽或态度随意而对于自己的签字行为不负责任。如果值班律师已经在相关文书上签字，但侦查过程中却有刑讯逼供等违法侦查行为发生，那么应当在有限宽限的次数后，直接对值班律师进行吊销律师资格证等处罚。

结 论

值班律师制度从最初在河南修武县落地实施，到如今在全国普及，从最初在"刑事速裁"中推行，到如今在"认罪认罚从宽制度"中进一步推广，其不仅赋予了犯罪嫌疑人、被告人更多法律咨询的机会，更大大突破了刑事诉讼法对于法律援助适用范围的限制，在人权保障、程序正义、平衡效率与公平等方面扮演着越来越重要的角色。长期以来，我国为"将民主的阳光照入司法"做了诸多尝试，如引入陪审员制度、裁判文书上网、开放庭审直播等等。有的成功，有的失败，有的效果尚无法现时呈现，但是毫无疑问的是，坚持阳光司法的做法是绝对正确的，因为只有这样方能树立起人民对法治的信仰。笔者认为，在坚持阳光司法之路的同时一定要勤于反思，如民主与司法是否实质相融？一些环节由具有专业知识的非国家工作人员参与是否效果会更好？而认罪认罚制度中的值班律师在场权，正是经过不断反思和摸索而初步构建的，在其有效行使和配套制度的良好运行下，必然会使认罪认罚制度在效率与公正之间游刃而有余，必然使人民民主的阳光再次渗透进司法过程之中，普照、温暖民众对法律之信仰，为不断深化中国的刑事诉讼体制改革添加原动力，让中国的人权保障水平迈上更高的台阶！

Conferring Duty Solicitors' Power of Presence during Pre-trial Investigation: Based on a Haidian, Beijing Research

Abstract: Leniency policy based on guilty plea marks a significant step in the judiciary reform of China as a groundbreaking effort to put efficiency at the first priority. However, a duty solicitor system, which should have been serving as a ballast in criminal procedure, has in fact been in de facto failure. Innovatively, by introducing market system into duty solicitor system and focusing on the orientation of enhancing public supervision, this article focuses on redefining the system's value and reconstructing its power of presence during pre-trial investigation, with the expectation to successfully balance the financial support of legal aid, enabling the duty solicitor system to function effectively as a part of the leniency policy implementation in its entirety, and propelling the Chinese criminal procedure reform towards better human rights safeguard.

Key words: leniency policy based on guilty plea; the duty solicitor system; marketization; public supervision; the power of presence during pre-trial investigation

有限责任公司股权变动适用善意取得制度的可商榷性

——对《公司法司法解释三》第 25 条、第 27 条的质疑

中国政法大学法学院 2015 级 3 班 吴茜仪

指导老师：中国政法大学民商经济法学院教授 马更新

摘　要　《最高人民法院关于适用〈中华人民共和国公司法〉若干问题的规定（三）》（以下简称《公司法司法解释三》）第 25 条、第 27 条规定了名义股东在处分名下股权以及"一股二卖"时，可以"参照"《物权法》第 106 条，以此明确了有限责任公司在股权转让时可以适用善意取得的原则，但这两条条文存在一些问题，有限责任公司的股权变动是否可以适用善意取得制度仍值得商榷。

关键词　股权变动　善意取得　一股二卖

引　言

经济的持续发展对市场交易安全的要求不断提高。善意取得制度是市场经济诞生的产物，其本质上是在原所有权人和善意买受人之间寻找利益的平衡点。善意取得制度可适用于所有权无可厚非，但有限责任公司的股权转让是否也能适用善意取得还存在着很大争议。支持者认为股权变动适用善意取得能够维护市场交易的安全，而反对者认为适用善意取得一定程度上侵犯了原股东的利益。《公司法司法解释三》第 25 条及第 27 条明确规定，名义股东

转让其名下股权及 "一股二卖" 情形中，可以参照《物权法》第 106 条，适用善意取得制度〔1〕，但是该司法解释尚未给出股权善意取得制度适用的合理依据和认定标准，也没有指出具体的适用情形，并且在公司法法理基础上难以论证。

反观司法实践，当出现名义股东转让其名下股权以及 "一股二卖" 时，多数法院参照《公司法司法解释三》第 25 条、第 27 条，通过判断受让人是否符合《物权法》第 106 条善意取得构成要件，来确认转让的效力。但是，正如前文所述，名义股东处分登记于其名下股权以及 "一股二卖" 是否适用善意取得制度仍值得商榷。

因此，笔者先简要概述善意取得制度以及有限责任公司的股权变动机制，解读《公司法司法解释三》第 25 条、第 27 条的规定，接着结合司法实践案例，以此说明《公司法司法解释三》第 25 条、第 27 条的适用情况，然后对名义股东转让登记于其名下的股权及 "一股二卖" 适用善意取得提出质疑，最后总结有限公司股权变动不适用善意取得制度的原因。

一、简述善意取得制度以及有限责任公司的股权变动机制

（一）善意取得制度

善意取得，即非所有权人未经所有权人授权，将他人所有的物转移给第三人，第三人基于善意取得所有权，原所有权人丧失所有权的制度。物权变动的核心在于物权公示原则，物权变动必须为第三人所知，使第三人了解物上的权利状况，以此确保交易的安全。附着在物上的权利，不管所有权如何扭转，权利始终附着在物上，如果物权不采取法定技术和公示制度，任何两个私主体都可以创设出自由的物权类型，基于物权的决定性和普世性，相当于把特别的不容易为第三人知晓的物权内容强加给第三人，第三方必须遵守

---

〔1〕《公司法司法解释三》第 25 条规定，"名义股东将登记于其名下的股权转让、质押或者以其他方式处分，实际出资人以其对于股权享有实际权利为由，请求认定处分股权行为无效的，人民法院可以参照《物权法》第 106 条的规定处理"。第 27 条规定，"股权转让后尚未向公司登记机关办理变更登记，原股东将仍登记于其名下的股权转让、质押或者以其他方式处分，受让股东以其对于股权享有实际权利为由，请求认定处分股权行为无效的，人民法院可以参照《物权法》第 106 条的规定处理"。

和受到限制，所以法律必须严格限定物权的类型并且有公信公示制度，使在不动产上设立的复杂权利，通过登记公示记载让第三人得知。

公信原则是善意取得的实质，其基础在于由动产占有或不动产登记的物权公示状态对不特定第三人所形成的物权表征，而公信原则承认这些公示方法的公信力。善意取得系无权处分的例外，即承认基于公示方法的公信力而交易，从无处分权人处取得所有权的合法性。

（二）我国有限责任公司的股权变动机制。

我国有限责任公司股权变动采修正的债权意思主义，即股权转让合同的生效加上通知公司的事实要件，发生股权变动的效力，受让人得对公司主张股权。股权转让合同生效，意味着股权转让给受让人，即在转让人和受让人之间产生股权变动的效力。转让合同的双方有义务将转让股份的事实通知公司，公司如无异议，受让人即可对公司主张股权。《公司法》第 71 条对股权转让作出了一般规定，即对外转让股权应当经过其他股东同意，其他股东在同等条件下具有优先购买权。[1]同时《公司法》第 32 条第 3 款明确指出，股权转让应当变更工商登记，未经登记不得对抗第三人。[2]因此，有关股权变动变更工商登记，包括出资证明书、股东名册、公司章程记载等，既不是股权转让合同的生效要件，也不是股权变动的生效要件，只是股权变动的对抗要件。

二、解读《公司法司法解释三》中股权变动适用善意取得的相关规定

根据《公司法司法解释三》，在我国公司实务中有限公司的股权善意取得

---

[1] 《公司法》第 71 条规定，"有限责任公司的股东之间可以相互转让其全部或者部分股权。股东向股东以外的人转让股权，应当经其他股东过半数同意。股东应就其股权转让事项书面通知其他股东征求同意，其他股东自接到书面通知之日起满 30 日未答复的，视为同意转让。其他股东半数以上不同意转让的，不同意的股东应当购买该转让的股权；不购买的，视为同意转让。经股东同意转让的股权，在同等条件下，其他股东有优先购买权。两个以上股东主张行使优先购买权的，协商确定各自的购买比例；协商不成的，按照转让时各自的出资比例行使优先购买权。公司章程对股权转让另有规定的，从其规定"。

[2] 《公司法》第 32 条第 3 款规定，"公司应当将股东的姓名或者名称向公司登记机关登记；登记事项发生变更的，应当办理变更登记。未经登记或者变更登记的，不得对抗第三人"。

主要适用于两种场合。

（一）名义股东处分登记于其名下的股权

依据《公司法司法解释三》第25条[1]，在实际股东隐名出资的情况下，第三人信赖工商登记的内容，相信工商登记的股东（即名义股东）就是真实股东，接受该名义股东对登记于其名下股权的处分，此时实际出资人不能否定名义股东处分股权的效力。遵循善意取得的一般原理，在第三人善意取得该股权后，实际出资人基于实际出资所形成的利益消失，可以要求处分股权的名义股东对其承担赔偿责任。按照善意取得制度的本意，受让人受让权利时应当是善意的，对于知情的受让人自然不适用善意取得。例如，名义股东虽然是登记记载的股东，但第三人知情，即第三人明知该股东不是真实的股权人、股权应该归属于实际出资人，此种情形不适用善意取得制度。否则，如果该非善意第三人取得股权，本质上是主张第三人及名义股东的不诚信行为。

该司法解释的立意基础是，股权的工商登记可以形成第三人信赖，第三人可以依据工商登记主张其对股权并非属于名义股东而属于实际出资人的事实不知情，进而最终取得该股权；如果实际出资人主张第三人知道或应当知道股权实际归属，应当承担举证责任，如果实际注册得以证明其主张，该第三人就不构成善意取得，名义股东处分其名下股权这一行为的效力即被否定，第三人也不能取得该股权。

（二）"一股二卖"

依据《公司法司法解释三》第27条[2]，司法实务中原股东转让股权后，由于种种原因未及时办理股权变更登记而形成的名实分离的情形下，原股东将依旧登记于其名下的股权处分，可以准用物权的善意取得制度。"一股二

---

[1]《公司法司法解释三》第25条规定，"名义股东将登记于其名下的股权转让、质押或者以其他方式处分，实际出资人以其对于股权享有实际权利为由，请求认定处分股权行为无效的，人民法院可以参照物权法第106条的规定处理"。

[2]《公司法司法解释三》第27条规定，"股权转让后尚未向公司登记机关办理变更登记，原股东将仍登记于其名下的股权转让、质押或者以其他方式处分，受让股东以其对于股权享有实际权利为由，请求认定处分股权行为无效的，人民法院可以参照物权法第106条的规定处理"。

卖"的情况下，第三人查看工商登记并基于该内容形成信赖，一般情况下，可以合理地相信工商登记所记载的股东就是实际股权人并且接受该股东对股权的处分，未办理工商变更登记的前一受让股东不能据此主张原股东处分股权的行为无效，但当的确有证据能够证明该第三人在受让股权时知晓股权的实际归属，则不适用善意取得制度。根据善意取得的一般原理，第三人善意取得该股权，则受让股东的股权利益便不复存在，该受让股东可以要求原股东对其承担赔偿责任。由于实践中，受让股东受让股权之后未及时在登记机关办理变更登记手续，往往是由公司的管理层人员或公司的实际控制人等未及时向工商登记机关申请变更登记并且递交相应材料而造成，因此司法解释进一步规定，此时该类人员对受让股东的损失具有过错，应当对受让股东承担相应的赔偿责任，受让股东对于未及时办理变更登记也有过错的，可以适当减轻上述人员的责任。

三、总结司法实践中《公司法司法解释三》第25条、第27条的适用情况

通过对"无讼案例"网站的检索，笔者搜集到四个适用《公司法司法解释三》第25条的判决和一个适用《公司法司法解释三》第27条的判决，以下对这几个判决进行简要概括。

（一）名义股东处分登记于其名下的股权

表1

序号	当事人	案由	争议焦点	法院说理	判决结果
1	原告：刘某婷 被告：荆门市物通机电设备有限公司	股东资格确认	原告要求确认股东资格，并要求物通机电公司为原告办理股东登记及出资额登记的请求是否支持	1. 援引《公司法司法解释三》第25条和《物权法》第106条。 2. 原告信赖工商登记受让股权	受让人满足善意取得的构成要件，因此原告取得股权

续表

序号	当事人	案由	争议焦点	法院说理	判决结果
2	原告： 张某贵 被告： 王某富	股东资格确认	原告是否取得股权	1. 援引《公司法司法解释三》第25条和《物权法》第106条。 2. 受让人明知出让股权人是名义股东，受让人并非善意	受让人没有满足善意的构成要件，没有取得股权
4	原告： 张某 被告： 蔡小某 第三人： 严某、 王某	合同效力确认	第三人是否明知代持股关系	1. 援引《公司法司法解释三》第25条和《物权法》第106条。 2. 第三人（即受让人）明知出让人转让的股权系代他人持股，却未在股权交易时要求出让人提供相应的授权手续以证明其有权处分他人财产，亦未向实际权利人确认、核实相关情况，仅轻信由出让人去通知、处理，未尽到合理审慎的注意义务，存在重大过失，不应构成善意	受让人并非善意，没有善意取得股权
5	原告： 罗某 被告： 徐某祥、 毛某伟	股权转让纠纷	被告是否善意取得股权	1. 援引《公司法司法解释三》第25条和《物权法》第106条。 2. 被转让的股权登记于出让人名下，受让人有理由相信出让人可以独立转让股权，并且已经进行股权变更登记。 3. 实际股东没有充分证据证明受让人恶意，也没有充分证据证明股权转让的价格不合理	受让人满足善意取得的构成要件，因而取得股权

　　从上述判决可以看出，法院在审理名义股东转让其名下股权这类案件时，

主要是判断受让人是否善意。法院在适用《公司法司法解释三》第 25 条时，结合《物权法》第 106 条进行说理，先通过重点判断受让人是否明知出让人为名义股东、受让人是否信赖工商登记、受让人在知道出让人为名义股东时是否尽到合理审慎的注意义务来判断受让人是否善意，再结合其他条件认定受让人基于该善意而取得股权。

（二）"一股二卖"

表 2

当事人	案由	争议焦点	法院说理	判决结果
原告：宿州市同胜置业有限公司 被告：汪某生、宿州市良宇置业有限公司	股东名册变更纠纷	受让人受让股权时是否善意	1. 援引《公司法司法解释三》第 27 条和《物权法》第 106 条。 2. 善意取得的前提是无权处分，只有在无处分权人处分他人财产时才适用善意取得制度，本案中出让人为有权处分，因而不能适用善意取得制度；其次，善意取得是在已办理不动产登记或动产交付之后才产生，本案股权转让变更并未办理登记	不适用善意取得制度

笔者检索"无讼案例"网之后，只发现一个判决书中引用了《公司法司法解释三》第 27 条。从上述表格中可以看出，法院在适用该条文时还是结合《物权法》第 106 条来判断是否构成善意取得。

四、对《公司法司法解释三》第 25 条、第 27 条的质疑

《公司法司法解释三》规定，名义股东处分股权以及"一股二卖"适用物权善意取得制度，前者在逻辑上存在悖论，后者缺乏现实可行性。[1]

一是名义股东登记于股东名册及工商登记簿，享有股东身份，其处分登

---

〔1〕 李建伟：《公司法学》（第三版），中国人民大学出版社 2014 年版，第 239 页。

记于其名下的股权并非无权处分，因此不存在善意取得的前提。理由在于，首先，在实际出资人、名义股东、公司三者之间的法律关系中，实际出资人不具有股东身份也并非享有股权。根据《公司法司法解释三》的规定，名义股东和实际出资人之间存在股权归属纠纷，两者之间往往存在投资协议法律关系，人民法院在审理该类案件时，依据《中华人民共和国合同法》（以下简称《合同法》）第 52 条，确定名义股东与实际出资人之间的合同效力。[1]由此可知，实际出资人基于其与名义股东的合同约定，享有投资权益，其不享有公司法意义上的股权，即公司的股权并非基于名义股东与实际出资人之间的约定产生，名义股东才是股权所有者。实际出资人与名义股东之间的约定无法对公司主张股东权利也无法对抗第三人。其次，股东名册和工商登记册记载名义股东的姓名及出资，基于此，名义股东不仅能够对公司主张股东权利也可以对抗第三人。[2]由此得出，名义股东处分登记于其名下的股权应当是有权处分，并非善意取得的前提——无权处分。

二是在"一股二卖"的情形下，适用善意取得的理论抽象与现实不可能。在现实生活中，善意取得所必需的"善意"可能性极小。试想，在后受让人在办理变更股东名册和工商登记手续时，其需要通知其他股东并征得其他股东的同意，此时，其他股东极可能告知后受让人股权已经发生转让的事实。例如，甲持有某有限责任公司 8% 的股权，某月 2 号甲乙签订股权转让合同，乙已经付款并且约定 15 日后办理有关记载、登记变更手续。因此，在这 15 天内，甲成为记载、登记的股东而乙成为真实的股东的情况。该月 10 日，甲与丙签订股权买卖协议并且在数日之后办理了记载、登记变更手续。后来乙发现甲丙之间的交易，产生纠纷。在该典型的"一股二卖"的事例中，根据善意取得的逻辑推导：甲与乙的交易中，尚未进行工商登记不得对抗善意第

---

〔1〕 《公司法司法解释三》第 22 条规定："当事人之间对股权归属发生争议，一方请求人民法院确认其享有股权的，应当向法院证明以下事实之一：（一）已经依法向公司出资或者认缴出资，且不违反法律法规强制性规定；（二）已经受让或者以其他形式继受公司股权，且不违反法律法规强制性规定。"第 24 条第 1 款规定："有限责任公司的实际出资人与名义出资人订立合同，约定由实际出资人出资并享有投资权益，以名义出资人为名义股东，实际出资人与名义股东对该合同效力发生争议的，如无合同法第 52 条规定的情形，人民法院应当认定该合同有效。"

〔2〕 郭富青："论股权善意取得的依据与法律适用"，载《甘肃政法学院学报》2013 年第 4 期。

三人，甲与乙交易之后，甲不是股东，丙信赖工商登记而取得甲事实上无权处分的股权，乙可以向甲要求损害赔偿。该逻辑看似周延，但是在现实生活中，很难实现"善意"。由于有限公司其他股东对股权转让有优先购买权，甲在转让股权的时候需要通知其他股东，在此过程中丙极可能知道；并且在最新一轮的商事登记改革之后，工商机关倾向于不在登记股东及所持的股份等信息，有限公司的股东姓名或名称及股权结构等信息，依赖股东内部的股东名册，即股东名册记载变更具有对抗效力，因此，第三人"善意"更难以做到。

五、股权变动适用善意取得制度存在困难的原因：股权变动制度与物权变动制度存在区别

首先，权利变动的方式不同。物权变动仅有唯一的公示方式，即动产交付或不动产登记；而有限责任公司股权变动则存在两种公示方式，即变更股东名册及工商登记。在公司法意义上，股东名册和工商登记都具有公示的效力，而《公司法司法解释三》第27条并未对股东名册的变动作出规定，而仅仅是说明未办理变更登记的情形，一定程度上否定了股东名册变更的公示效力。[1]

其次，登记的效力不同。不动产物权变动以登记为生效要件，而我国的股权变动采用修正的债权意思主义，登记不是生效要件而是对抗要件，没有登记不能对抗善意第三人。在不动产的一物二卖中，物权的善意取得难以适用。不动产的一物二卖存在两种情况：第一种是前次转让只达成合意，但是没有变更登记；第二种情况是，前次达成合意并且已经变更登记。在第一种情况中，前次转让尚未变更登记，物权转让未生效，受让人无法取得物权，出让人在第二次转让时并非是无权处分；在第二种情况中，物权已经变动，但是由于登记具有对抗效力，可以对抗善意第三人，所以在第二次转让中第三人不可能为善意。反观《公司法司法解释三》第27条，其将物权处分中一物二卖无法适用的善意取得移植于股权处分的一股二卖中，缺乏逻辑推导的

---

〔1〕 王涌："股权如何善意取得？——关于《公司法》司法解释三第28条的疑问"，载《暨南学报（哲学社会科学版）》2012年第12期。

基础和适用善意取得的必要前提。[1]

结 论

善意取得的制度价值在于平衡对所有权人的静态保护及交易安全的动态。虽然在司法实践中，善意取得制度可以扩张适用于质权等其他物权，但其适用于股权变动仍存在很大争议。《公司法司法解释三》第 25 条和第 27 条规定名义股东处分股权以及"一股二卖"可以适用善意取得制度，前者条文逻辑无法自洽并且与善意取得制度无涉，后者善意取得制度中的"善意"高度抽象化，在现实生活中难以存在第三人善意且无过失的情形，因此，股权变动是否可以适用善意取得制度，依旧具有可商榷之处。

The Discussion about the Application of Bona Fide Acquisition when Transferring Equity in Limited Liability Company
——The Query of Article 25 and Article 27 of Provisions of the Supreme People's Court on Several Issues concerning the Application of the Company Law of the People's Republic of China（III）

Abstract：Article 25 and Article 27 of Provisions of the Supreme People's Court on Several Issues concerning the Application of the Company Law of the People's Republic of China（III）（2014 Amendment）provides that Where a nominal shareholder disposes of the equity registered under his name and the original shareholder transfers equity twice，the people's court may handle the case according to Article 106 of the Real Right Law. These two articles provide that the transfer of equity in LLC may apply Bona Fide Acquisition. However, there are some problems in these two articles, which needs discussion.

Key words：the transfer of equity；Bona Fide Acquisition；twice transfer of equity

---

[1] 王涌："股权如何善意取得？——关于《公司法》司法解释三第 28 条的疑问"，载《暨南学报（哲学社会科学版）》2012 年第 12 期。

不真正不作为犯等价性问题研究

中国政法大学法学院 2015 级 4 班　夏碧莹

指导老师：中国政法大学刑事司法学院讲师　曾文科

摘　要　等价性理论是不真正不作为犯的核心问题，这一理论提出的目的在于通过对作为和不作为进行等价性判断，以限定不真正不作为犯的处罚范围。等价性理论源于德国，经过德日的发展，已成为德日刑法学界的通说，其对不真正不作为犯的构成要件符合性判断有重要的作用，有助于消除不真正不作为犯和罪刑法定的冲突，实现处罚的明确性原则。和等价性一样，作为义务也是不真正不作为犯的核心理论，但不能因此将等价性融入作为义务的判断内容之中，等价性理论是不真正不作为犯中的独立要件，因为等价性在对不真正不作为犯的定型中不可替代。为了避免等价性这一理论走向模糊化和趋向价值判断，有必要对其进行具体的理论构建。

关键词　不真正不作为犯　等价性　作为义务

绪　论

基于法益保护思想和对禁止性规范、命令性规范的灵活解释，刑法理论学界的大部分学者都对处罚不真正不作为犯持肯定态度。但不可否认的是，不真正不作为犯并无明确的构成要件规定，对其的处罚适用的是作为犯的构成要件，因此，对处罚不真正不作为犯一直存在其是否违反罪刑法定原则的疑问。而等价性问题的提出，正是为了弥补不作为和作为在事实构造上的差异，从而使事实形态上存在差异的作为和不作为在进行等价性判断之后，相当同一构成要件，从而消除罪刑法定的疑问，并实现处罚的明确性原则。

但在我国刑法理论学界，学者对不真正不作为犯的研究长期聚焦于作为义务，而忽略了等价性这一关键问题。随着对不真正不作为犯的深入理解和研究，等价性理论日益受到重视，如陈兴良教授所说："等置问题之提出意义十分重大，它不仅解决了不纯正的不作为犯与作为犯的等价值性问题，而且为不纯正的不作为犯与作为犯的区分提供了科学依据。"[1]笔者也支持等价性理论的提出，鉴于学界对这一理论的理解并不统一，对等价性的地位和构造也有不同的理解，笔者从几个经典案例入手，提出等价性的相关问题，在厘清等价性理论的缘起和发展之后，通过论述等价性和作为义务的关系，以明晰其在不真正不作为犯中的地位，最后提出自己有关等价性的理论构造。

一、案例引入

为了激发大家对等价性问题的思考，同时使等价性问题的讨论更加实务化，笔者先从几个案例入手，以期引入对等价性问题的探讨。

案例一：在一个极其寒冷的深夜，一醉汉喝醉酒之后误闯甲的庭院并呼呼大睡，不省人事。甲从屋里看见之后坐视不理，任由醉汉受冻。第二天，醉汉因失温死亡。甲被指控为不作为的故意杀人。

案例二：甲深夜开车发生交通事故，撞伤一老人，之后甲叫了一辆出租车，打算将老人送往医院，但在去往医院的中途，甲借口找人帮忙后下车，司机乙等半个小时甲仍未归，猜想甲为肇事者，司机乙见老人生命垂危，便将老人放在路边后离开，第二天交警发现老人的尸体，司机乙被指控为不作为的故意杀人。

案例三：甲在路边被歹徒用凶器刺杀，生命安全受到威胁，正好经过一个警察乙，乙惧怕歹徒的凶器，未出手相救，甲被杀身亡。警察乙被指控为不作为的故意杀人。

案例四：被告人自称拥有特别的治疗能力，即通过用手掌拍打患者的患处能将能量输送给患者，从而提高患者自愈的能力（简称"能量治疗"）。A和A的儿子B均为被告人的信奉者。A因脑内出血住院，由于意识障碍而处

---

〔1〕 陈兴良：《本体刑法学》（第2版），中国人民大学出版社2011年版，第211~213页。

在需要吸痰和水分点滴的状态。被告人接受 B 的委托对 A 进行治疗，为了在其滞留的某宾馆施行能量治疗，被告人不顾 A 的主治医生"暂时不能让 A 出院"的警告，仍指示 B，将以点滴等医疗设施为必要状态的 A 从医院运送出来。被告人看到 A 的病情后，虽认识到如对 A 置之不理，A 就有死亡的危险，但为避免露馅，被告人在未让 A 接受必要的除痰、水分点滴等医疗措施的情况下，将 A 放置约 1 天的时间，导致 A 因痰堵塞呼吸道而窒息死亡。[1]这是日本的一个真实案例，被告人被日本最高裁判所认定为不作为的杀人罪。

上述四个案例均实现了故意杀人罪中"致人死亡"的构成要件，且均无积极的"杀人"作为，仅存在消极的不作为。若要指控不作为人构成不作为的故意杀人，难免会引发以下疑问：刑法条文仅以作为形式规定了故意杀人罪，并未规定不作为的故意杀人罪，使不作为适用作为犯的构成要件是否是一种类推解释，从而违反罪刑法定原则？既然同是适用故意杀人罪这一作为犯的构成要件进行处罚，那么能把这种消极的不作为引发的构成要件结果与积极的作为引发的构成要件结果同等对待的理由是什么？要解决这两个问题就需要提出等价性理论。

二、问题的提出

等价性理论的提出，主要是通过弥补不作为和作为构造上的差异，以解决处罚不真正不作为犯的罪刑法定问题和处罚的明确性问题，因此可以说，等价性理论是为了弥补处罚不真正不作为犯的理论缺陷而产生的，所以对等价性的理解必须建立在对不真正不作为犯的理解的基础之上。

（一）不真正不作为犯的概念

不真正不作为犯又被称为不纯正不作为犯，不同学者对其所下的定义不同。日本学者山口厚认为："不作为并没有明示地作为构成要件要素加以规定的犯罪，以不作为的方式实现了通常是由作为所实现的构成要件的场合，这

---

〔1〕 ［日］山口厚：《从新判例看刑法》（第 2 版），付立庆、刘隽译，中国人民大学出版社 2009 年版，第 30 页。

称为不真正不作为犯。"[1]我国学者张明楷也持这种观点。[2]日本学者大谷实教授则认为"以作为形式规定的犯罪中，有的也可以不作为的形式来实现，这是不真正不作为犯"。[3]日本学者川端博教授的定义更为简洁："所谓不纯正不作为犯，则系指以不作为而犯作为犯之谓。"[4]根据这些定义我们可以看出，不同于刑法条文中有明确构成要件规定的作为犯或真正不作为犯，不真正不作为犯并无明确的构成要件规定，对其的处罚却适用作为犯的规定，这正是处罚不真正不作为犯的分歧所在，也是众多学者将不真正不作为犯当作不作为犯的核心问题的原因，更是等价性问题提出的缘由。

上述对不真正不作为犯的定义看似并无不同，其实略有差异。这关系到对"作为犯"的理解。对"作为犯"的理解通常可以从两种角度来把握：一种是以"通常的犯罪行为形态"为基准，认为实现犯罪构成要件的"通常行为形态"如是作为，则构成作为犯。[5]山口厚定义的作为即是"通常的犯罪行为形态"。另一种是以"法规所规定的形式"为标准，如果在法律条文上有所谓"为……"的作为形式而明确地规定构成要件的行为，则是作为犯。[6]大谷实定义的作为是"法规所规定的形式"。对"作为犯"不同角度的理解，关系到如何将不真正不作为犯中的不作为解释进刑法明文规定的作为犯之中，以及在何种层面对作为和不作为进行等价性研究：是在事实形态上等价还是法规范构造上等价？

（二）罪刑法定之疑问

由于不真正不作为犯并无明确的构成要件规定，却要适用作为犯的构成要件进行处罚，有些学者主张其违反了"法无明文规定不为罪"的罪刑法定

---

〔1〕 ［日］山口厚：《刑法总论》（第 2 版），付立庆译，中国人民大学出版社 2011 年版，第 74 页。

〔2〕 张明楷：《刑法学》（第 5 版），法律出版社 2016 年版，第 149 页。

〔3〕 ［日］大谷实：《刑法总论讲义》（第 2 版），黎宏译，中国人民大学出版社 2008 年版，第 127 页。

〔4〕 ［日］川端博：《刑法总论二十五讲》，余振华译，中国政法大学出版社 2003 年版，第 17 页。

〔5〕 黎宏：《不作为犯研究》，武汉大学出版社 1997 年版，第 49 页。

〔6〕 黎宏：《不作为犯研究》，武汉大学出版社 1997 年版，第 49 页。

原则，是一种类推适用。在德日刑法学中，不真正不作为犯与罪刑法定原则的冲突则多是在法规范层面展开，而非单纯地从行为的形态进行论证。

1. 主张违反罪刑法定原则

在法规范理论角度主张不真正不作为犯违反罪刑法定原则的学者有阿明·考夫曼。他将规范分为禁止性规范和命令性规范，认为禁止性规范要求不实施一定的行为，即不作为；而命令性规范要求实施一定的行为，即作为。不真正不作为犯违反的是命令性规范，适用禁止性规范处罚违反命令性规范的不真正不作为犯，这无疑是一种类推适用，因此违反罪刑法定原则。[1]

2. 主张符合罪刑法定原则

主张不真正不作为犯符合罪刑法定原则的学者也从法规范角度对上述观点进行反驳，尽管目的一致，解释方法却有所不同。日本学者西田典之举例说明了处罚不真正不作为犯的合理性："第199条的'杀人者'这一构成要件的根本在于，必须尊重他人生命这一行为规范，该规范不仅包括不得杀人这一禁止规范，还可以包括必须救助他人生命这一命令规范。"[2]西田典之是通过"尊重他人生命"的行为规范这一媒介将命令性规范和禁止性规范同时解释进作为犯的构成要件之中，因此杀人罪理论上可以包括不作为犯。

日本学者大塚仁也认为不真正不作为犯既违反禁止规范又违反命令规范，不真正不作为犯的作为义务虽然来自命令规范，但违反该项作为义务的事实同时又在结果上实现了禁止规范的构成要件。[3]

我国学者黎宏使用了"刑法规范的复合性"的概念，区分"行为规范"和"裁判规范"来化解不真正不作为犯和罪刑法定的冲突。他认为，在以"为……"这种作为形式规定的裁判规范中，存在以保护该法益为目的的禁止规范和命令规范的行为规范。不真正不作为犯违反的是作为命令规范的行为规范，实现的却是以裁判规范形式规定的作为犯的犯罪构成要件。[4]

黎宏的这一观点更具说服力，其厘清了不真正不作为犯的规范结构，同

---

〔1〕 张明楷：《刑法学》（第5版），法律出版社2016年版，第150页。

〔2〕 ［日］西田典之：《日本刑法总论》（第2版），王昭武、刘明祥译，法律出版社2013年版，第98页。

〔3〕 ［日］大塚仁：《不真正不作为犯的诸问题》（1），载《Article》第48号，第127～128页，转引自黎宏：《不作为犯研究》，武汉大学出版社1997年版，第93页。

〔4〕 黎宏：《不作为犯研究》，武汉大学出版社1997年版，第97页。

时将等价性理论引入不真正不作为犯的构成要件解释当中，"在以'为……'为形式而规定的裁判规范中，是把由违反禁止规范的作为实施的犯罪当作一种模式表现在刑法条文里，要求由违反命令规范的不作为实施的犯罪和法律规定具有相同的价值"，[1]不真正不作为犯才能实现作为犯的构成要件。这时，等价性理论便成了使不真正不作为犯符合罪刑法定原则的关键标准，同时也限缩了处罚范围，使其更符合明确性原则。

（三）等价性的提起

通过以上论述可知，不真正不作为犯无明文规定的构成要件、其和作为犯的构造差异，引发了对其进行处罚的罪刑法定疑问。虽然众多学者从法规范角度论证了处罚不真正不作为犯符合罪刑法定原则，但这只是理论上的抽象论证，论证了处罚的正当性，并未涉及具体的案件事实判断。当生活中出现了一个因不作为导致的符合构成要件的死亡结果时，要判断不真正不作为犯成立与否，必然关系到不真正不作为犯的构成要件符合性问题，需要引入等价性理论进行具体分析。

以前文中的案例一为例，尽管从法规范角度论证了处罚不作为的杀人罪的正当性，但并不能帮助我们判断案例一中是否构成不作为的杀人罪。在不真正不作为犯的构成要件符合性判断中，只有当甲不救助醉汉的行为和甲用枪、刀等致命工具杀害醉汉的行为具有等价性时，才能说甲的行为该当了刑法规定的"故意杀人罪"。根据一般人的价值判断，案例一中的甲自始至终对醉汉未创设或增加任何风险，不应因醉汉的不法闯入行为而负担救助义务，甲的不救助行为不可能和积极的杀人行为等价，所以不构成不作为的故意杀人罪。所以有学者说，"等价性的目的和实质就在于通过对客观上的作为行为和不作为行为在规范上的等价值来限制对不纯正不作为犯的处罚范围"。[2]

三、等价性的缘起和发展

等价性又被称为等置性、等价值性、同视可能性、同价值性等等。这一

---

〔1〕 黎宏：《不作为犯研究》，武汉大学出版社 1997 年版，第 97 页。

〔2〕 李晓龙："论不纯正不作为犯的等价性"，载《法律科学》2002 年第 2 期。

理论最初由德国学者提出，后经德国学者和日本学者发展，延伸出了许多不同的理解。有的从抽象的价值层面考量，也有的从具体的构成要件解释入手，呈现出百家争鸣的局面。

（一）缘起

等价性理论于1959年被德国学者考夫曼在《不作为犯的理论》一书中提及。他认为不真正不作为犯所满足的并非作为犯的构成要件，而是没有被写出来的不作为犯的构成要件。为确定这个构成要件必须考虑三方面的问题：作为构成要件的存在；结果防止命令的存在以及违反命令规范的不作为在不法及责任的内容上，必须与作为构成要件上的作为相等。[1]其中第三个方面即是等价性理论，可以看出考夫曼独特的不作为犯理论实则是违反罪刑法定原则的，其主张有"没有被写出来的构成要件"就是对构成要件定型作用的挑战，而保证人地位和等价性理论不过是为弥补这一缺陷的产物，是限制处罚范围的技术。这时等价性就是连接两个不同构造的构成要件的桥梁，等价性的判断同时涵盖不法和责任，容易陷入模糊化。

（二）发展

1. 德国

考夫曼之后，德国另一学者亨克尔发展了这一观点，提出了"新保证人说"。他认为作为犯的构成要件，在不作为犯上是被二重地打开，有必要补充。第一，关于正犯，只有作为保证人即在法律上负有防止发生危险义务的不作为者才是行为者。第二，保证人的义务，必须在不法内容上与作为同价值才能被确定。[2]亨克尔对考夫曼不作为犯理论的发展主要有两点：一是在保证人的作为义务上谈等价性，将等价性认定为作为义务的判断标准，二是将责任从等价性的判断内容中剔除，仅在不法层面判断等价性。亨克尔的这一理论影响了德国关于不真正不作为犯的立法。

为了根本消除处罚不真正不作为犯是否违反罪刑法定原则的疑虑，德国专门设置了一个等价性条款。德国现行刑法第13条规定：对属于刑法法规所

---

〔1〕 黎宏：《不作为犯研究》，武汉大学出版社1997年版，第109页。
〔2〕 黎宏：《不作为犯研究》，武汉大学出版社1997年版，第109页。

定构成要件之结果不防止其发生者，依该法规处罚之；但以依法保障不发生结果，且其不作为与因作为而实现法定构成要件之情形相当者为限。[1]此处的"相当"即是"等价性"的另一种说法，由此可见，德国立法明确将作为义务和等价性规定作为处罚不真正不作为犯的并列要件。

但对于这一置于总则中的等价性条款，也有学者质疑其设置的合理性。我国台湾地区学者黄荣坚认为："所谓等价条款，其实所涉及的是刑法分则诸多犯罪构成要件的解释问题。既然如此，在刑法分则所规定的个别犯罪类型之犯罪构成要件该当性的检验之外，另外针对不作为犯而有总则层次上所谓等价条款的说法，其说法显属多余。"[2]可见，即使承认等价性理论，但关于等置条款的立法技术，学者之间仍存争议。

2. 日本

等价性理论在日本取得了长足的发展，已成为日本刑法学中的通说，并发展出不同的理解。尽管大多数学者从法规范理论上论证了不真正不作为犯符合罪刑法定原则，但现实情况是不真正不作为犯确无明确的构成要件，而在实案分析中如何明确判断给不真正不作为犯定型，关乎处罚的明确性原则，这就需要进一步从等价性的角度分析不真正不作为犯构成要件的符合程度，以实现用作为犯的构成要件处罚不真正不作为犯。

山口厚认为，不真正不作为犯中，由于不作为而引起构成要件结果时，法条并没有明文规定在何种情况下得以肯定构成要件的该当性，所以就要求在出于不作为而引起构成要件结果时，能够和出于作为引起构成要件结果的场合同视。[3]此处的"同视"即是等价的意思。

大谷实认为，为了肯定不真正不作为犯和作为犯之间具有同样的实行行为性，该不作为所具有的侵害法益的危险性，必须和作为犯的构成要件所本来预定的侵害法益的危险性具有同等程度，这就是等价性原则。[4]

而西田典之则主张，"不作为要与作为具有等价值，必须存在保障人地

---

〔1〕 黎宏：《不作为犯研究》，武汉大学出版社1997年版，第110页。

〔2〕 黄荣坚：《基础刑法学（下）》（第三版），中国人民大学出版社2009年版，第467页。

〔3〕 [日]山口厚：《刑法总论》（第2版），付立庆译，中国人民大学出版社2011年版，第74页。

〔4〕 [日]大谷实：《刑法总论讲义》（第2版），黎宏译，中国人民大学出版社2008年版，第131页。

位。最根本的问题在于，如何确定作为义务人"[1]。西田典之的主张涉及后文将讨论的等价性和作为义务的关系问题。

日本学者金泽文雄更是追随了考夫曼的学说，在有违罪刑法定原则的基础上，从价值论的角度理解等价性。金泽文雄认为，尽管存在论构造及规范构造有所不同，而依作为构成要件处罚不纯正不作为犯者，无非是在"可价值论上"将不作为与作为同视或等置之故。若考虑两者的构造差异，排除价值论的考虑，则无法将不作为犯包括在作为犯之构成要件中。[2]金泽文雄完全从价值论考虑等价性理论，这与其认为依作为犯的构成要件处罚不真正不作为犯在法规范上违反罪刑法定原则有关。

纵观等价性理论的缘起和其在德国及日本的发展可知，等价性理论尽管被不少学者支持，却没有一个统一的理解，这与学者对不真正不作为犯的理解差异有关。但主张等价性理论的学者的目的却是一致的，一方面佐证罪刑法定原则，另一方面从构成要件该当性角度落实处罚的明确性原则，最终为用作为犯的构成要件处罚不真正不作为犯提供了明确的正当化理由。

四、等价性和作为义务的关系

等价性理论和作为义务从来都是不真正不作为犯的两个关键问题。这两个问题的关系也因此多被学者讨论，由此形成了两种观点的分歧：在作为义务之内讨论等价性还是和作为义务并列讨论？长期以来我国将作为义务当作不真正不作为犯理论的研究核心，而忽视等价性的问题。但近年来不少学者提倡重视等价性这一问题，这势必引发学者关于等价性和作为义务关系问题的争论。

（一）在作为义务之内讨论等价性的观点

德国学者那格拉认为，为了处罚不纯正不作为犯，同时又不违背罪刑法

---

〔1〕 [日] 西田典之：《日本刑法总论》（第 2 版），王昭武、刘明祥译，法律出版社 2013年版，第 100 页。

〔2〕 [日] 川端博：《刑法总论二十五讲》，余振华译，中国政法大学出版社 2003 年版，第18 页。

定主义，就应该以保证义务（作为义务）为媒介来讨论等价性问题。[1]这一观点被称为"保证人说"，强调保证义务的认定，极大地影响了我国不真正不作为犯理论的发展。

日本学者福田平认为，如将等价值性这种漠然的价值判断直接放入构成要件之中，则法的明确性和法的安定性要从何谈起。不如将其作为对作为义务进行类型化的一个要素来把握，等价值性要素是作为义务的内容的一部分。[2]持相同观点的还有平野龙一教授[3]。

我国学者张明楷认为，"等价性并不是具体的要求，而是不纯正不作为犯的客观构成要件的解释原理，是限制作为义务发生根据的指导原理"。[4]黎宏也认为，将等价值性作为独立要素的见解实际上是用不同的方法来把握作为义务的实质内容而已，同在作为义务中寻找等价值性的观点并无根本上的不同。[5]

上述学者均是在认可等价性对限制不真正不作为犯处罚范围的构想具有合理性的基础上，将等价性置于作为义务中考虑，更有学者表达了对等价性理论的模糊性的警惕，认为法律明文规定等价性反而会比不规定更有损罪刑法定原则，等价性判断没有必要，从而全面否认等价性理论。

（二）和作为义务并列讨论等价性的观点

主张等价性和作为义务为并列要件的学者主要有日本的内藤谦、日高义博和大塚仁。内藤谦认为，"不作为在存在保证人的地位之外，考虑各种情况，而与作为实现构成要件具有等价值的场合可以说，该不作为与符合构成要件的作为的实行行为具有同价值，在此范围内，该不作为就作为实行行为

---

〔1〕 林亚刚、黄鹏："等价性在不纯正不作为犯罪中理论地位研究"，载《西部法学评论》2014 年第 4 期。

〔2〕 ［日］大塚仁、福田平：《对谈刑法总论》，转引自黎宏：《不作为犯研究》，武汉大学出版社 1997 年版，第 118~119 页。

〔3〕 黎宏：《不作为犯研究》，武汉大学出版社 1997 年版，第 119 页。

〔4〕 张明楷：《刑法学》（第 5 版），法律出版社 2016 年版，第 161 页。

〔5〕 黎宏：《不作为犯研究》，武汉大学出版社 1997 年版，第 120 页。

而被定型化。[1]

日高义博认为，仅有法的作为义务并不能判定作为和不作为的等价值性，仅根据作为义务和作为可能性并不能说明不相同真正不作为犯同作为犯在存在构造上的不一致，但仍和作为犯一样是按照相同的犯罪构成要件来处罚的理由，即等置的理由。[2]

大塚仁则认为，"在确认违反作为义务的场合，作为该不作为符合某一构成要件的实行行为的具体要求，还必须考虑同价值性的要件"。[3]

支持等价性和作为义务为并列要件的学者均是从同一角度出发，即必须以等价性为媒介来给不真正不作为犯定型，只有将不真正不作为犯和作为犯中的实行行为进行等价性判断，才能适用作为犯的构成要件处罚不真正不作为犯，以达到处罚的明确性原则。

等价性和作为义务的关系实则影响了对等价性地位的判断。主张在作为义务之内讨论等价性的学者基本否认等价性是一个独立的要件，只是将等价性当作判断保证人地位的一个参考要素。而主张和作为义务并列讨论等价性的学者基本将等价性当作判断不真正不作为犯成立与否的核心要件，并以等价性为核心进行全面的理论构建。

五、等价性的理论构造

等价性理论有其合理根据，但若没有明确的理论构造，就容易陷入虚无的价值评判，这也是反对将等价性和作为义务并列看待的学者的担忧。因此许多支持等价性理论的学者都避不开的问题是：能够将作为和不作为等价的条件是什么？理论上提出了等价性这一学说，如何保证其不走向模糊化、原理化？这就关系到等价性的具体构造。

---

[1] [日] 内藤谦：《刑法改正和犯罪论（下）》，转引自黎宏：《不作为犯研究》，武汉大学出版社 1997 年版，第 111 页。

[2] [日] 日高义博：《不真正不作为犯的理论》，转引自黎宏：《不作为犯研究》，武汉大学出版社 1997 年版，第 116 页。

[3] [日] 大塚仁、福田平：《对谈刑法总论》，转引自黎宏：《不作为犯研究》，武汉大学出版社 1997 年版，第 120 页。

（一）理论学说

关于等价性构造的学说纷繁复杂，这与不同的学者对等价性的不同认识有关。有的学者从主观意识方面构建等价性，但其对主观意识的理解也不一致。德国刑法学家迈耶提出"法敌对的意思力说"，认为"当不纯正之不作为犯与作为犯在法敌对的意思力上具有同等程度时，在价值上就可以与作为犯予以等置"[1]。日本司法界在放火罪的认定中采用了"利用已发生的火灾的意思""利用已经发生危险的意思"等利用意思的表述来判断等价性，并被一些学者支持。[2]

但从主观方面考虑等价性也被众多学者批评，容易将主观要件和客观要件混淆，容易主观定罪，因此不少学者在客观上构建等价性。具有代表性的观点有日高义博教授的"构成要件等价值性论"，该说提出了构成要件的特别行为要素、该行为情况、不作为者的原因设定这三个标准，核心是不作为者的原因设定。[3]该说强调通过原因设定行为进行等价性判断，"为了衡量等值性，就要求不作为人在实施不作为之前，必须具有设定侵害法益的先行行为，且这种设定是在不作为人故意或过失的心态下而实施的"。[4]"构成要件等价值性论"尽管极大地限制了不真正不作为犯的处罚范围，但容易将先行行为和后续的不作为混为一谈，继而模糊不作为的讨论。

（二）笔者构想

要构造等价性理论，首先必须明确等价性在不真正不作为犯中的地位，将其视为与作为义务并列的独立要件，再在这一前提下进行具体的构建。

1. 等价性的地位

笔者支持"和作为义务并列讨论等价性"这一观点，主张将等价性作为判断不真正不作为犯成立与否的独立要件。笔者虽然不否认作为义务在不真正不作为犯中的重要地位，但绝不同意我国台湾地区学者林钰雄"由于不纯

---

〔1〕 赵秉志、王鹏祥："不纯正不作为犯的等价性探析"，载《河北法学》2012年第10期。
〔2〕 黎宏：《不作为犯研究》，武汉大学出版社1997年版，第111~113页。
〔3〕 黎宏：《不作为犯研究》，武汉大学出版社1997年版，第116~117页。
〔4〕 赵秉志、王鹏祥："不纯正不作为犯的等价性探析"，载《河北法学》2012年第10期。

正不作为犯必须先经过保证人地位的判断，而合乎保证人地位判断者，通常也就是'等价'"[1]的这一观点，即认为仅有作为义务即保证人地位，而不需等价性即可构建不真正不作为犯理论的观点。理由有二：第一，等价性理论在对不真正不作为犯的定型上有着重要作用，这是作为义务所无法代替的。举例来说，母亲将急需哺乳的婴儿丢弃于孤儿院门口和丢弃于荒无人烟的深山老林中，其违反的法定作为义务是相同的，但前者可能构成遗弃罪，而后者可能构成不作为的故意杀人罪。这种定罪的差异不是通过作为义务判断出来的，而是等价性理论。第二，作为义务仅是将构成要件结果归属给负有作为义务的人的一个要件，目的是避免不合理地扩大处罚范围。例如，女儿不慎落水，父亲会游泳而不出手相救，同时周围有许多行人冷眼旁观，但刑法并不评价这些无关的行人的不作为，只会对父亲的不作为进行评价。这是作为义务的限制作用。但作为义务的确定并不是按照作为犯的构成要件处罚不真正不作为犯的全部要件，只有等价性理论才能包含各种要件。

在判断生活中出现的不作为事实是否构成犯罪时，等价性理论尤其重要。尽管在法规范理论上已经论证了处罚不真正不作为犯符合罪刑法定原则，也能将不作为的事实形态解释到作为犯的裁判规范之中，但这只是一个法规范上的结论。在具体的判断中，当目光从生活中的不作为事实向刑法条文流连时，仍需等价性这一媒介将不作为精准地定位于作为犯的构成要件之中。换句话说，当生活中出现需要刑法评价而又没有明确构成要件的不作为的事实形态时，如何将这种不作为评价进作为犯的构成要件，这就是等价性需要解决的。因此等价性理论在不真正不作为犯的构成要件符合性判断中意义重大。正如大谷实所说：即便是违反作为义务，但其符合哪一种构成要件，必须从和该作为具有等价值性的观点来考察。[2]

2. 等价性理论的构建基础

在肯定了等价性的独立要件地位之后，对等价性的具体判断还需回归到不真正不作为犯的定义及作为和不作为的结构差异上，这种结构差异是进行等价性理论构建的基础。

---

〔1〕 林钰雄：《新刑法总则》，中国人民大学出版社 2009 年版，第 410 页。
〔2〕 ［日］大谷实：《刑法总论讲义》（第 2 版），黎宏译，中国人民大学出版社 2008 年版，第 141 页。

从不真正不作为犯的定义看，作为犯中，实现构成要件结果的作为是实行行为，如从故意杀人罪中可以判断，积极地剥夺他人生命的行为是实行行为，这是因为作为犯的构成要件以作为为标准而被规定下来，但当没有被规定出来的不作为也实现了作为犯中的构成要件时，就要通过等价性判断不作为是否该当作作为犯的构成要件。由此看出，等价性是在构成要件符合性上判断不作为和作为的等价，故意、过失等主观要素只是犯罪的一般要素，可以在等价性之外进行评价。

从事实形态看，作为和不作为具有结构上的巨大差异，作为是积极导致法益侵害结果产生，"能够将法益侵害的过程表述为使危险产生→危险增大→导致结果"[1]。不作为仅是消极不阻止法益侵害结果的发生，这种结构差异就是等价性判断的方面。在进行等价性判断时，可以通过被规定出来的作为犯的构成要件符合性的判断要素——进行，其中实行行为和因果关系是作为犯构成要件符合性中的重要问题。

3. 具体的理论构建

作为之所以能被评价为刑法中的实行行为，是因为行为造成了法益侵害的紧迫危险，不作为亦是如此。只有在相关法益面临被侵害的紧迫危险时才能从刑法上对不作为犯进行相应的评价，法益主体遭受的侵害性质某种程度上也决定了不作为犯的犯罪性质，如要构成不作为的故意杀人，法益主体必须面临生命法益被侵害的紧迫危险，例如母亲把婴儿遗弃至荒山野岭，由于婴儿法益的脆弱性和荒野里对生命法益造成的危险性极大，因此母亲可以被评价为不作为的故意杀人，而如果仅遗弃至民政局门口，由于婴儿处于人来人往之地且在福利机构门口，生命法益未面临紧迫危险，因此对母亲只能评价为遗弃罪。

若要使不作为和作为导致法益侵害的危险具有相同的实行行为性，在判断了产生法益侵害的紧迫危险之后，还需判断不作为人对这种危险产生的原因是否具有排他的支配性，比如对危险源的支配、对法益脆弱性的支配。[2]

---

〔1〕 ［日］山口厚：《从新判例看刑法》（第2版），付立庆、刘隽译，中国人民大学出版社2009年版，第38页。

〔2〕 ［日］山口厚：《从新判例看刑法》（第2版），付立庆、刘隽译，中国人民大学出版社2009年版，第38~39页。

这一要件对限定不作为犯的处罚有重要意义。只有当保证人因支配了危险原因却不作为，从而增加或扩大了法益侵害的危险性时，才能将其与作为导致的法益侵害危险等价。如果不作为人并未排他性地支配危险原因，也没有增加或扩大法益侵害危险，就不能使之与作为等价。例如案例一中的甲和案例二中的司机乙未排他地支配产生危险的原因，更未增加或扩大法益侵害风险，不能被认定为不作为的故意杀人。

在判定"具有法益侵害的紧迫危险"之后，这种侵害的归责是另一个问题。和作为造成危害结果的直接性不一样，不作为无直接明显的因果性，只能说是消极的不介入引发了危害结果的发生，因此只有对具有积极介入义务的人才能归责。即只有被法律所期待去实施一定行为的人才是不作为人，而并非任何和犯罪结果具有因果关系的不作为均是不作为犯中的实行行为。不作为犯中的结果归责范围取决于实质性作为义务的判定。可见作为义务其实可以置于等价性判断的一个阶段。两者是相辅相成的，并不是互相割裂的。

因果关系的判断是作为犯的核心问题，作为犯是通过积极行动支配危害结果的发生，不作为犯则可看作有介入的义务却消极地不介入而导致危害结果的发生。我国台湾地区学者林东茂认为："在作为犯的世界里，有一个实在的因果关系。不作为犯的范畴里，欠缺这个实存的因果关系，没有一个经验上的条件作为归咎的基础。不作为犯的起因是'空无'。"[1]因此不作为犯中有一个"假设的因果关系"，即假设介入了作为，则危害结果有很大可能性不会发生。如果及时介入保证人的作为，危害结果也会发生，则不能把危害结果归因于保证人。此外，要使这两种结果发生的模式相当，不作为犯的义务主体必须对危害结果的发生具有排他的支配控制力，即法益主体极度依赖义务主体，脱离义务主体的作为便会发生危害结果。

因此，总的来说，等价性理论的具体构造是用来弥补作为和不作为两种事实形态的差异的，以便使两者适用同一构成要件。

结　论

等价性理论的提出，具有十分重要的现实意义。这一理论弥补了作为和

---

〔1〕　林东茂：《刑法综览》（修订 5 版），中国人民大学出版社 2009 年版，第 114 页。

不作为在事实构造和规范构造上的差异，将两者同视，从而实现处罚的正当性和明确性。应将等价性判断置于不真正不作为犯判断中的核心地位。鉴于我国刑法理论界一味重视讨论作为义务而忽视等价性理论的现状，笔者呼吁重视等价性理论，并通过构建具体的等价性理论以完善这一理论。

作为义务只是不真正不作为犯中的一个方面而非全部，等价性理论具有作为义务所不具备的重要功能，对不真正不作为犯的构成要件符合性判断意义重大。通过等价性判断，能精准地将不作为的事实形态解释为作为犯的构成要件，从而明确对不真正不作为犯的处罚范围，改正司法实践中滥用不真正不作为犯的罪名，违反罪刑法定原则和国民情感的不当做法。

但另一方面，也不能使等价性理论成为一个无所不包的筐，使其失去原来的定型目的，从而成为批评者眼中有违罪刑法定的理论。因此要对等价性进行具体而非抽象的理论构建。在构建等价性理论当中，许多学者从不同的角度提出过不同的见解，笔者主张在构成要件符合性上判断等价性，立足于作为和不作为存在构造差异的基础，在规定出来的作为犯的构成要件要素的范围内进行等价性判断，最终得出不作为是否该当作作为犯的构成要件的结论。

Research on the Equivalence in Offense of Non-typical Omission

Abstract: The equivalence theory is the core in offense of non-typical omission, which aims at judging act and non-typical omission equivalently, so as to define the scope of punishment in offense of non-typical omission. The equivalence theory originated from Germany, then got improved both in Germany and Japan, finally becomes the common theory in the criminal law field of Germany and Japan. The equivalence theory is very important by deciding the fitness of constitutive requirements in offense of non-typical omission. It helps a lot in removing the conflicts between punishment of offense of non-typical omission and principle of legality. It also makes it clear what kind of non-typical omission should be punished. As the same as equivalence theory, act duty is also the core in offense of non-typical omission. However, it's not reasonable to define the equivalence theory in the field of act duty. It can't be denied that the status of equivalence theory is independent, which can not be replaced by other factors in defining the offense of non-typical omission. In order to avoid equivalence theory falling to vague state or value judgment, it's really necessary to make specific theory construction of the equivalence theory.

Key words: offense of non-typical omission; the equivalence theory; act duty

论动产抵押物转让规则的重构

中国政法大学法学院 2015 级 2 班　谢　错

指导老师：中国政法大学民商经济法学院教授　尹志强

摘　要　随着社会经济的不断发展，融资需求不断增强，动产抵押制度作为抵押制度的后起之秀出现在各国的立法之中，但如何建立起一套完善的制度体系和动产抵押物的转让规则是十分重要的。动产抵押物的转让规则应当充分考量当事人之间的利益平衡，并针对动产抵押物建立起一套成熟统一的公示制度，在这之后方才能够真正实现动产抵押制度的价值和作用。

关键词　动产抵押　公示公信原则　《物权法》第 191 条

一、动产抵押制度的历史沿革

自人类进入商品社会以来，最开始便以物物交换的方式满足所需，但经济的发展使得这种方式逐渐不能满足社会需求。因此，社会逐渐形成了以一般等价物为媒介进行商品交换的交易模式，并延续至今。在商品交易的过程中，特定人之间以请求为特定行为的法律关系被称之为债。在这一关系中，可以请求他人为一定行为的人被称之为债权人，被请求者则被称之为债务人。在债的关系中，由于债权的实现往往需要一定时间，债权人与债务人之间的债的关系往往使得双方的信用得以成立，但是债权人所期待的信用极有可能得不到满足。债权人因此需要增加其债的关系实现的可能性，于是债的担保制度应运而生。

抵押制度是典型的债的担保制度。动产抵押制度肇始于罗马法，以"萨尔维之诉"为其开端。罗马的佃户租佃地主的土地耕种，必须向地主提供充分的财产进行质押。可罗马的农民十分贫穷，基本没有财产可以向地主质押，以农具和耕畜质押又会使耕作受到影响。因此，裁判官萨尔维发布令状，允许农用地的租借人以带入该地的动产作为土地租金的担保，与土地所有人签订契约，可以保留该动产。当租借人不付租金时，出租人可以将该动产予以扣留并出卖。然而，这种担保不可以对抗第三人，另一位裁判官则引入了对物之诉，即如该动产落入第三人手中，出租人仍可以追回担保物并扣留。此被称为"萨尔维之诉"[1]。

随着该制度的推行，问题也随之出现。由于当时的罗马法并未建立动产抵押登记制度，动产抵押权的设立也不以公示为必要，这种抵押权可以对抗第三人。第三人在交易时由于无从查阅动产之上是否存有抵押权，需要承担巨大的风险。因此，罗马法上的动产抵押制度实际上是一种蕴含巨大交易风险的制度。

随着西方近代民法法典化进程的不断进行，罗马法中的抵押权作为一种极为便捷有效的担保制度被各国民法保留继承，物权作为一种对世权也被各国民法体系所接受。物权法定、物权公示公信成为现代物权法的基本原则。物权作为对世权最重要的一个特征即是需要有公示方式。不动产以登记为公示方式，动产以交付或占有为公示方式，抵押权的设立则以公示作为生效要件或者对抗要件[2]。基于上述规范，于动产之上设立不转移占有的担保物权，似乎有悖于物权法的基本原则，也不能满足对物权公示的基本要求，极易对交易安全造成重大威胁。尤其近代以来，商品的流转极为频繁迅速，对交易安全的保护以及维持交易各方利益的平衡成为民法尤其是物权法这一类财产法的首要目的。在这样的情况下，设立不转移占有的动产抵押权这样一种危险的制度当然不会被民法所容纳[3]。

在农业社会以及工业社会早期，社会的主要财富体现为土地和建筑物等

---

〔1〕 费安玲主编：《比较担保法》，中国政法大学出版社2004年版，第154页。

〔2〕 在对物权变动采取意思主义的国家，公示是作为物权变动的对抗要件出现的，即未经公示，物权变动不得对抗第三人，如法国；对物权变动采取形式主义的国家，公示则是物权变动的生效要件，即未经公示，不产生物权变动的效果。

〔3〕 如《法国民法典》第2114条规定："抵押权，是指对于清偿债务的不动产设定的一种物权。"第2119条规定："不得就动产设定抵押权。"

不动产，动产的价值往往不大，即使是价值巨大的动产也往往采取质押的方式对债权进行担保。随着时代的发展，有一部分的动产由于其数额巨大并且基于行政管理的需要，被要求强制登记，如机动车、船舶、航空器。对于这一类型动产的抵押制度，因其已经建立了一套统一且较为成熟的登记制度，许多国家的法律允许其适用不动产的规定。同时，对于较大的工商业主及农业经营主而言，其生产器械往往价值巨大，基于融资需要，向银行等机构进行贷款时，却不可以以其生产器械作为抵押担保，尤其在社会资金流动如此之频繁以及融资需求巨大的现代社会，这样的模式实在是有所不妥。王泽鉴先生也说道：“在农业社会，以书画或者饰物之类提供担保的情形，固无大碍，但在今日工业机械社会，势必窒碍难行。机械或者原料均为生产资料，工厂赖以从事生产，将之交付债权人占有，作为担保，以寻觅资金，贻属不可能之事。”[1]因此在 20 世纪之后，各大陆法系国家均相继建立起了一套不转移占有的动产抵押制度。

如在日本，动产抵押制度原本是不被承认的。“二战”之后基于经济复苏的需要，大量工商企业需要巨额资金用以恢复生产经营，动产抵押的需求大量增加。根据这一需求，日本国会于 1951 年起，至 1954 年间，相继制定了《航空器抵押法》《建筑机械抵押法》《机动车抵押法》等动产担保制度。但上述法律确定的抵押财产的范围仍旧以登记方式进行管理的动产为限，不以登记方式进行管理的依旧不能够作为动产抵押标的物。对于上述动产的登记，日本法采取了一条较为特殊的道路，即通过对于汽车、建筑机械等物进行贴标签或是印标记的方式进行抵押登记，使第三人得以从动产之物本身查得于动产之上是否负有抵押权。这种查询方式相较于以政府部门通过统一登记簿的方式进行登记，具备多重优势，笔者将于下文详述。更如在我国台湾地区，动产抵押制度的建立也经历了一个曲折的过程，从不承认动产抵押权到承认动产抵押权，从“民法典”只规定动产质权与留置权，到对传统大陆法系的动产抵押法律传统的突破，并且全盘继受美国法的动产抵押制度，体现了我国台湾地区立“法”对于动产抵押制度的态度转变，更重要的是体现了动产抵押制度存在的必要性。

---

〔1〕 王泽鉴：《民法学说与判例研究》（第一册），中国政法大学出版社 2005 年版，第 222~223 页。

法国与德国也相继承认了动产抵押的存在。早在 19 世纪末，法国就通过特别立法规定对诸如船舶、航空器、耕耘机、旅馆营业用具等可以设定动产抵押权；2006 年法国担保法改革后，其中"不转移占有的质押"就已经很类似动产抵押了。德国则主要通过法律实务界发展所有权保留和让与担保等推动动产担保融资，动产抵押的作用在很大程度上被前者所取代。[1]

二、我国动产抵押转让规则的反思与比较法视角

总结回顾我国立法过程，关于动产抵押制度一直处于一个严格限制的状态，动产抵押制度的建立带来的必然会是关于动产抵押物转让的效力问题，关于动产抵押物的转让规则也自最高人民法院《关于贯彻执行〈中华人民共和国民法通则〉若干问题的意见》（以下简称《民通意见》）第 115 条起，至《物权法》第 191 条止，呈现由严至松的态势。法律规范的变化，体现了立法宗旨的转变，也体现了我国对于建立起一套完整的动产抵押制度的需求的日益提高，更重要的是，笔者希望在本文中通过比较法视角来发现我国动产抵押转让规则的缺陷与不足。

（一）我国动产抵押物转让规则

1. 《民通意见》第 115 条

我国动产抵押制度被认为应当开始于《中华人民共和国民法通则》（以下简称《民法通则》）第 89 条第 2 款，"债务人或者第三人可以提供一定的财产作为抵押物。债务人不履行债务的，债权人有权依照法律的规定以抵押物折价或者以变卖抵押物的价款优先得到偿还"。

《民通意见》第 115 条则首次对抵押物的转让作出了限制。该条第一款规定："抵押物如由抵押人自己占有并负责保管，在抵押期间，非经债权人同意，抵押人将同一抵押物转让他人，或者就抵押物价值已设置抵押部分再作抵押的，其行为无效。"该条款采用严格的限制主义，未经抵押权人同意，抵押人擅自转让抵押物的行为无效，这一点明显与各国采用抵押权追及效力的方式对抵押权人进行保护有所不同。

---

〔1〕 陈发源：《动产担保制度精要》，知识产权出版社 2015 年版，第 16 页。

这种立法规范是立法者绝对地保护抵押权人权利的产物。抵押权人取得抵押权之时，抵押人即应当负有将抵押物权利变动的行为告知抵押权人的义务，当抵押人不履行该义务时，即违背了其与抵押权人之间关于设立抵押的意思表示的合意，这种违反合意的行为应当归于无效。

2. 《担保法》第49条

由于《民通意见》对于抵押物转让采取的严格限制规则明显不符合交易习惯和物权法理论体系，1995年颁布的《中华人民共和国担保法》（以下简称《担保法》）对抵押物的转让规则的态度貌似有些许缓和的态势。《担保法》第49条规定："抵押期间，抵押人转让已办理登记的抵押物的，应当通知抵押权人并告知受让人转让物已经抵押的情况；抵押人未通知抵押权人或者未告知受让人的，转让行为无效。转让抵押物的价款明显低于其价值的，抵押权人可以要求抵押人提供相应的担保；抵押人不提供的，不得转让抵押物。抵押人转让抵押物所得的价款，应当向抵押权人提前清偿所担保的债权或者向与抵押权人约定的第三人提存。超过债权数额的部分，归抵押人所有，不足部分由债务人清偿。"

由该条款规定可知，抵押权人的同意已不再成为抵押物转让行为有效的条件；转让行为的效力，取决于抵押人即转让人是否通知了抵押权人及受让人；对抵押权人的告知义务表现为告知其抵押物即将转让给第三人。对受让人的告知义务则体现为告知其抵押物上已经存在他人之抵押权，抵押人未履行通知义务时，转让行为无效。该条款同时还规定了，抵押人在转让抵押物时所得价款，必须首先向抵押权人清偿所担保债权或向约定的第三人提存。

3. 《担保法解释》第67条

最高人民法院在随后出台的《关于适用〈中华人民共和国担保法〉若干问题的解释》（以下简称《担保法解释》）中对《担保法》第49条作出了解释。该解释第67条规定："抵押权存续期间，抵押人转让抵押物未通知抵押权人或者未告知受让人的，如果抵押物已经登记的，抵押权人仍可以行使抵押权；取得抵押物所有权的受让人，可以代替债务人清偿其全部债务，使抵押权消灭。受让人清偿债务后可以向抵押人追偿。如果抵押物未经登记的，抵押权不得对抗受让人，因此给抵押权人造成损失的，由抵押人承担赔偿责任。"

该解释对《担保法》第49条进行了补充，主要赋予已登记抵押权的追及效力，并且认为未登记的抵押权，不得对抗第三人。此外，该解释还建立了抵押物受让人的替代清偿制度，即使抵押物所指向的抵押权已经进行了登记，当抵押人转让抵押物时，受让人仍旧可以通过帮助抵押人清偿债务的方式消灭抵押权，从而获得无权利负担的物的所有权。

4.《物权法》第191条

我国于2007年颁布的《物权法》首次较为完整的构建起一整套的物权体系，关于抵押权的制度也囊括其中，其中第191条是关于动产抵押物转让的规则。该条规定："抵押期间，抵押人经抵押权人同意转让抵押财产的，应当将转让所得的价款向抵押权人提前清偿债务或者提存。转让的价款超过债权数额的部分归抵押人所有，不足部分由债务人清偿。抵押期间，抵押人未经抵押权人同意，不得转让抵押财产，但受让人代为清偿债务消灭抵押权的除外。"该条文之规定似乎抛弃了《担保法》对于抵押物转让的部分规定，又回归到了《民通意见》第115条的规定。该条文再次赋予抵押权人对抵押物转让行为的"同意权"：转让行为的效力似乎完全取决于抵押权人是否同意转让抵押物。但是，由于该条文文义过于模糊，其中"抵押人未经抵押权人同意，不得转移抵押财产"中的"不得"一词究竟是使得转让行为无效抑或是效力待定，仍有待商榷[1]。同时，该条文由于保留了在《担保法解释》之中确立起来的受让人的替代清偿制度以及抵押物转让价金代位制度，在一定程度上平衡了抵押权人与受让人之间的利益冲突。

（二）德、法、日的动产抵押制度

德国民法上的抵押权指的是，为担保债权的清偿以土地为标的物而设立的物权变价权，即不动产担保物权。在德国的民法体系之中，抵押权的客体仅以不动产为限，而动产的担保物权也只能设定为质权。这与德国物权法严格的公示制度和维护交易安全的严密性不无关联。

---

〔1〕 对于此有学者认为是管理性条款，也有学者认为是效力性条款，孙宪忠教授提出，以"抵押权同意"这个较为主观的概念作为标的物所有权这一民众生活极为重要的物权发生变动的生效要件，对标的物转让进行这样严格的限制规定，在司法实践中仍是有不足的。参见孙宪忠、徐蓓："《物权法》第191条的缺陷分析和修正方案"，载《清华法学》2017年第2期。

《德国民法典》第 1136 条规定："所有权人与债权人关于不转让抵押物或不在其上设定其他权利的约定无效。"由此看来，德国民法典严格遵从了抵押权的追及效力，即无论抵押物转让于何人之手，抵押权人均得以向抵押物的受让人请求实现抵押权，将抵押物变价偿还担保之债务，此时受让人因抵押权的行使而丧失所有权的损害得依买卖合同请求抵押人履行权利瑕疵担保责任以获救济。

法国立法同样坚持了抵押权的追及效力，与德国民法出入不大。[1]但法国民法在考虑抵押权人、抵押人、受让人三方利益平衡之时，创设性的建立起了抵押权的涤除制度。根据此制度，在债务人清偿债务或抵押权人行使抵押权之前可以以一定的代价而使抵押权消灭；若抵押权人不接受其出价，便须承担一定的义务，如请求拍卖不动产并保证使所得价款超过第三取得人出价的十分之一，提供担保等。[2]

日本民法典总体上继承了法国立法的主要内容，但日本民法在承认追及主义以及涤除制度的同时，也创设了一种平衡各方利益的制度，即抵押物转让价金代位制度，该制度使得抵押权人可以要求对抵押人转让抵押物所获价金进行优先受偿，以抵消担保之债务。[3]

实际上就上述三国而言，均为大陆法系国家的典型代表，但均未在民法典之中对动产抵押作出明文规定。因此，动产抵押往往是将其作为非典型担保由法律加以规定，动产抵押物的转让规则类推适用不动产抵押物转让规则进行规范。

（三）英美法系的动产抵押制度

英美法系国家并不像大陆法系国家一样存在物权法定等物权法基本原则，

---

〔1〕《法国民法典》第 2114 条规定："设定抵押权的不动产不论归何人所有，抵押权跟随不动产而存在。"第 2116 条规定："对于不动产已为优先权或抵押权的登录者，不问该不动产转让与何人，仍保留其权利，并依债权的顺位，或登录的顺位而取得清偿。"引自《法国民法典》，罗洁珍译，中国法制出版社 1999 年版，第 484 页、第 502 页。

〔2〕费安玲主编：《比较担保法》，中国政法大学出版社 2004 年版，第 191 页。

〔3〕《日本民法典》第 304 条规定："先取特权，对债务人因其标的物变卖、租赁、灭失或毁损而应受的金钱或其他物，亦可行使。但是先取特权人于支付或支付前，应实行扣押。关于债务人与先取特权标的物上设定物权的对价，亦同。"引自《日本民法典》，王书江译，中国法制出版社 2000 年版，第 54 页。

也不采纳登记要件主义，动产抵押较为容易地得到了法律及判例的承认。在动产抵押这一方面，我国台湾地区立"法"之初，突破了大陆法传统而转向学习美国法，并基本全盘继受美国法关于动产抵押的制度，如此之举在以学习德日等传统大陆法系国家立法为宗旨的我国台湾地区，实属少见，因而可以见得美国的动产抵押制度应当有其可取之处。

"二战"之后的美国经济迅速发展，为了加快交易进程，维护交易安全与稳定，在统一法运动的背景下，于 1952 年制定了《美国统一商法典》，该法典第九编即为"担保交易编"。在《美国统一商法典》起草者的眼里，概念化并不重要，第九编避开了被大多数动产担保国内法所采纳的形式主义的物权法定主义，而是依实用主义的观念展开，只要是在市场上起着相同作用，就应适用相同的法律。因此，起草者关注的重点在于各种担保方式的共同之处，即通过合意赋予债权人某种权利，使之将财产视为债务不履行时的救济来源。在这个过程中，交易的结果而非担保形式或者权利产生的方式，起了决定性的作用。[1]因此在该法典第九编之下，无论动产还是不动产，都可以用于担保债务的履行，并且统一适用该编规定。

（四）比较法视角下我国当前动产抵押物转让规则的不足

在比较德国、法国以及日本等大陆法系国家以及以美国为主的英美法系国家的背景下，我们会发现，我国立法者对于动产抵押物转让规则的态度一直在发生改变，从最初的严格限制抵押人转让抵押物并且赋予抵押权人以"同意权"，到《担保法》实施之后稍微放宽了限制，采取抵押人通知主义，而在《物权法》颁布施行之后，又回到了最初的状态。

1. 背离传统物权法体系

抵押权本身应当是一种物权，从最初的"萨尔维之诉"，抵押权本不具有物权的对世性，到逐渐建立起的公示制度使得其具备了可供他人查看物的权利状态的属性，其从根本上消除了抵押权可能成为"交易暗礁"的隐患，[2]并且

---

〔1〕 高圣平：《美国统一商法典第九编（动产担保法）与中国物权法》，载刘保玉主编：《担保法疑难问题研究与立法完善》，法律出版社 2006 年版，第 376~377 页。

〔2〕 许明月："抵押物转让制度之立法缺失及其司法解释补救——评《中华人民共和国物权法》第 191 条"，载《法商研究》2008 年第 2 期。

使其作为一种成熟的物权出现在各国民法体系之中。

就抵押权本身而言，它具有支配权的性质。当抵押标的物存在时，只要法律上没有消灭该权利的根据，权利便会一直存在，抵押权人对抵押物的支配关系，甚至不会受到抵押物所有权人的干扰与排斥。《物权法》第191条要求抵押人的行为必须服从抵押权人的意思表示，这样的规定使得抵押权人享有的抵押权成为抵押权人与抵押人之间的债权债务关系。除此之外，抵押权作为一种典型的担保物权，其应当具备物权最重要的性质，即绝对权的性质。绝对权的性质使得抵押权不会因除权利人意思之外的其他意思而消灭，物权人行使权利时只是按照自己的意思就可以实现其权利的目的或者说发生最终的效果的权利，[1]而《物权法》第191条如此规定，认为抵押权人的转让行为可能会导致抵押权的行使受到影响甚至消灭抵押权，这样的规定明显不符合抵押权作为绝对权的性质。上述之外，抵押权的排他性等基本属性都难以在该条文中得以体现，从这个意义上来说，《物权法》第191条的规定似乎没有充分考虑作为物权的抵押权所应具有的基本属性。[2]

在我国，不动产抵押权的设立采取了债权形式主义，即不动产抵押权的设立需要签订抵押合同并且进行抵押登记。对于动产抵押权则采取了意思主义，即抵押权设立只需双方意思表示达成合意，非经登记不得对抗第三人。抵押权是否登记，决定了物权的公示公信力，从另一角度而言，即决定了是否能对抗第三人。已登记的抵押权有足够的公示公信力为第三人所知。经登记的抵押权由于难以由第三人得知，第三人在进行交易时，难以知晓其交易之物上还存在有他人的抵押权，法律应当优先保护第三人的利益，使抵押权让位于第三人的所有权。可是《物权法》第191条在规定抵押物的转让规则时，并未考虑将经登记抵押权与未经登记抵押权区别对待，至少就条文而言并无差别。如果说对于未经登记的抵押权予以限制还是为了维护交易安全与稳定的话，那么对于已经登记的抵押权，第三人明显可以查询到权利状态时，何来维护第三人的利益呢？由此可见，这并非是一个理性科学的制度选择。

---

〔1〕 孙宪忠：《中国物权法总论》，法律出版社2014年版，第88页。

〔2〕 许明月："抵押物转让制度之立法缺失及其司法解释补救——评《中华人民共和国物权法》第191条"，载《法商研究》2008年第2期。

2. 当事人利益保护不平衡

抵押物制度建立起来的根基在于物的使用价值与交换价值的分离。抵押权人需掌握的并非物的使用价值，而是物的交换价值。对于这种交换价值的控制也唯有在所担保债务无法履行之时方可实现，因此抵押权应当属于具有期待性质的价值权。当抵押人占有抵押物之时，抵押人仍旧为抵押物的所有权人：这种所有权是完全且不受限制的，即在担保债务不能履行之时，抵押权人之所以有权变卖抵押物并非是其拥有了抵押物的所有权，而是抵押权此时已经支配了物的交换价值，因而可以在无视所有权的情况下实现其交换价值。

因此，建立起一个优质的动产抵押物转让规则的要点在于：第一，如何平衡抵押权人、抵押人以及受让人之间的利益，在抵押人能够行使其所有权的情况下，如何充分的使抵押权人的抵押权行使的障碍变小，又如何使受让人的交易安全得以保障；第二，如何达到"物尽其用"的物权法立法目的，使抵押物的使用价值与交换价值达到平衡。

抵押权的设立目的在于担保债权人即抵押权人的债权的实现，通过对抵押人的责任财产特定化的手段来实现该目的，因此抵押权转让规则的建立应当首先考虑抵押权人的利益。《物权法》第 191 条也是如此之想法，它赋予了抵押权人对于抵押人处分抵押物的"同意权"，而这种"同意权"的设立是否妥当并且达到了设立目的呢？正如笔者前文所述那样，抵押关系的设立是一种物权关系的设立，抵押权人所拥有的是具有物权属性的权利，该权利设立在抵押物之上，并非设立在抵押权人与抵押人之间。可是该条"同意权"的设立却好像将当事人之间的关系由物权法律关系降格为债权法律关系，看似好像给予了抵押权人更充分的知情权与处分该抵押物的权利，实际上反而使得抵押权的对世效力被消除，抵押权人的权利行使变得更加困难了。

除此之外，因为抵押权的设立并不消灭或限制抵押人的所有权，抵押人完全可以对该抵押物进行处分。正如笔者前文所述，抵押权并非在抵押权人与抵押人之间产生权利义务关系，而是在抵押物之上设立担保物权。因此，抵押物只要存在，该担保物权便一直存在，即使抵押人转让抵押物，抵押权人仍可以追及行使抵押权，根本不存在抵押权被侵害的危险。既然如此，抵押人作为一个民事主体，对抵押物作出转让的意思表示，法律有何种理由要对其进行限制呢？而《物权法》第 191 条更是赋予了抵押权人以其意志控制抵押人法律行为效力的权利，这样的规定实在有违意思自治的基本要求。其次，第三人在进行动产抵押物的转让交易时，因动产以占有为其公示方式，抵押人合法占有该抵押物，第三人有理由相信抵押人能够处分该财产，同时在我国动产抵押公示制度缺失的背景之下，第三人更是难以得知该物之上还存在有他人之抵押权，可是《物权法》第 191 条赋予了抵押权人决定第三人与抵押人之间法律行为效力的权利，却并未给予一个在此交易过程中极有可能是善意的第三人对抵押权人抗辩的权利，使其几乎完全处在受他人意志控制的地位。

尽管《物权法》第 191 条在一定程度上考虑了受让人对抗抵押权人行使"同意权"的合理性，建立起了替代清偿制度使受让人能够借此消灭抵押权，使其获得一个不存在权利负担的物的所有权，但是根据该条文的规定，转让行为要想生效，必须建立在抵押人与抵押权人之间所担保债务得以清偿的基础之上，也就是将担保债务清偿之后就自然消灭了抵押权，那么抵押权人也就没有理由向受让人主张权利了。

《物权法》第 191 条在设立此制度之时，未顾及抵押权具有或然性。在抵押权的实现条件成就之前，抵押权表现为抵押权人对抵押标的物交换价值的支配权，抵押人行使所有权的行为只要不损害抵押权人对抵押标的物的法律上的支配力则应当被允许，抵押人转让标的物只是变更所有权人，不会影响抵押标的物的交换价值以及抵押权人对其的支配。[1] 在债务履行期届满之时，抵押人转让抵押物，抵押权人仍可以追及行使抵押权，完全不必要求受让人代其清偿债务，但若此时法律要求受让人代债务人清偿债务，是为了充分保护债权人的到期债权得到清偿，这样的制度倒还有一定的合理性存在。可在债务到期之前，抵押人转让抵押标的物，法律要求受让人必须代抵押人清偿债务方可使转让行为无效，在清偿之后让受让人向抵押人追偿的方式，却好像是让受让人代抵押权人承担了债务不履行的风险，并且受让人需要支付双倍的价款方可取得干净的所有权。试想一下，当一个市场之中理性的买家，购买一具有抵押权之物，在抵押权所担保之债权尚未到期之时，便要求其代

---

〔1〕 孙宪忠、徐蓓："《物权法》第 191 条的缺陷分析和修正方案"，载《清华法学》2017 年第 2 期。

为他人承担该债务不履行的风险，随后还需承担向债务人追偿难以实现的风险，这样的双重风险对于一个市场主体而言未免太过于沉重了。

三、当事人利益冲突的解决方法

动产抵押物转让规则之所以各国立法的制度均有所不同，原因在于各国立法者和学者在对当事人利益进行衡量时的侧重点不同，不同的模式都或多或少地在一定程度上弥补了立法的缺失，可这样的安排是否妥当，还需细谈。

（一）限制抵押人处分权制度

抵押物转让规则采取限制抵押人处分权制度，当以我国立法为典范。无论是在已废除的《民通意见》第 115 条，抑或是现行《物权法》第 191 条，均采取了严格的限制抵押人处分权制度，即便是《担保法》及《担保法解释》有关抵押物转让规则的规定，虽然看似有所缓和，但实际而言，抵押人仍然对抵押物不享有完整的处分权。

笔者于前文之中已经反复提到抵押权是抵押权人对物的交换价值的支配权，其存在的目的在于以物的交换价值用以担保债权实现，而不是用以控制物的使用价值。该权利并非对抵押人产生影响，而是在该抵押标的物之上形成一个新的物权。因此，抵押人在签订抵押合同之后，并未丧失物的所有权，只是在所有权之外又多了一项担保物权罢了。无论抵押人如何处分该物，除非该物损毁灭失，否则该抵押权始终附着在该物之上，抵押权人得向任何该物的所有权人行使，根本无需限制该物的所有权人。

（二）追及主义

追及主义是其他国家对于动产抵押转让规则较为常用的模式，由于其体现了物权的追及效力和物权优先效力，严格地遵循了物权法的基本理念，所以追及主义成为逻辑最严密且最符合法理的一种制度。在前述的德、法、日等大陆法系国家，甚至英美法系的美国，均对抵押物转让规则采取了追及主义。追及主义的基本要求在于抵押物的公示制度足够成熟。可是对于动产抵押物而言，未经登记和已登记的抵押物明显不应当相同对待：对于已登记抵押权的抵押物而言，第三人当然可以通过较为便捷的途径获取抵押物之上的权利状态，因此当第三人愿意与抵押人达成物的交易时，就应当推定其同样知道该物之上存在有他人之抵押权，也应当在抵押权人要求行使抵押权时，配合其行使。可是对于那些尚未建立起完善登记制度的动产抵押物而言，这样的追及主义模式则显得有些难以招架了，尤其是传统的动产是以占有与交付为其物权公示的方式，动产的抵押登记尚属例外，因此第三人在进行交易时，基于对抵押人占有该动产的信赖，难以说第三人没有尽到合理的审查义务，如果强制要求第三人进行动产交易时均查看动产抵押登记簿，未免会对动产交易的流通性与便捷性造成更大的破坏。

另外，即使建立起了足够成熟的动产抵押公示制度，纯粹的追及主义还容易设置诸多的"交易暗礁"并且造成第三人的利益被侵害。当抵押权人具备行使抵押权的条件之时，往往是当债务人也是抵押物的出让人无法清偿担保债务时，虽然此时给予了受让人向出让人追偿的权利，但往往极易导致受让人出现"财物两空"的情况，此时受让人貌似成为该担保关系之中最大的受害者，在以维护交易安全为宗旨的民法之下，这样的安排是否合理呢？

（三）代位主义

抵押物转让价金代位制度是指抵押物转让之后，抵押权人可以要求将抵押人转让抵押物之后所获得的价金用于清偿所担保债务。传统民法中，物上代位制度仅仅适用于物的毁损或灭失的情况之下。日本民法在规定不动产代位物的范围时，将不动产转让所得价金纳入其中，并且有学者建议将其扩大到动产抵押物转让规则之中。尽管该制度相比完全采纳追及主义的方式，会使得受让人利益得到一定程度的保护，但是该制度仍然不能够很好的实现抵押物转让各方当事人的利益平衡，原因如下：

首先，原本日本民法在规定该规则时，以不动产为限，是因为不动产的价值较大且难以移动，并且有成熟的登记制度。因此抵押权人能轻易地发现不动产的损毁灭失以及移转情况，可是当动产也划入代位制度范围之中时，因动产的流动性，抵押权人难以发现其动产抵押物的流转情况，也就难以要求抵押人将价金用以清偿债务了。其次，以价金作为代位物，可是抵押人极有可能不履行通知义务并在短时间内将所得金钱挥霍一空，此时抵押权人在要求代位清偿债务时，便根本不存在实现的可能性了。因此，纯粹的价金代位制度发挥的作用实在是有限。

（四）抵押权涤除制度

纯粹的追及主义的缺陷归根结底在于抵押权人得以随时向物的所有人请求行使抵押权，可物的所有权人几乎毫无对抗抵押权人的办法，如此轻视在动产抵押物转让过程之中对于所有权人的保护，极易导致动产交易的流动性与便捷性遭到破坏。因此对于抵押人而言，建立有效的补救制度是极为必要的。为了弥补绝对的追及主义的缺陷，法国民法创设了抵押权的涤除制度。所谓抵押权的涤除，是指在抵押物发生转让的情况下，抵押物的受让人向抵押权人支付一定的代价而对抗抵押权人提出消灭抵押权的要求，当抵押权人同意这一要求时，抵押权消灭，当抵押权人不接受时，由抵押人承担一定责任的制度。[1]

涤除制度的建立实际上是以动产抵押物公示制度的不完善为立法背景的，当建立起完善成熟的动产抵押物的公示制度时，受让人在与抵押人进行抵押物的转让时，应当有足够的义务审查并且有知晓该物之上权利附属的必要性，因此对于抵押权人追及行使抵押权的要求，受让人应当早已做好准备，而并不需要法律对其进行补偿救济，动产抵押物公示制度的不完善，导致受让人与抵押权人之间的信息不对称，受让人无法了解该物之上是否有其他权利负担，因此如若没有涤除制度存在，抵押权难以消灭，社会财产处于潜在的危险之中，难以稳定。因此如若有完善成熟的动产抵押物公示制度，涤除制度也无存在的必要了。

除此之外，抵押人在涤除制度之下，似乎又成了最大的"受益人"。抵押人在此过程中，不仅通过转让抵押物获得了价金，而且还通过受让人涤除抵押权的行为，使其本身对于抵押权人的债务消灭，而对受让人产生了一个债务。一前一后，债务从有担保变为无担保，抵押人反而解除了其担保责任。因此，涤除制度尽管尽力平衡了抵押权人与受让人的利益，但相对而言，抵押人却成了受益者，甚至对于那些具有恶意的抵押人而言，这项制度的存在对于他们而言甚至成为一条侵害他人利益的捷径。

---

〔1〕 许明月："抵押物转让的立法模式选择与制度安排选择——兼论我国担保物权立法对抵押权涤除制度的取舍"，载《现代法学》2006 年第 2 期。

四、完善我国动产抵押物转让的建议

文章至此，我们会发现各国建立起的动产抵押物转让规则或多或少的都存在着些许问题。抵押权的基本模式是通过对债务人责任财产的特定化，保障债权人的债权得以实现，而这种特定化是否为第三人所知，实际上是第三人的利益应当受到保护的最主要原因之一。而责任财产的特定化能够为第三人所知必须有足够成熟完善的公示制度才可以实现，所以动产抵押物的公示制度其实才是问题的关键所在。

之所以各国的动产抵押物转让制度都存在有对当事人利益保护失衡的情况，实际上是动产的公示方式不统一所致。按照物权法理论，动产的公示方式原则上以占有或交付为主，登记主要用于不动产或如机动车、船舶、航空器等特殊动产的公示方式。因此在动产的交易过程中，第三人通常对于抵押人占有动产的事实进行认定之后，并不会想到要去登记簿上查询动产是否还存在其他权利负担，可是法律却规定动产抵押权唯有登记之后方可以对抗第三人，因此应当推定公示之后便无善意第三人。在这种情况下，抵押权人依动产的登记对抗主义推定第三人为恶意，但第三人依动产占有的公示方式也应当推定为善意，这种同一物上存在有两种物权公示方式的情况出现之后，二者之间的利益冲突便随之产生了。因此，从这种意义上来看，动产抵押物转让之中抵押权人与受让人的利益冲突实为登记的公信力与占有的公信力间的冲突。[1]

为了解决两种公示方式之间的冲突，合理的安排动产抵押权的公示制度，并且在考虑当事人利益的平衡之后，笔者对于我国的动产抵押物的转让规则提出以下几点拙见。

（一）限缩动产抵押物的范围

要建立起一个完整的动产抵押物的公示制度并不容易，由于动产的种类繁多且数量巨大，动产的价值随着市场波动较为明显，并且动产之所以称之为动产是因为其具有可移动性，因此动产交易在市场交易中更为方便快捷，

---

[1] 马吉亮："论我国动产抵押物转让规则的重构"，中国政法大学 2010 年硕士学位论文。

所以物权法理论以交付为其物权变动公示方式，实际上就是为了保护动产交易的便捷性。

在动产抵押制度之中，如若一概的将所有动产均纳入动产抵押物范围之中，尽管可以使得"物尽其用"的制度价值得以充分发挥，可是如若均通过登记的方式进行动产抵押权的公示，无疑会导致市场之中的动产交易与流转停滞，并且对于登记机关而言，对所有动产的权利状况登记在册也是难以实现的。因此在构建动产抵押制度的时候，首先应当将动产抵押物的范围进行限缩，将那些不适用于抵押制度或者无抵押必要性的物排除在外。笔者认为，动产抵押物的范围应当以动产是否将其权利状态为第三人所明知进行确认，对于那些无法登记或无法标识的动产而言，要么因其价值较低，无抵押的必要性。要么因其无法用第三人明知的方式标记或登记用以公示，无法保证第三人的交易安全与财产稳定，以上二者均不得划入动产抵押物的范围中。

因此，动产抵押物的范围应当有以下几点要求：（1）以登记为方式进行公示的动产，如机动车、船舶、航空器。（2）能以标识标记于动产之上的动产，并且其价值较大，如大型工厂的机械设备。

（二）统一动产抵押物的公示制度

在限缩动产抵押物范围之后，法律应当将动产的公示制度予以统一，防止出现一物之上存在两种公示方式的冲突。学界素有关于采用登记对抗主义还是登记生效主义之争，笔者认为，抵押权采登记对抗主义，尽管对于抵押权的设立充分保护了当事人的意思自治，可是在动产抵押的情况下，由于动产的流转性和移动性使得其在抵押之后极有可能再次进入市场交易过程，因此第三人对于未经登记的动产抵押权均有权抗辩抵押权人行使。因此未经登记不得对抗第三人的抵押权实际上并未有真正的物权效力，而是更类似于抵押人与抵押权人之间的债权效力，因此在动产抵押过程中采登记对抗主义并无太多益处，不如采取登记生效主义更为妥当，强制要求当事人在以动产抵押时必须登记，否则抵押权不发生效力。

除此之外另一个问题即对于动产公示方法的建立，对于已经建立起较为完善的登记制度的动产而言，如机动车、船舶、航空器，以登记作为公示方式当然是不错的，但对于其他动产而言，由于其并不具备区别于其他同种类的物的特征，因此采登记方式并不可取，应当引入以标记权利属性于物上的方式进行公示，使第三人在与抵押人进行动产交易买卖时，可以明确知晓该物之上有他人抵押权，经仔细考量之后再决定是否进行交易。如借鉴我国台湾地区的做法，引入打刻抵押标记、粘贴抵押标签等方式对大型动产进行标记。如若有其他使抵押物外观有明显标记的标记方法亦是可取之道。

（三）采用"先追及后代位"的双重主义

如前文所述，采用绝对的追及主义或者绝对的代位主义均不能解决动产抵押转让之中根本的当事人利益失衡的问题。因此笔者认为，采用先追及后代位的双重模式则较为可取。因为在建立起完整的公示制度的前提下，第三人已经有义务并且有足够的能力得知动产抵押物存在有他人的抵押权，因此在市场交易之中，如若其仍交易此物，应当已经考虑到了抵押权人会追及行使抵押权，也有心理准备该物会被抵押权人进行变卖，此时法律便无需再对受让人进行保护，受让人应当受到抵押权追及效力的约束。但是该情况亦有例外。当抵押人对物的公示进行破坏，使受让人无从得知该物之上存在有抵押权的一种情况下，受让人的财产稳定和市场的交易安全应当被法律保护，在这种情况下，因为抵押人明显的对抵押权人的抵押权以及受让人具有恶意，因此进行交易的该部分价款应当优先用以担保债务的清偿，此时再采取代位主义进行补充并非忽视抵押人的利益，而是对其恶意行为进行惩治。

五、结语

随着经济社会的不断发展，资金的流通需求不断增长，动产抵押制度的需求也在不断增长，在现行的动产抵押制度之中，存在有许多不合理的制度安排，当事人的利益出现失衡的局面，影响了市场秩序的稳定与安全以及市场交易的便捷与快速。而对比研究发现，各国的动产抵押制度以及动产抵押物的转让规则，都或多或少存在些许弊病。

因此笔者认为要想解决此困境，建立起完善的动产抵押制度和动产抵押转让规则，应当明确以下几点。第一，对动产抵押物的范围进行限缩，使得那些不适用于动产抵押的动产排除在制度之外；第二，建立起统一的动产抵押公示制度，使第三人对权利状态得以明知，维护市场的稳定与安全；第三，采取"先代位后追及"的方式，对抵押权人、抵押人和受让人的利益进行平衡，防止利益失衡的状况出现。

On the Reconstruction of Chattel Mortgage Transfer Rules

Abstract：With the development of social economy and financing needs, the system of chattel mortgage as a rising star in the Mortgage systems which appears in the many countries law. How to set up a perfect system and the chattel pledge transfer are very important. The transfer rules for the chattel pledge should take people's benefit balance into consideration and sets up a system of real right of the public for the chattel pledge. Since then, the system of chattel mortgage can realize its real value and effect.

Key words：Chattel Mortgage；the Principle of Pubic Summons and Public Faith；the Article 191 of the Property Law of the People's Republic of China

欧盟法与成员国法冲突解决原则：至高或优先？

中国政法大学法学院 2016 级 3 班　杨兰欣
指导老师：中国政法大学民商经济法学院副教授　翁武耀

摘　要　欧盟法的优先效力原则已确立五十多年，但其术语选用却一直很模糊——欧盟法究竟具有至高性还是效力优先性？这两种术语的差异并不限于语词本身，而更在于其背后不同的秩序构建。对该原则的现有理解可整理为阶序模型、有条件的阶序模型和平序模型这三种。阶序模型的理解在理论与实践中都缺乏依据，其余两种模型均有现实对应。欧盟法院所持理解为有条件的至高性或绝对的优先性，对应有条件的阶序模型；成员国方面则是相对的优先性即平序模型。但至高性天然蕴涵着绝对之义，若不折损至高性的一贯意义，在欧盟法院的理解下至高性一词尚不合适，则更不必谈成员国。因此，即便对效力优先原则的内涵仍存争议，也当在优先性的概念之下进行讨论。

关键词　欧盟法　成员国法　效力优先原则　至高性原则

引　言

2009 年 12 月 1 日《里斯本条约》生效，根据其第 55 条规定：当《里斯本条约》生效时，欧共体终止、欧盟正式获得法律人格。此前，有学者在讨论欧盟/欧共体法与成员国法关系时，认为欧共体作为欧盟的第一支柱，拥有诸多"超国家"因素，区别于其余二者，因此用"欧共体法"的表述更优。[1]但

---

[1]　参见曾令良："论欧共体法与成员国法的关系"，载《法学论坛》2003 年第 1 期。

基于《里斯本条约》生效后，欧盟继承由欧共体签订的条约、合同，获得了统一的法律人格，并且近年来，欧洲学者也常混用共同体法（community law）和欧盟法（EU law），本文直接采用"欧盟法"的概念。

欧盟法作为一个独立的法律体系，在成员国范围内生效，从本质上要求一种统一性。但当两个法律体系在同一个领域共存会不可避免地产生冲突，如何解决这种冲突，一开始欧共体的基本条约并未明确规定，而是交给了司法实践，具体问题具体解决。1964年的科斯塔案给出了最早的答案，之后的判决逐步发展了二法冲突下的解决原则[1]。但是几十年来这个原则一直存在争议，首先在语词上就有差别。在英语表达中，多数人采用至高性或优先性（supremacy or primacy）这样的复合说法，或两者互换使用，另有不少法律评论者单用至高性（supremacy）的表达，而部分学者则坚持应当仅用优先性（primacy）来指称。

因为有些学者本就无意在英语的理解上站边，再加之译为中文时，又缺乏细致的考究，国内的用法稍显混乱。如：一些论文中将此种原则称为"优先性原则"，却用"supremacy"与之相配，或译为"至高性原则"，却将其与"primacy"对应。如果只是单纯的表达不同，则没有深究的意义，所以首先要考虑的是不同术语选用的背后究竟是在传达同一个概念还是不一样的构建。不同的法律角色所用的不同名称实质上有没有在表达他们对欧盟法律秩序迥异的理解？潜伏在各种表述背后的理论区分是什么？司法实践中对这个问题有怎样的回应？本文旨在讨论以上问题。

一、"至高性"和"优先性"在欧盟法中的使用概述

从词源的角度来看，"sovereignty 和表达'至上''最高'的 supremacy、superiority 是同义词"[2]，而 sovereignty 在现代政治概念未出现之前，意味着最高统治者的权力；在现代，则是主权的对应表达，意味着"最高仲裁者对

---

〔1〕 *See* Case 11/70, Internationale Handelsgesellschaft mbH v. Einfuhr-und Vorratsselle fur Getreide und Futtermittel, (1970) ECR 1125; Case 106/77, Amministrazione delle Finanze dello Stato v. Simmenthal, (1978) ECR 629.

〔2〕 Walter Ullmann, *Medieval Political Thought*, New York：Penguin Books. 1979. p. 29.

于内部团体享有支配权"[1]，那么相应的，可以推知"至高"（supremacy）隐含着原始权威的意思。正如有学者所说，"至高性原则和主权概念有共同之处……主权意指一国对其领域内事务的最终权威。故此，至高性原则指向成员国的主权"。[2]如果用至高性原则来说明欧盟法和成员国法的冲突解决路径，那么欧盟的性质以及欧盟到底接受了多少成员国的主权转让则均需质疑。再看欧盟法院的判决，以科斯塔案为起点，判决书在确定所谓的至高性原则之时，也指出"成员国所承担的这种义务并非是无条件的，而仅仅是视情况而定"。[3]接下来的几十年，欧盟法院仅在两个案子的判决书中使用了"至高性"（supremacy）一词。[4]然而即便在这两个案子中，"至高性"（supremacy）也只出现在英文的版本中。对于这两个词的选用应当是"至高性"还是"优先性"，欧盟法院并未明确，只是从成员国法应当如何操作的角度，运用否定或双重否定的表述侧面确立了该原则，因此该原则从产生之初就带着模糊的色彩。《欧洲宪法条约》第一编第6条规定"本宪法和联盟各机构在行使其被授予的权力时所制定的法律优先于各成员国的国内法"。[5]这一原则作为书面条款出现，使用的是"优先性"一词，虽然之后的《里斯本条约》并没有明确规定此原则，但在其后所附第17号声明补充了这一点，选用的语词仍是"优先性"。[6]即便官方文件中基本都以优先性原则指称，各成员国法院和学者对至高或优先的选用却未能统一。另外，在逻辑上，当人们运用所谓的至高性原则推理时，常常将至高性放在前面，以此为前提推出欧盟法应当

---

〔1〕 参见：《布莱克维尔政治学百科全书》，邓正来等译，中国政法大学出版社1992年版。

〔2〕 奚俊坚："欧共体法的至高性原则与成员国主权：矛盾、互动与平衡"，载《欧洲研究》2005年第4期。

〔3〕 Judgments in Costa, EU：C：1964：66, p. 594, "The obligations undertaken…would not be unconditional, but merely contingent".

〔4〕 转引自回颖：《欧盟法的辅助性原则》，中国人民大学出版社2015年版，第162页。

〔5〕 *Treaty Establishing a Constitution for Europe*, ARTICLE I-6, "The Constitution and law adopted by institutions for the Union in exercising competences conferred on it shall have primacy over the law of the Member States."

〔6〕 *See* Declaration no. 17 attached to the treaty："The Conference recalls that in accordance with well settled case law of the Court of Justice of the European Union, the Treaties and the law adopted by the Union on the basis of the Treaties have primacy over the law of Member States, under the conditions laid down by the said case law."（European Union, 2008, p. 344）

优先于成员国国内法，似乎前为因后为果。[1]

以上所述不仅旨在展现术语不统一的表象，更要说明这种不统一背后有着对该原则不同的理解，即语词差异不是随机造成。加之，该原则作为指导欧盟法和成员国法关系的基本原则之一，在欧盟法律体系中有十分关键的地位，所以讨论这两个词的选用便远远超出咬文嚼字的意义。对该原则的现有理解大致可整理为三种模型：阶序模型（the hierarchical model）、有条件的阶序模型（the conditionally hierarchical model）和平序模型（the heterarchical model）。这三种模型分别对应三种常用的表述，即至高性原则（the principle of supremacy）、至高性或优先性原则（the principle of supremacy or primacy）以及优先性原则（the principle of primacy），此分类略过了适用至高性的语词却实际认为欧盟法仅有优先效力的现象。仅基于对原则内容的理解，下面将逐一讨论这三种模型。

二、欧盟法和成员国国内法冲突解决的理论模式

（一）阶序模型（The Hierarchical Model）

所谓阶序模型是一种金字塔型的等级制结构，此中，至高性原则是"包罗万象"且无条件的存在。欧盟法是至高的法，比之成员国内所有的法律规定都更有优越性，不论该法律在成员国法律秩序内的地位如何。因此，若成员国国内法与欧盟法相冲突，自然便属无效。这种理解类似于对美国宪法中的至高条款（supremacy clause）的认知，以成员国向欧盟转移了甚至于核心的主权为前提，把欧盟的性质定位为近乎一个有主权的联邦国家，进而导致欧盟法所确立的其他一些原则在此理解下有着被至高性原则"包容"的危险，其作为原则而独立存在的地位受到严重影响。

首先是直接效力原则。由于绝对的至高性原则，所有的欧盟法，不仅仅是具有直接效力的欧盟法都是成员国国内法律秩序的一部分，因而直接效力

---

[1] *See e. g.* House of Lords, EU Committee, The Future Role of the European Court of Justice (6th Report of Session 2003 - 2004) 1, 19 "Community law is supreme and has primacy" and also *see* Geo. Wash. Int'l L. Rev. 567 "Costa presents the locus classicus for the doctrine of supremacy …… outcome: primacy of community law over national law. "

原则作为一个独立原则的存在便显得多余。这时候，若要去解释直接效力原则存在的意义，最好是将其视为一种会随着欧洲一体化发展而最终消失、只暂时存在的"婴儿病症"。[1]同理，这也将影响一致解释原则或间接效力原则。一致解释原则是指"一旦欧盟法与国内法发生冲突，不要求直接适用欧盟法或在必要时以相关的欧盟法取代相冲突的成员国法，而是通过司法解释先调和二者之间的冲突，从而使欧盟法间接地发挥效力"。[2]然而至高性原则所蕴含的欧盟法地位是至高的，根据下位法不得与上位法的规定相抵触的道理，成员国所有的国内权力机构都将受到约束，所有的国内法的解释和执行都应依照欧盟法，否则成员国将面临财产性制裁，这也是国家赔偿原则的内容。

其次授权原则也会受到影响。授权原则要求没有明确授予欧盟的权力都由成员国保留，但事实上权力的划分不可能做到完全明确甚至滴水不漏，由权限划分不明所带来的争议或冲突几乎是必然的，只是量与度上的问题罢了。在阶序模型中，这种争议最终会在欧盟层面上得以解决，而欧盟法院是这个法律体系中最高的司法机构。更形象地说，这就像消费者与商家的纠纷，商家的那句"最终解释权归本店所有"往往让消费者落于被动地位。但事实状况是，未来创造权限的分配（Kompetenz-Kompetenz）是否应当由欧盟法院来决定"收到了至少五个不同的答案"，[3]对此问题至今未能达成一致意见。

再次，由至高性原则亦能推出先占性原则。正如有学者说，"至高性原则和先占性原则是一个硬币的两面""不存在没有先占性原则的至高性原则"，[4]但事实上先占性原则至今仍是欧盟法最模糊的灰色地带，因为欧盟法院在判例中从未在此种意义上使用过"先占性"一词。[5]

简而言之，至高性原则的力量之强，涉及之广以至于能推出其他诸多原

---

[1] See S. Prechal, Does Direct Effect Still Matter? （2000）37 *Common Market Law Review*, p. 1047.

[2] Jo Shaw：*Law of the European Union* （3rd），2007，（03）：96-1000.

[3] M. Avbeji, *Theory of European Bund* （EUI PhD Thesis, Florence 2009），p. 1499.

[4] Robert Schütze, *European Union Law*, Cambridge University Press, 2015. "Pre-emption and supremacy thus represent two sides of the same coin.""There is no supremacy without pre-emption."

[5] See Cf. Cappelletti, Seccombe & Weiler, Integration through law：Europe and the America federal experience-A general introduction, in *Cappelletti et al*, op, cit, Vol. 1（de Gruyter, 1986）p. 32.

则，这种充分的推出若调换方向却并不必然成立。此种视域下，现存的欧盟法和成员国法的所有冲突都被视作一体化过程中的一种转换信号而已。就着这样的视角，欧洲的一体化便只有一维，失掉了任何多元、富有活力的可能性。

（二）有条件的阶序模型（The Conditionally Hierarchical Model）

这种模型的理解所对应的具体表述通常为优先性或至高性原则（the principle of primacy or supremacy）。正如其语用表达所展现的那样，这种理解不是绝对的，但也由于复合、交替的表达使得该原则的内涵模糊并且不易理解。坚持该理解的大部分人一方面认为欧盟法是至高的（supreme），另一方面也承认"不将其视作一种绝对的原则而是依据欧盟法和成员国法在其范围内是至高的，这样的理解更为准确"。[1]也有少部分人如 Von Bogdandy，承认事实上共同体法是"优先的"（primary）而非"最高的"（supreme），但不可退让的是这种优先必得是绝对的。[2]

有条件的阶序模型要求对欧盟法的至高性有一定限制，这与至高性带有的绝对的本质有些不符。这种限制来自两方面，其一是成员国法院单方是否愿意执行欧盟法规范，其二是欧盟法本身对至高性原则就有限制，这包括三点：第一，欧盟法只在依据辅助性原则和比例原则所享有的权限范围内享有至高性；第二，必须尊重成员国的身份特性（national identities）；第三，1958年《罗马条约》生效前由成员国之间或与第三国订立协议产生的权利和义务不受欧共体基础条约的影响。[3]

这些例外使得至高性原则十分特别，因为它并不同于美国联邦宪法中的至高条款（supremacy clause）的使用，而是介乎之间的一种原则。学者通常使用至高性原则这一词时也是在此种意义上，而不是阶序模型下的。不过将"至高"与"有条件"放在一起使该原则的意思难以捉摸。通常而言，学者们将其内容总结为一种冲突解决方式：如果欧盟法和成员国国内法有冲突，

---

〔1〕 J. H. H Weiler, Constitution for Europe（OUP, 1999）, p. 20.

〔2〕 A. Von Bogdandy：*Constitutional Principles*，转引自回颖：《欧盟法的辅助性原则》，中国人民大学出版社 2015 年版，第 166 页。

〔3〕 Art 351, TFEU.

那么前者优先，尤其强调这种优先是没有限定的，即优先是绝对的。但事实上学者们并未止步于此，正如前文提到的，"共同体法是至高的而拥有优先性"是常见的一种说理方式。按照这种说法，欧盟法优先于成员国国内法是欧盟法至高地位的推导结果，欧盟法优先的结论虽是得到了，但其前提是否为必须呢？除此以外，这种理解还认为欧盟法的至高性是保护欧盟法完整效力的必要保证，从目的解释论的角度看待欧盟法的地位，"不仅要求成员国不能通过与共同体法不符或者相冲突的内国法律规范，而且各成员国的国内法院也被要求不能适用这类法律法规，甚至不能适用那些可能导致共同体法律适用不统一的程序性规则"。[1]

有条件的阶序模型下，对至高性原则所导致的结果有两类解读：温和派认为该原则适用时导致成员国国内法规范在个案中不得适用；相反的，激进派坚持在两相冲突时，成员国国内法不仅不能适用，而且应当被认为无效，而至于如何导致无效——是欧盟法院的裁决使该条成员国法规范自动无效还是须由成员国法院依据国内法定程序裁决无效，还存在争议，不过这并不是本文讨论的重点。[2]值得补充的是，温和派的解读具有诸多优势：首先，一些成员国的国内法院可能没有权力宣布议会所立之法无效；其次，成员国法的效力也只有与欧盟法内容重叠的部分才可能受到消极影响；再次，在二法冲突的个案中不适用后，其他与欧盟法不存在冲突或欧盟法规范根本未能涉及，即纯粹的国内案件中保持效力而继续适用；最后，一旦相应的欧盟法被废除或修改，那么国内法将可以被完全适用。[3]

但不管哪种理解其实都已经在某种程度上预设了欧盟法和成员国国内法之间有等级关系的前提，如果是认为欧盟法是至高的这便就不必论证了，如果认为欧盟法是优先的，但却又坚持在将欧盟法和成员国法排序时欧盟法一定、绝对优先，这显然描述的不是一种合作关系，就像在一个内国法律体系中将法律的效力按位阶排序一样，上位法优于下位法，下位法和上位法冲突

---

〔1〕 K. Lenaerts & P. Van Nuffel：*Constitution Law of the European Union*，2nd edn，转引自回颖：《欧盟法的辅助性原则》，中国人民大学出版社 2015 年版，第 166 页。

〔2〕 *See* K. Lenaerts and T. Corthaut，Of Birds and Hedges：The Role of Primacy in Invoking Norms of EU Law，（2006）3 *European Law Review* p. 287 and p. 300.

〔3〕 *See* Robert Schütze，R.（2006）Supremacy without pre-emption? the very slowly emergent doctrine of community pre-emption，*Common market law review.*，43（4）. p. 1031.

则不得适用。这种观点其实暗含着一方应当比另一方优越的意思。这说明这两种对至高性原则的理解都已经超出了仅仅是冲突解决办法的这一步，纯粹的冲突解决只需要对冲突的两者在个案中的顺序进行排位，从而选择适用。所谓的至高性原则在有条件的阶序模型下，虽不至于造成像前一完全的阶序模型使欧盟法律秩序的其他诸多原则被"收入麾下"，但其实也对其他原则完全的独立存在产生了一定影响。如同前一模型，一致解释原则和国家赔偿原则都可以从欧盟法的至高地位得到部分解释。而先占性原则，虽然欧盟法院从未使用过这一词导致它在欧盟法的体系中没有正式存在，但这种模型认为并不能就此否认先占性的概念。这种不存在实际上是一种错误，错误的缘由便是误将先占性和至高性的概念混同了，这两者本是一体两面的——虽紧密联系却又相互独立。[1]

（三）平序模型（The Heterarchical Model）[2]

这种模型，首先在术语上，始终采用优先性原则（the principle of primacy），坚持优先性和至高性在含义上的区别。至高性原则是成员国内部法律体系中的最高法的特性，在成员国内，宪法是具有至高性的。每个法律体系内部都建立了规范的效力等级，至高的法即在这个等级的顶端，但是在两个独立的法律体系之间是没有划分等级的，因为两个法律体系无法合成一个标准的效力金字塔，因此欧盟法和成员国法两者的关系由优先性原则来调控。其次，为了保证欧盟法的有效实施，在个案中欧盟法和成员国国内法发生冲突时，国内法不被适用，欧盟法优先。国内法不被适用只是底线的要求，其余的则交由成员国自主决定，若成员国想使其无效，也可依据程序规定宣布该法律无效；若成员国倾向于仅仅使该法律在个案中不被适用，当然也可以不宣布其无效，那么该法律在将来可被适用的案件中得以继续适用。再次，优先性原则的运用必须满足以下条件：第一，必须有实际存在的冲突。在一个具体的案子中，存在欧盟法和国内法意思上的冲突。第二，欧盟法规能产生直接

---

〔1〕　*See* ibid. , p. 1032.

〔2〕　平序是谓分别先后次序。heterarchical 一词在管理学中译为"异层级制"，意为各层级遵循相异的规则，相互协作，组织得以生存，这种译法此处虽未采，但其含义有助于理解平序模型中欧盟法和成员国法的关系问题。

效力。这一点很显然，若没有直接效力，在个案中根本无法被援用，则不存在实际冲突。因此优先性原则的适用范围是依据直接效力原则的，有直接效力才能触发优先性原则。第三，欧盟法必须是在欧盟的权力范围内制定的，这是依据授权原则而来的。那么，谁来决定哪些权力是成员国转让给欧盟的呢？正如前文所说，这没有一致的答案。平序模型主张欧盟和成员国之中没有哪一方实际享有或应当享有未来创造权限的分配权，因为没有哪一方足够强大到超越对方。[1]正如国际商事争端中，两国法院都称自己有裁判权，但不管去哪一国法院，另一方都难以认为公平受到了保障，因此才有了当下大量的国际商事仲裁。另外，一方压倒另一方并不是欧盟各国加入一体化的初衷，欧盟的合作是建立在互相认同成员国的法律自治基础上的，这也正是忠诚和真诚合作原则的要求。真诚合作原则在阶序模型中可以说是缺位的，因为在完全的等级建构下不可能有合作一说；在有条件的阶序模型中真诚合作原则是单向地朝着支持欧盟、利于欧盟的方向运作的，合作之义是有的，但是否真诚则有待商榷了；而在平序模型中真诚合作原则有着极为核心的地位。《里斯本条约》中规定真诚合作是欧盟和成员国双方的义务，而并不仅仅是成员国之间或成员国对欧盟单方的义务，所以条约本身其实也是对成员国法律自治的保护。[2]在平序模型中，欧盟法的优先性不是来自两种法律体系的等级安排，而是另有依据，其一就是条约第10条规定的真诚合作义务："成员国具有消除因一项对共同体法的违反而导致的非法结果的义务"；[3]其二是成员国向欧盟上交的权能是本国宪法的要求，即依据为成员国宪法。[4]

但忠诚并非没有边界，所以优先性原则也并非没有限制，它受限于一个

---

〔1〕 *See* J. H. H. Weiler, The Reformation of European Constitutionalism, (1997) 35 *Journal of Common Market Studies* 97, 125.

〔2〕 *See* the Lisbon Treaty, Art 4. (3), " The Union shall respect the equality of Member States before the Treaties as well as their national identities, inherent in their fundamental structures, political and constitutional, inclusive of regional and local self-government. It shall respect their essential State functions, including ensuring the territorial integrity of the State, maintaining law and order and safeguarding national security. In particular, national security remains the sole responsibility of each Member State. "

〔3〕 翁武耀："共同体法违反的情形下成员国应当承担的义务"，载法律博客网，2011年4月11日。

〔4〕 回颖：《欧盟法的辅助性原则》，中国人民大学出版社2015年版，第169页。

法律秩序不可减少的认知核心（或国家身份）[1]：当欧盟法与成员国国内法冲突，如果适用欧盟法会侵害这种认知核心时，欧盟法则不能优先于成员国法。而且在一个真正独立的法律秩序中，最高司法机关必须保留划分该独立秩序中最核心特性边界的权力，若非如此，该独立秩序则是注定要消亡的。因此，一国不可减少的认知核心究竟是什么，边界在哪里都必须由该成员国法院自己决定，其他任何都无权代其设定，否则该国的内国法律体系便谈不上是一个独立的法律体系了。

建立在对优先性原则的这种理解下，直接效力原则是其触发点，两相配合，共同构成指导欧盟法和成员国法关系的两大基本原则。除此之外，须得多说一句有关先占性原则的内容，由于先占性原则内容本身就颇具争议，不同概念认定下自然有不同的标准判别存在与否，但在平序模型的理解下，很大一部分人认为既然欧盟法只具有优先效力，那么不管如何都不当有先占性原则，先占性原则要调控的内容已经由从属性原则和比例原则进行了规范。

三、理论模式在实践中的应用分析

在剑桥出版的欧盟法教科书中，作者罗伯特将欧盟法院和成员国的态度分别归纳为绝对至高性（absolute supremacy）和相对至高性（relative supremacy），这也是很多欧洲学者的普遍用法。[2]但正如回颖在《欧盟法的辅助性原则》中所说，"用 the supremacy of the Community law 一词并不是十分适当，尽管 supremacy 一词是标准的英文单词，但是事实上在欧洲法院的判例中很少使用……但许多学者在著作中经常使用该词来表述共同体法的优先效力原则"。[3]在书中回颖没有详细阐释选用"至高性"一词不适当的原因，但通过以上三种模型的讨论，应清楚真正的至高性原则（the principle of supremacy）应当是阶序模型下的理解，而在欧盟的实践中，阶序模型仅仅是极其短暂地以错误的形态在斯洛文尼亚存在过。有条件的阶序模型与实际

---

〔1〕 See supra note 2.

〔2〕 See Robert Schütze, *European Union Law*, Cambridge University Press, 2015.

〔3〕 回颖：《欧盟法的辅助性原则》，中国人民大学出版社 2015 年版，第 162 页。

中欧盟法院的态度相一致，平序模型大致符合了各成员国对欧盟法优先性的理解。

（一）实践中的阶序模型

1. 斯洛文尼亚的"错误"

像其他加入欧盟的国家一样，斯洛文尼亚在加入欧盟前须要相应地修改自己的宪法。恰在当时欧盟及欧盟法的地位及性质都正经受多方的热议，没有哪一个答案可以称得上主流。斯洛文尼亚的国民议会也没有正面作出选择而是回避了这个问题，只对宪法作了较小的、抽象化的修改，这带来了一个问题就是，欧盟法应当如何在国内适用无法依据宪法，而只能根据欧盟法的内部规则。[1]斯洛文尼亚对《欧洲宪法条约》第一编第 6 条的翻译是"欧盟机构在权能范围内制定的宪法和其他法律是在成员法之上的"，其对《里斯本条约》第 17 号声明的翻译传达了相同的意思，即欧盟法是在成员国法之上的。[2]这种翻译其实明确地展现了欧盟法和成员国法的等级关系，由于宪法没有提供相应的依据，导致欧盟法在斯洛文尼亚的地位和其适用要依据这样的等级关系。不过这在当时并未引起多大争议，而后在面对宪法和欧盟法的冲突时只能不断地进行个案调解。但是，其他国家对上述条款的翻译与斯洛文尼亚的并不一致，其他国家没有表明欧盟法和成员国法之间是区分上下、高低的等级关系，而是说"欧盟法有优先性"。不过，斯洛文尼亚也没有一直"特立独行"下去，随后的勘误表纠正了与其他国家不一致的翻译。至此，所谓的至高性原则就丧失了最后的阵地。当今的欧盟，已经不存在至高性原则了，没有理论的支撑，更没有现实的可能。所以不论如何，在没有真正的至高性的概念下使用至高性原则是不恰当的。

2. 对至高性原则在实践中运用的反思

在真正的至高性原则并不存在的前提下，需要反思的是为什么人们会大量地使用至高性原则呢？原因诸多，但比较重要的一点是因为在现代的联邦

---

〔1〕 *See* Art 3a, Constitution of Republic of Slovenia.

〔2〕 *See* Roman Kwiecień, The Primacy of European Union Law over National Law Under the Constitutional Treaty, *German Journal* 〔Vol. 06 No. 11〕 p. 1428.

制国家当中，联邦法和州法之间，是以联邦法至上为冲突解决之道的。[1]"这种集中式的（centralized）解决路径让我们忘记了分散式的（decentralized）解决路径除了是逻辑上的另一种可能外也可以为现实运用。"[2]联邦政府是国家一体的保障者，于是联邦法凭借着联邦政府的这种地位获得了情感上的至高性，将情景移至欧盟法上来，欧盟法院的多次论证也是这样的逻辑：因为要保证欧盟之所以是欧盟，所以欧盟法应当优先。在联邦国家中，等级制的解决路径是为了保证国家的一体，但是将这样的推理逻辑直接用到欧盟之上而不加讨论是不合理的，因为欧洲一体化目的并不是价值上就应当一体化，而是一体化符合欧盟各个成员国的需求，也就是说一体化本身并不成为最终目的，在这个推理中毋宁说欧洲一体化实为手段。不过，可以肯定的是，一些人对欧盟的情感倾向使欧盟法获得了他们主观情感上的至高性。

其实讨论到这里，如果要遵从至高性（supremacy）在语言或法律沿革上的一贯意义，不折损词语本身所蕴含的绝对之义，欧盟法和成员国法的冲突解决原则使用"至高性"（supremacy）一词来表述肯定是不合适的。因此，在使用时不管学者是否有意在这个原则的实意上站边，都应当使用优先性原则，在此之后才能在绝对与相对之间进行选择。

（二）实践中有条件的阶序模型

总体而言，欧盟法院认为欧盟法具有绝对的优先性，而成员国认为欧盟法仅具有相对的优先性。尽管国内相当一部分学者认为成员国在经过反复挣扎后已经向欧盟法院作出了妥协，但这些学者的论证常从个案出发，模糊优先性的具体内容，而直接得出成员国最终确立了和欧盟法院所持一样的绝对的优先性原则。

对于欧盟法院的态度学界其实没有太多分歧，从其历来的判决可以推出，欧盟法院认为欧盟法即便与成员国的宪法相比也仍具有优先性，优先性是绝

---

[1] See e. g. Art. VI (2) of the U. S. Constitution, for example, states: "This Constitution, and the Laws of the United States which shall be made in pursuance thereof; and all treaties made, or which shall be made, under the Authority of the United States, shall be the supreme Law of the Land. "

[2] Robert Schütze, R. (2006) Supremacy without pre-emption? the very slowly emergent doctrine of community pre-emption, *Common Market Law Review*., 43 (4). p. 1024.

对的，且欧盟法获得优先性的依据是欧盟以及欧盟法的效力本身，而非成员国宪法。言而总之，欧盟法院的这种态度大致上可以对应前述的有条件的阶序模型，当然有条件的阶序模型也是许多学者支持并在发展的观点。对于欧盟法院对效力优先原则的实践的分析已有很多，结论也较为统一，这里便不再赘述。争议点仅在成员国的实践究竟表明了何种态度上。

（三）实践中的平序模型（以德、法为例）

1. 法国的实践回应

直到 2010 年，法国宪法委员会在其裁决中仍坚持"欧盟法的地位将持续由法国宪法委员会决定"，也就是说欧盟法获得优先性的依据是宪法规定。[1]那么欧盟法规范在与宪法冲突时能否优先呢？答案就不是完全肯定的了，尤其在与宪法的核心内容相抵触时，依法国宪法委员会的表述几乎不可能推出欧盟法优先的结果。而且，到 2004 年，法国宪法委员会才明示的确存在一项宪法上的义务将指令（directives）转化为国内立法，但 2006 年法国宪法委员会也提出这项转化的义务是有限制的："在没有制宪权允许的情况下，转化立法不能违背那些'具有法国宪法特性的原则'。"[2]实际上，就将指令转化为国内立法这个问题，意大利宪法法院采纳了与法国一样的观点，德国宪法法院亦然，只是在程度上更小一些。[3]

2. 德国的实践回应

至于德国，很多学者以 20 世纪 80 年代宪法法院的态度来证明德国对欧盟法院优先性原则的接受。在 20 世纪 80 年代德国宪法法院的确有向欧盟法院"示好的趋势"，主要表现在两个方面：第一，认可欧盟法院是欧盟法的裁判机构，由此国家法院有宪法上的义务将欧盟法相关问题提请欧盟法院，并尊重它的裁决；第二，要求下级法院也遵从上述原理。[4]但是，德国宪法法院的这种承认远没有达到欧盟法院所界定的那种优先性原则的程度。另，在

---

[1] CC. Decision no. 2010-605 DC of 12 May 2010. "the place of EU law continues to be determined by the French constitution".

[2] CC, Decision no, 2006-540 DC of 27 July 2006.

[3] *See* Camille White, *National Constitutional Courts and the EU*, (2014) Civitas, p. 10.

[4] *See* Alter (2003), p. 73.

这里德国宪法法院并未选用"原则"一词来表述，很多时候学者对原理（doctrine）和原则（principle）不加区分。在法理上原则指向的应当是那些已经转化到法律制度中、明确存在的概念；原理则是原则没被转化前的一种状态。由此种选择也能窥探几分德国宪法法院的态度。《马斯特里赫特条约》（Massticht Treaty）之后，德国的态度有所反弹。德国在 1993 年的"马斯特里赫特决议"（Masstricht Decision）中为条约所承认的议会权力设限，说明了在何种程度上德国可以认同或妥协于欧盟层面：首先，依据宪法有些权力德国政府无法也不得向欧盟转移，能转移的必须严格依据条约；其次，欧盟法和欧盟法院的解释必须与德国宪法保持一致；最后，德国宪法法院拥有判定欧盟机构权威的权力，换句话说欧盟法院不享有未来创造权限的分配权，不仅如此，这项权力实际由德国宪法法院所有。[1]从事实上来看，《马斯特里赫特条约》和《里斯本条约》都是由德国联邦议会通过的，并且建立在"德国政府、议会和法院是条约的主人"的认识上。[2]随后德国宪法法院针对欧洲逮捕令的判决更具体地表明了态度，法官依据辅助性原则认为欧洲逮捕令在该案中不能优先适用，"这是德国宪法法院对未来的一个警告，'不要再侵入一个国家主权的核心'，同时这也是德国对加速一体化的反应"。[3]

结 论

德法两国的近况已经足够反驳"欧盟国家都已经接受了欧盟法院所确立的优先性原则"的观点，对于其他国家的态度便不再一一举证。虽然欧盟法院和各成员国法院均意识到要解决两方的法律冲突，必得有一方让步，并且认同欧盟法可以在一个范围内优先，但是就这个范围的边界划定欧盟法院和各成员国法院是没有达成一致的。正是对效力优先原则在理论理解上的不一致，两方才会有不同的实践回应，这种概念差异的影响早已跳脱出单纯的术语差异的范围。在一开始，优先性原则就没有被预先设定好，它是随着欧盟的发展磨合而逐渐确立的，这就要求缔约各方的接受意愿，这种意愿可能会饱经反复，影响欧盟最终去向何处。有条件的阶序模型里站着欧盟法院，平

---

〔1〕 *See* Camille White, *National Constitutional Courts and the EU*, (2014) Civitas, p. 15.

〔2〕 Brady (2014), p. 21.

〔3〕 Pollicino (2010), p. 104.

序模型里待着众多成员国，两种模型都能找到现实的对应，"优先"一词应当是什么意思，笔者无法提供答案，更无法规划出欧盟未来的蓝图，只能回到语词的选用上。英语表达中其实至高性原理（supremacy doctrine）也是常见的表达，但却从未有过优先性原理（primacy doctrine）的说法，在区分原理（doctrine）与原则（principle）的前提下，于某种程度上也可以说至高性原理其实并未归于制度，毋宁说正对应了那种情感上的至高性。

学者们虽不必在每次涉及这个原则时先对欧盟未来作一番探讨以决定要在哪种含义上使用它，但争议之外须得确定，即至高性原则（the principle of supremacy）是不存在的，除非要折损"至高性"一词一贯的意义，将其理解为相对的至高性，对应第二种有条件的阶序模型。然而如果这样做，支撑这种语词选用的唯有情感而已，但欧盟并非一个独立国家，不寻求统一，一体化亦非其最终目的所在，如此而言，连这种情感都是无理无据的，实在没有强行选用至高性原则的道理。因此，欧盟法应当仅具有优先效力，更进一步说，欧盟法和成员国法冲突解决的原则是效力优先原则（the principle of primacy）。

The Solution to Conflicts between the EU Law and National Law: The Principle of Supremacy or Primacy?

Abstract: It has been over five decades since the European Court of Justice laid down the principle of primacy. However, the principle continues to be surrounded with ambiguity: Does EU law actually have nature of supremacy or primacy? The differences between these two terminologies lie in not only the semantic level, but also the conceptual structure. Existing understandings of this principle can be divided into three models: the hierarchical model, the conditionally hierarchical model and the heterarchical model. The first model lacks not only theoretical basis but also practical basis, while the rest of two models could correspond with certain factual situations. The ECJ understands the principle of primacy as conditionally supremacy or absolute primacy, consistent with the conditionally hierarchical model, and national courts regard the said principle as relative primacy, consistent with the heterarchical model. However, the supremacy necessarily embraces the nature of absoluteness and it is unreasonable to adopt supremacy as the term under the ECJ's understanding, without destroying accustomed meaning of supremacy, let alone the member states'. Therefore, despite existing controversies about the content of the principle of primacy, the debates should be done under the concept of "primacy".

Key words: European law; National law; The principle of primacy; The principle of supremacy

论民事诉讼中文书提出命令的适用范围

中国政法大学法学院 2015 级 4 班　杨英泽

指导老师：中国政法大学诉讼法学研究院副教授　胡思博

摘　要　书证是民事诉讼中极为重要的一种证据种类，我国现行民事诉讼法虽然确立了文书提出命令制度，但对该制度的规定过于笼统，实际操作性不足。本文从文书提出命令的概念阐述入手，通过对域内外相关制度的比较分析，指出我国文书提出命令制度在主体、客体范围规定上存在的问题，最后提出具体的完善建议，主体范围上被申请人应扩大至第三人；客体范围上采取"符合下列情形"之列举条款+"书证与本诉讼有关并有提出的必要性"之一般化条款+"不属于下列情形"之例外条款的规范设计，以完善我国的证据收集制度，并为司法实务提供更具可行性的指导。

关键词　文书提出命令　证据收集　主体范围　客体范围

引　言

在民事诉讼中证据占据着十分重要的地位，当事人的辩论和法院的裁判都以证据为基础，每一个诉讼环节都紧紧围绕其展开，当事人在诉讼过程中努力收集对己方有利的证据是整个民事诉讼程序运行的基础和主线。因此必须对证据的收集给予足够重视。一般情况下，如果证据由负举证责任的一方当事人持有，其当然能够直接向法庭出示该证据；但当所涉证据存于对方当事人或第三人之手时，负举证责任的当事人获取该证据的难度就会较大，而文书提出命令制度能够在解决此问题上发挥很大作用，但考察现行立法可知我国对比项制度规定有很大缺陷，特别是目前对其适用范围存有较大争议，此之争议也就构成了本文写作的基础。本文拟对我国文书提出命令制度立法进行分析和反思，并结合不同立法例之规定，尝试在主体、客体范围上提出我国文书提出命令制度适用范围的初步构想。

一、文书提出命令概念及基本原理

文书，是指以文字、符号、图表等表达的思想内容来证明案件事实的证据。所谓"文书提出命令"，是指一方当事人可以请求法院向持有文书的另一方当事人或第三人发出提交文书的命令，法院经审查判断文书为被申请人所持有而其又拒绝提供时，法院可责令其提供，如果被申请人拒绝提供，将会对其产生不利法律后果。当事人没有强制持有文书的对方当事人及第三人向其提交证据的权利，在收集证据过程中阻力大，而当事人在一定条件下通过法院来要求文书持有人提交，则会"名正言顺"且对对方有约束力，对证明待证事实有很大帮助。"对于当事人来说，此项制度是当事人通过法院向持有文书的对方当事人或第三人收集书证的一种手段，也是以此来证明待证事实的一种举证行为。"[1]

在为我国文书提出命令制度寻找法律依据时，发现我国规定与一般学理解释有所不同。2015 年颁布的《民诉解释》第 112 条规定："书证在对方当事人控制之下的，承担举证证明责任的当事人可以在举证期限届满前书面申请人民法院责令对方当事人提交。申请理由成立的，人民法院应当责令对方当事人提交，因提交书证所产生的费用，由申请人负担。对方当事人无正当理由拒不提交的，人民法院可以认定申请人所主张的书证内容为真实。"显而易见，我国规定的被申请人只有不服举证责任的一方当事人，而不包括第三人，其与一般学理解释上的差异说明对被申请人范围有不同理解；而对于在条文中没有明确提及的申请人资格是否受到限制也有不同看法。综上所述，我国规定与一般学理对申请人与被申请人范围，也即在文书提出命令制度适用主体范围上存有分歧。另外，究竟何种类型文书可以适用该项制度，进而是否一般文书都能够被囊括进来，即制度适用客体范围也需要进一步讨论。

---

[1] 白绿铉编译：《日本新民事诉讼法》，中国法制出版社 2000 年版，第 15 页。

二、对我国现行文书提出命令制度的反思

在 2015 年颁布《民诉解释》之前，我国相关证据立法只是笼统规定了当事人收集证据的责任，[1] 而在为当事人设置法定的收集证据的手段和方法上存在一定缺陷。强调当事人的举证责任应当以为当事人收集证据提供程序保障为前提，而我国民事诉讼立法及相关的司法解释对此却语焉不详，[2] 因此也产生了当事人"取证难"的问题。尤其在一些"证据偏在"的情形下，往往因当事人无法取得对己有利的证据而不得不增加败诉风险，这也大大影响了司法正义的发挥。

2015 年《民诉解释》是我国民事诉讼证据收集制度改革中的一大突破，其中第 112 条的规定是当前我国文书提出命令制度最直接的法律依据。尽管该规定使我国文书提出命令制度的建立迈出了一大步，但仍存在一定的待完善之处，主要有以下几个方面。

（一）主体范围狭窄

有学者认为，文书提出命令的被申请人，包括与申请人对应的另一方当事人，以及第三人，且该第三人是特指当事人以外的所有持有本案证据的个人、法人团体及其他组织等。[3] 这也是大陆法系国家通行之规定。因为实践中，确有许多案件的关键证据掌握在第三人手中，普通当事人获得证据极为困难。而我国《民诉解释》第 112 条规定的适用文书提出命令的被申请人，即文书提出义务的主体范围仅为当事人，并未包括第三人。作为司法解释制定机关，最高人民法院进一步解释："文书提出命令制度是证明妨碍法理在书证领域的体现。"[4] 证明妨碍制度建立在当事人之间，根据证明妨碍设计文书

---

〔1〕 《民事诉讼法》（2017 年修正）第 64 条第 1 款规定："当事人对自己提出的主张，有责任提供证据。"

〔2〕 参见熊跃敏："大陆法系民事诉讼中的证据收集制度论析"，载《甘肃政法学院学报》2004 年第 4 期。

〔3〕 参见陶婷："文书提出命令的适用范围探讨"，载《西南政法大学学报》2008 年第 2 期。

〔4〕 沈德咏主编：《最高人民法院民事诉讼法司法解释理解与适用》，人民法院出版社 2015 年版，第 371 页。

提出命令，自然也会将主体限制在当事人之间。但这样规定过于狭窄，在很大程度上缩小了当事人可收集证据的范围。

（二）客体范围不明

在文书提出命令制度的早期发展中，各国民事诉讼立法普遍规定文书持有人仅在特定范围内——即对符合特定条件的文书（个别义务文书）——负有文书提出义务；但为适应不断变化发展的诉讼，各国将个别义务文书逐渐一般化。从我国《民诉解释》第112条来看，顺应了域外文书提出命令客体范围一般化的立法趋势，但缺陷在于只笼统规定了当事人可对"书证"提出申请，而没有明确具体范围，究竟是适用特定类型的书证，还是可涵盖一般性书证，都有待进一步明晰。

（三）法院审查范围界定模糊

第112条以"申请理由成立的，人民法院应当责令对方当事人提交"来施以法院审查的职责，但对审查范围界定模糊。一方面，除申请理由外，法院还有其他审查事项，如审查被申请人是否有拒绝提出文书的正当理由，这又与客体范围紧密相关；除此之外，法院是否要对被申请提出的文书进行主动审查甚至是采取秘密保护措施，也未作说明。另一方面，"申请理由成立"作为法院审查判断被申请人是否应当提出文书的标准，过于宽泛粗糙，没有对判断"理由成立"的标准界定，因此并不能为实际操作提供明确指导。

针对我国当事人收集证据手段和方法相当不完善的问题，专家学者在起草的不同版本的"民事证据法草案"或"证据法草案"建议稿[1]中，已经提出了对我国文书提出命令制度的构建规划，这也说明书证收集制度的问题受到了关注并在尝试解决。

为紧密围绕本文讨论核心，后文对文书提出命令制度之比较法考察以及

---

[1] 建议稿主要由毕玉谦、郑旭、刘善春教授等起草："中国证据法草案"（参见毕玉谦、郑旭、刘善春：《中国证据法草案建议稿及论证》，法律出版社2003年版）；陈界融博士起草："民事证据法建议稿"（参见陈界融：《民事证据法：法典化研究》，中国人民大学出版社2003年版）；江伟教授牵头起草："中国证据法草案（建议稿）"（参见江伟主编：《中国证据法草案（建议稿）及立法理由书》，中国人民大学出版社2004年版）等。

基于我国现有规定之不足提出的尝试性构想，将均从适用范围的主客体两方面展开论述。

三、文书提出命令适用范围的比较法考察

书证作为重要的证据种类，其收集程序得到了世界各国民事诉讼法或证据法的普遍关注，但与此同时，其程序规定也有很大不同。反映在不同法系中，英美法系国家（如英国、美国）采当事人主义，即证据收集一般只在当事人之间进行，原则上法院不介入，这一原则集中表现为证据开示制度，[1]开示程序的主体是当事人及其代理人；而文书提出命令制度是大陆法系国家或地区的当事人在民事诉讼中向对方当事人及第三人收集证据的最主要手段，原则上是当事人向法院提出申请，进而法院进行审查，体现法院职权主义。本文以大陆法系之代表——德国、日本及我国台湾地区[2]为例，研究此制度之不同立法例，尝试寻找域内外共通点，并加以对接，从而为我国文书提出命令制度立法及司法实践提供一些有益的借鉴。

（一）主体范围

文书提出命令的主体范围是指文书提出的权利人及义务人，也即文书提出命令的申请人和被申请人。德国、日本及我国台湾地区都将第三人纳入制度适用主体范围。其中，德国法和我国台湾地区相类似，分别规定当事人和第三人提出文书的义务，而日本法则将二者一并规定。《德国民事诉讼法》[3]第422条规定："举证人可以要求交出或提交证书时，对方当事人有提出证书的义务。"第429条规定："第三人在有与举证人的对方当事人相同的原因时，

---

〔1〕 作为诉讼中的证据收集制度，"证据开示是一种审判前的程序和机制，用于诉讼一方从另一方获得与案件有关的事实情况和其他信息，从而为审判作准备。"黄松有："证据开示制度比较研究——兼评我国民事审判实践中的证据开示"，载《政法论坛》2000年第5期。英国对书证开示制度有专门规定；而美国的证据开示范围更大，不仅包括开示书证，还包括笔录证言、检查身体或精神状态等。

〔2〕 德、日及我国台湾地区文书提出命令一般规定分别见《德国民事诉讼法》第421条，《日本民事诉讼法》第219条，我国台湾地区"民事诉讼法"第341条、第343条。

〔3〕 条文参见〔德〕汉斯-约希姆·穆泽拉克：《德国民事诉讼法基础教程》，周翠译，中国政法大学出版社2005年版，第263页。

负有提出证书的义务；但强制第三人提出证书，必须通过诉讼的途径实行。"《日本民事诉讼法》概括规定了"文书持有人"，如第 223 条规定："法院认为申请提出文书命令有理由时，应对文书持有人以裁定的方式命令其提出。"我国台湾地区"民事诉讼法"（2013 年修正）第 348 条规定："关于第三人提出文书之义务，准用第三百零六条至三百十条、第三百四十四条第一项第二款至第五款及第二项之规定。"第 306 条至第 310 条主要是关于证人拒绝作证权利之规定，第 344 条则是有关当事人有提出义务之文书的规定。

值得注意的是，《德国民事诉讼法》第 429 条"强制第三人提出证书，必须通过诉讼的途径实行"的规定表明与要求对方当事人提出文书相比，要求第三人提出文书的程序受到了一定的限制，第三人只有实体法上的文书提出义务，而没有程序法上的文书提出义务。但有学者认为 2002 年修订的《德国民事诉讼法》第 142 条之规定也是文书提出命令制度的内容之一，[1]该条第 1 款规定："法院可以命令当事人或第三人提出其所占有或当事人一方引用的文书或其他证明文件。法院可以命令当事人将提出的文书在法院所规定的期间内留存于书记处。"基于此种理解，则第 142 条即明确了第三人在程序法上的文书提出义务。但也有观点对此提出质疑，认为"该条应当是关于法院依职权命令当事人或诉讼外第三人提交文书等证明文件的规定；而文书提出命令制度中，法院依一方当事人的申请向对方当事人或第三人发出提交命令"。[2]笔者赞同后一观点，一是如后一观点所述，二者程序开始的原因不同，文书提出命令是依当事人申请开始，而第 142 条为法院依职权开始；二是若将第 142 条就当事人和第三人同等规制理解为文书提出命令的规定，与第 429 条对第三人作更严格限制将在法教义学上发生矛盾，不利于法律完整适用。

（二）客体范围

文书提出命令的客体范围，指当事人或第三人负有提出义务的文书范围，其经历了由严格限制到向一般化发展的过程。

1. 早期文书提出命令的客体范围

旱前各国和地区通说基本采限制主义，即对于当事人负有提出义务的文

---

〔1〕 参见陶婷："文书提出命令的适用范围探讨"，载《西南政法大学学报》2008 年第 2 期。
〔2〕 黄梓东："文书提出命令制度研究"，中国政法大学 2016 年硕士学位论文。

书，法律均有明确限制。具体来讲，文书范围大都被限定在引用文书、权利文书、利益文书及法律关系文书等四类。引用文书指举证人在诉讼过程中向法院提出或主张其内容的文书。权利文书，亦称交付或阅览文书，指举证人对文书持有人享有实体法上交付或阅览请求权的文书，如公司董事、监事享有阅览权，又如委托关系中委托人（举证人）享有返还请求权，受委托人（文书持有人）对于其持有的文书自然有提出义务。利益文书指为举证人的利益制作而成的文书，如遗嘱、授权书、保证书等。法律关系文书指基于举证人与文书持有人之间的法律关系制作而成的文书，包括本身记载法律关系的文书，如合同；也包括记载与该法律关系相关事项的文书，如合同解除通知书。[1]

相关立法，如《德国民事诉讼法》第 422 条规定："依照民法里的规定，举证人可以要求交出或提出证书时，对方当事人有提出证据的义务。"第 423 条规定："对方当事人在诉讼中为举证而引用在他自己手中的文书时，有提出此项文书的义务，即使只在准备书状中曾经引用的，也有提出的义务。"《德国民法典》第 810 条规定："对查阅由他人占有之下的证书具有法律利益的人，在证书是为其利益作成，或者在证书中将其与他人之间存在的法律关系作成证书时，或者在证书包含其与他人之间或者双方中的一方与共同媒介人之间已经进行之有关法律行为的谈判的内容时，可以向占有人请求许可查阅。"[2]1929 年实施的旧《日本民事诉讼法》第 312 条规定：在下列场合，文书持有人不得拒绝提出：（1）当事人在诉讼上所引用的文书由自己持有时；（2）对文书持有人举证人可以请求交付或阅览的；（3）文书为了举证人的利益而制作或为举证人与文书持有人的法律关系而制作的。我国台湾地区的旧"民事诉讼法"第 344 条规定当事人对下列文书负有提出义务：（1）该当事人在准备书状内容或言词辩论时曾经引用过者；（2）对方当事人依法律规定，可请求交付或阅览者；（3）为对方当事人的利益而制作者；（4）就当事人间法律关系所制作者；（5）商业账簿。[3]这些立法例基本印证了主要四类文书

---

〔1〕 参见闫方超："论民事诉讼中的文书提出义务"，中国政法大学 2011 年硕士学位论文。

〔2〕 杜景林、卢谌：《德国民法典全条文注释》，中国政法大学出版社 2015 年版，第 660 页。

〔3〕 参见奚玮：《民事当事人证明权保障》，中国人民公安大学出版社 2009 年版，第 182 页。

上的限定。

2. 文书提出命令客体一般化

为更好地解决当今诉讼中的"证据偏在"问题，各国普遍在修改民事诉讼法时将文书提出命令客体范围扩大化、一般化。《德国民事诉讼法》第 142条规定，"法院可以命令当事人或第三人提出其所占有或当事人一方引用的文书或其他证明文件"，即可认为是提出文书一般化的规范基础。日本新民事诉讼法在保留了旧民事诉讼法中列举的四类文书的基础上，又增加了关于提出一般文书的规定。《日本民事诉讼法》第 220 条第（4）项规定不属于例外情形时即适用一般文书。我国台湾地区"民事诉讼法"（2013 年修正）第 344条五款文书规定经修改变为：（1）该当事人于诉讼程序中曾经引用者；（2）他造依法律规定，得请求交付或阅览者；（3）为他造之利益而作者；（4）商业账簿；（5）就与本件诉讼有关之事项所作者。

案件事实的发现、当事人证据收集权利的保障固然重要，但也不能置文书持有人的隐私权等合法权益于不顾，二者之间的利益平衡更为重要，也正因如此，各立法例都在一般文书的基础上对文书提出了一些要求。如《德国民事诉讼法》第 425 条中提到"应由证书证明的事实是重要的"。《日本民事诉讼法》第 220 条第（4）项提出了例外情形：公务员或曾任公务员的人因其职务而保管或持有的文书、具有保密事项的文书、专供为文书持有人而使用的文书及具有其他法律规定事项的文书。我国台湾地区对文书规定则相对宽泛，但仍有与本件诉讼有关之最大程度的兜底限制。如此之规定一方面可以遏制当事人滥用文书提出命令，从而保护对方当事人和第三人的合法权益；另一方面也可以减少司法资源的浪费。

值得注意的是，限制主义立法模式下的法律关系文书在文书一般化的过程中被扩大。如上文列举的我国台湾地区"民事诉讼法"将"就当事人间法律关系所制作者"扩展至"就与本件诉讼有关之事项所作者"，从而使文书提出一般化。

3. 小结

研究我国《民诉解释》第 112 条的相关规定，不难发现，我国对于文书提出命令制度的规定稍显笼统，可以反映在其适用范围上。一方面，从主体范围上看，与其他立法例相比，我国对被申请人的限制过于严苛，将第三人排除出制度之外会极大限缩申请人行使证据收集权利的途径和方式。另一方面，从客体范围上看，我国只简单规定"书证"二字，并未提及对书证有何要求，而不加限制地适用所有书证也不合实际、不利于保护文书持有人合法权益，与前述立法例相比欠缺现实可操作性，会影响法官及当事人适用文书提出命令制度。这些正是我国需要在立足自身实际的基础上对外学习、借鉴、吸收、完善之处。

四、我国文书提出命令制度适用范围的尝试设计

由前所述，我国目前对于文书提出命令制度的规定与完善还有一定差距，本部分将在借鉴国外及我国台湾地区立"法"经验的基础上，结合我国专家建议稿的相关构想，对我国完善文书提出命令制度提出笔者的基本设计。

（一）主体范围

就被申请人而言，笔者认为应将范围从不负举证责任的一方当事人扩大至第三人，即对方当事人以外的人，包括自然人、法人团体及其他组织等，且这里为广义上的第三人，不以诉讼外第三人为限，证人、鉴定人、勘验人员和翻译人员等均属此处的第三人范围。

需要补充的是，共同诉讼中，必要共同诉讼具有同一诉讼标的，且最终一同判决，必要共同诉讼人之间利益关系密切，往往会互通证据，不涉及一人向法院申请要求另一共同诉讼人提交证据的情况；而普通共同诉讼只是基于同种诉讼标的，在法院认为可以合并审理且当事人同意的情况下合并审理，各共同诉讼人之间无最直接利益关系，且最终分别判决，因此不免申请提出文书的可能性，据此，笔者认为这里的第三人不包括必要共同诉讼人而包括普通共同诉讼人。

就申请人而言，关于其阅览权的条件，笔者认为，可以将权利文书作为一种应提出的文书类型，但不应将申请人限制在享有实体法上的阅览权（如公司董事、监事或委托关系中的委托人）这一范围内，因为文书提出命令中的申请人是在诉讼背景下讨论的，其文书阅览权除了是实体法上的权利，更是诉讼法上的权利。如果将申请人限于公司董事、监事或委托人等有实体法上的阅览权之人，势必大大缩小文书提出命令制度的适用范围，使一般当事

人收集证据的权利仍缺乏行使的渠道，削弱制度的效用。

关于负举证责任方当事人的代理人是否可以向法院申请文书提出命令，无诉讼行为能力人由他的监护人作为法定代理人代为诉讼，自然能够代为申请文书提出命令；委托代理中，申请文书提出命令并非处分当事人实体权利，不符合我国《民事诉讼法》第 59 条所规定的必须经委托人"特别授权"的事项，[1]因此一般授权之下委托代理人也可代当事人向法院提出申请。

(二) 客体范围

在研究这项制度时，难免会让人产生疑问：为何有文书提出命令，而没有"物证提出命令"，或是"视听资料、电子数据提出命令"呢？笔者认为，诸多立法例中的"文书"已经囊括了部分物证以及视听资料、电子数据。一是物证，在实践中，物证与书证常常难以区分，有些物证，当足以传达某种思想时，与书证极为相似，可以视为"准书证"，允许其准用书证的规定。[2]二是视听资料，有观点认为，视听资料有一定思想内容，所以应当认为是书证的一种，一些国家立法也持此种原则。[3]三是电子数据，也称电子证据，作为一种新型证据被纳入我国《民事诉讼法》证据种类之中，而"在世界范围内，最常见的做法是将电子证据视为书证"。[4]综上，我们可以看到，各立法例中的书证含义丰富，在其书证制度中涵盖了物证、视听资料、电子数据等种类的证据，可以认为，其有实质上的"物证、视听资料、电子数据提出命令"。笔者认为，既然我国《民事诉讼法》将这几种证据划分为不同证据种类，则我国文书提出命令制度本身不应包括物证、视听资料和电子数据，而且在条文的表述上，也应与《民事诉讼法》的规定一致，采用"书证"

---

〔1〕 我国《民事诉讼法》第 59 条第 2 款："授权委托书必须记明委托事项和权限。诉讼代理人代为承认、放弃、变更诉讼请求，进行和解，提起反诉或者上诉，必须有委托人的特别授权。"

〔2〕 如《日本民事诉讼法》第 231 条亦规定："本法本节的规定，准用于以图纸、相片、录音带、录像带或其他的信息表示为目的而制作的非文书的物件。除物证外，此条文还包括了部分视听资料甚至是电子数据。"

〔3〕 如《美国联邦证据规则》第 100 条把视听资料规定在书证中。《英国民事诉讼法证据法》第 10 条规定文件除书面形式外，还包括声音资料和图像资料等。

〔4〕 一些国家在适用规则上不加区分，如荷兰和德国；另一些国家变通适用传统规则，如英国和美国。参见龙卫球、裴炜："电子证据概念与审查认定规则的构建研究"，载《北京航空航天大学学报》2016 年第 2 期。

而非"文书"。但可以在条文中写明针对其他这几种证据参照适用文书提出命令。

专家学者的建议稿中，对文书提出命令中的文书范围规定差异较大。[1] 考虑到当前诉讼中证据资料使用愈加不对等的情况以及其他国家地区的立法经验，笔者认为，我国也应将文书提出命令在概括列举的基础上一般化，再规定以例外情形。概括列举即为上述大陆法系传统的四类文书之提出义务——引用文书、权利文书、利益文书及法律关系文书，但法律关系文书本就抽象、宽泛，再将其作一般化的解释即可理解为"与本诉讼有关的文书"，所以可以借鉴我国台湾地区的经验，将四类文书实际转化成前三类文书以及一般化文书。如"比较法考察"部分所提到的，从日本及我国台湾地区相关规定来看，均将商业账簿独立规定，但笔者认为，当举证人对该文书有实体法上的交付或阅览请求权时，商业账簿即属于权利文书；即使不满足权利文书的要求时，在文书一般化的情形下，其也可以被与本诉讼有关之事项的规定囊括在内，而无需单独列举。

文书常会涉及一些特殊情况，当在这些情况下所要保护的利益远远大于提出文书带来的诉讼利益时，应当允许文书持有人拒绝提出一般义务文书。例外情形有以下几个方面：一是文书涉及国家秘密、社会公共安全的，当提出该文书可能损害国家安全、社会公共安全时，持有人可以拒绝提出命令。二是文书涉及重大商业秘密的，当提出该文书将使持有人商业利益遭受重大损害时，持有人可以拒绝提出命令。三是文书涉及医生、律师、公证人等因职业特殊性质而获取的个人隐私的，当提出该文书将侵犯个人隐私、损害职业建立的信赖关系时，持有人可以拒绝提出命令。四是文书是专供自己使用的，一般指个人日记、家庭账簿等，当提出该文书将使其不希望被外界知悉的个人或家庭秘密被公开时，持有人可以拒绝提出命令。当然，这些因素并非绝对，实际操作中也需要有衡量标准，其中往往涉及复杂的利益衡量，如

---

[1] 毕玉谦、郑旭、刘善春教授起草的"中国证据法草案"第46~51条为文书提出命令之规定，并在第49条规定了文书范围，其立法模式同于我国台湾地区"立法"模式；陈界融博士起草的"民事证据法建议稿（第一稿）"第124~126条规定了文书提出命令，但并未具体规定文书范围；江伟教授牵头起草的"中国证据法草案（建议稿）"未单独规定文书提出命令，只是在第129条规定了当事人的证据提出义务。

是否真正涉及上述几种例外情形，还是以此为借口隐瞒该文书；秘密是否重大，对秘密的保护是否足以对抗当事人收集证据的需要；文书的重要性及必要性等等。应用中更不能凭持有人一面之词就排除适用这项制度，必须由法官作出是否可以不提出的判断，进行非公开审查。

张卫平教授也将文书提出命令的客观方面列举为文书提出必要性、引用文书、利益文书、法律关系文书和权利文书。笔者以为这里的"文书提出必要性"指的是一项重要事实且申请提出的文书对证明该事实重要，有理由认为其可以影响法官对该事实的认定。"文书提出必要性"即是对一般文书提出的要求，比仅仅是与本诉讼相关这一条件更严格一些，也更利于保护文书持有人权益，因此将"有关"和"必要性"两个要素结合起来更为妥当。

综上，笔者认为，关于文书提出命令适用范围之规定，可以借鉴日本及我国台湾地区"列举条款＋一般化条款＋例外条款"的模式，在我国《民诉解释》第112条之外补充具体规定。具体条文设计如下：符合下列情形的，书证持有人应当提出被申请书证：（一）当事人在诉讼程序中曾经引用的；（二）依法律规定，当事人有权请求交付或阅览的；（三）为举证人利益而作的；（四）除本条前四项所列情形外，书证与本诉讼有关并有提出之必要性，且不属于下面所列情形的：（1）涉及国家秘密、社会公共安全的；（2）涉及重大商业秘密的；（3）涉及医生、律师、公证人等职业获取的个人隐私的；（4）专供自己使用的个人日记、家庭账簿等。

结 语

社会现代化发展使纠纷更加复杂化，信息更加不对称，常会出现"证据偏在"的情形，使得负有举证责任的一方当事人难以举出相应的证据，案件事实不能得以揭示，法院也就难以公正裁判。为了矫正诉讼当事人在举证证明能力方面实质上的不平等，[1]促进当事人之间武器对等，尽量消除取证难之窘境，最终推动公正裁判，文书提出命令制度得以提出并成为大陆法系国

---

〔1〕 参见张卫平："民事诉讼法修改与民事证据制度的完善"，载《苏州大学学报（哲学社会科学版）》2012年第3期。

家和地区当事人收集证据的重要途径。

我国 2015 年《民诉解释》增加了第 112 条关于文书提出命令之规定，搭建了制度框架，而内容填充上仍存在不足，如对于主体范围和客体范围这样的基础问题未作详细说明，制度缺乏确定性和可行性，法官和当事人适用难度大，降低了制度效用。本文对文书提出命令制度的适用范围进行了初步研究，就一些争议问题提出了笔者的看法，以期能对我国文书提出命令制度之完善有所助益。关于法院的审查方式、标准以及违反文书提出命令的法律后果等问题，仍有待进一步思考和研究。

On the Scope of Application of the Order for Production of Documents

Abstract: Documentary evidence is an extremely important kind of evidence in the civil procedure. The current civil procedure law of our country has established the Order for Production of Documents, but it is too general and lacking in practicality. This article starts with the concept. Then through the comparative analysis of the related systems inside and outside the domain, the existing problems of the subject and object scope of this system in our country will be pointed out. Finally, specific suggestions for perfection will be put forward. On the subject scope, the respondent should include the third party. On the object scope, the legislative mode should be arranged as enumerated clauses plus general clauses plus exception clauses. It is hoped that this tentative conception will help perfect the evidence collection system of our country and provide more feasible guidance for judicial practice.

Key words: order for production of documents; evidence collection; subject scope; object scope

机动车所有权善意取得之"善意"判断

中国政法大学法学院 2015 级 1 班　张一琼

中国政法大学民商经济法学院副教授　席志国

摘　要　善意取得是物权取得的重要方式,而其中"善意"的判断可谓其核心。传统的不动产和一般动产都有相应的客观标准辅助判断第三人善意与否,而特殊动产因其行政管理登记的存在,占有外观并不能证明其善意。其交易的频繁性及登记对抗主义下的登记非强制性,登记外观也不能完全证明其善意,可见特殊动产善意的判断更加复杂。本文从善意的概念及司法实践中对善意判断标准理论出发,结合我国现阶段的法律规定及实践中的司法判例,对机动车所有权的善意取得之善意判断进行整理细化。

关键词　善意消极观念说　客观善意主义　机动车善意取得

绪　论

善意取得是物权取得的方式之一,它涉及两种需要保护的价值:一是原所有权人的所有权,二是交易相对人背后隐藏的市场秩序稳定性。善意取得需要满足多项条件,而"善意"是判断的重点,也是司法实践中最难以衡量及判断的事宜。我国物权法及其司法解释对于善意取得制度进行了较为详细的阐述,但还是不能很好地解决问题,法院依然存在同案不同判的情形。

本文通过对北大法宝上关键词为"善意取得",限定条件为"二审""中级人民法院""判决书"的 121 个案例进行分类,发现不动产善意取得案件虽多但依照登记可以进行较好的判断。一般动产涉案数较少,在所有权的取得

173

问题上，法院基于占有外观基本上会认定为善意；然而机动车所有权善意取得案件中，法院对于善意的判断考虑的因素涉及多方面，不仅仅是基于占有而是客观存在某些事实使得受让人产生信赖。

限定条件下善意取得案件数据统计		
标的物种类	数量	占比
不动产	77	63.63%
一般动产	3	2.47%
机动车	18	14.87%
机动车	23	19%

进一步检索观察"机动车、善意取得"案件，发现其"善意"的判断错综复杂，仅有细小的区别所有权的归属便大不相同。机动车因有行政管理登记的存在，占有的外观并不能判定为善意取得；但因为交易的频繁性以及登记对抗主义下登记的非强制性，特殊动产的登记也不具有不动产登记如此强的公信效力，判断为善意也受到了阻碍。特殊动产似乎处于中间地带，占有和登记都不足以形成完全的公示公信状态，"善意"判断的客观标准也即悬置，受让人很可能陷入与无权处分人进行交易的忧虑之中。

本文主要涉及特殊动产所有权的善意取得，对于他物权暂不讨论。首先对善意的概念及其判断理论进行梳理，再通过对实践中 70 多个特殊动产善意取得案例的观察，对特殊动产所有权善意取得中的"善意"判断标准进行细化讨论，希望对现阶段二手车交易主体有所帮助，对法院的审判提供借鉴。

一、"善意"的内涵

"善意"一词，最早源于拉丁文 bona tides，意为"不知情"，在罗马法上即有适用。[1]近现代民事立法大多在以下两种意义上使用"善意"一词：一

---

〔1〕 ［英］巴里·尼古拉斯：《罗马法概论》，黄风译，法律出版社 2000 年版，转引自侯巍、王婷婷："论善意取得中的善意"，载《广西大学学报（哲学社会科学版）》2008 年第 1 期。

是指行为人动机纯正，没有损人利己的不法或不当目的的主观态度；二是指行为人在为某种民事行为时不知存在某种足以影响该行为法律效力的因素的一种心理状态。善意取得的"善意"系在后一种意义上使用。[1]关于善意的含义，在理论上有"积极观念说"和"消极观念说"之别。

（一）积极观念说

积极观念说主张受让人必须有将转让人视为所有权人的认识，才为善意。[2]如果采用积极观念说，受让人认为存在特定的法律状态，虽然实际上这种法律状态并不存在，并且此时的举证责任归于受让人。

在善意取得制度中，受让人需要举证证明自己有理由相信无权处分人具有处分权，如果无法提供相应的证据证明，则受让人需要承担不利益。由于"积极观念说"对受让人要求过苛，不利于受让人利益的维护，因而各国大多采"消极观念说"，我国现行法也采取"消极观念说"。

（二）消极观念说

消极观念说只要求受让人不知让与人为非所有权人，即为善意。[3]在具体的认定过程中，对于"不知"的具体断定亦有较大的分歧。（1）所谓善意，系指不知让与人无让与的权利，有无过失在所不问。[4]（2）善意系指不知让与人无让与权利，是否处于过失固非所问，但依照客观情势，在交易经验上，一般人皆可认定让与人无让与之权利时，视为恶意。[5]（3）善意是指不知或不得而知让与人无让与权利。[6]（4）所谓善意，应当参考德国立法例，解释为须非明知或因重大过失而不知让与人无让与权。[7]以上四种对于善意的理解均是在消极观念下的进一步细分，主要的争议焦点为，受让人的

---

〔1〕 王利明：《民商法研究》（第1辑），法律出版社2001年版，第255页。

〔2〕 杨立新：《物权法》，中国人民大学出版社2016年版，第63页。

〔3〕 杨立新：《物权法》，中国人民大学出版社2016年版，第63页。

〔4〕 李光夏：《民法物权新论》，昌明书屋1948年版，第83页，转引自王泽鉴编：《民法物权·用益物权·占有》，中国政法大学出版社2001年版，第266页。

〔5〕 王泽鉴：《民法物权》，北京大学出版社2009年版，第470~471页。

〔6〕 王泽鉴：《民法物权》，北京大学出版社2009年版，第471页。

〔7〕 姚瑞光：《民法物权论》，中国政法大学出版社2011年版，第101页。

"善意"是否以非过失为必要，如果是的话，轻微过失抑或是重大过失又如何？

本文认为"消极观念说"中善意的判断应当考虑受让人是否存在过失，由于善意取得是原所有权人与受让人之间的利益均衡保护，如果受让人的过失不属于考虑的事项范围之内的话，对原所有权人易造成不公的结果，也为受让人辩解提供了基础。同时应当以"重大过失"为必要，现代经济快速发展，要求受让人对轻微的过失也需要承担"非善意"的风险，势必会对交易的效率造成潜在的影响。

（三）我国实体法上的规定

我国现阶段采取的是"消极观念说"，并且以重大过失作为善意的阻却因素。最高人民法院《关于适用〈中华人民共和国物权法〉若干问题的解释（一）》（以下简称《物权法司法解释（一）》）第15条规定："受让人受让不动产或者动产时，不知道转让人无处分权，且无重大过失的，应当认定受让人为善意。真实权利人主张受让人不构成善意的，应当承担举证证明责任。"并在第16条及第17条分别规定了不动产及动产的重大过失的判断标准，第17条规定："受让人受让动产时，交易的对象、场所或者时机等不符合交易习惯的，应当认定受让人具有重大过失。"

本文所讨论的特殊动产，因实践中存在的行政管理登记制度，依照现阶段《物权法司法解释（一）》第17条关于动产的重大过失判断标准，并不能完全地涵盖"非善意"的情形，下文将具体论述。

二、司法实践中善意判断标准的理论沿革

"善意"具体含义的界定，是为了在司法实践中确定特殊动产物权的归属。最开始是纯粹的主观上的判断，即主观善意主义；后因潘德克顿体系的出现及物权公示公信制度的建立，德意志法系的法官在认定"善意"与否的过程中，便开始运用客观善意主义。

（一）主观善意主义 VS 客观善意主义

罗马法系采用的是主观善意主义，即把第三人对于前手合同的瑕疵的心

理状态作为善意的依据。[1]法律上的善意并不是一个道德问题，而是受让人"已知"或者是"应当知道"的一种心理状态。要保护善意第三人，更好的适用善意取得制度就需要对"善意"的判断标准进行明确化。

罗马法以及后来的罗马法系诸国立法，采用的判断标准都是主观性的，也就是依据受让人的心理状态来判断其善意与否。这一点为后来善意的判断标准问题埋下了根源，同时也为司法官依据客观标准来判断"善意"设置了障碍。[2]因为受让人对于合同瑕疵的主观心态实在难以辨别，罗马法系各国立法尚不能很好地解决这个问题。

与"主观善意主义"不同的是，德意志法系依托潘德克顿法学将物权与债权、物权变动与债权变动严格区分的研究成果，建立了一种新的善意判断标准，即"客观善意主义"。

客观善意主义是指在明确公示原则的前提下，将第三人应否得到保护的标准，确定为其对某种客观事物的"信赖"。比如，在不动产变动领域，《德国民法典》根据物权公示原则确定了第三人新的善意标准，即对不动产登记的信赖。[3]简而言之，是将对不动产登记和动产占有的"信赖"作为第三人善意的判断标准。由于不动产登记和动产占有是一种客观现象，第三人在物权取得时可以比较容易、清晰地知悉前手交易的状态。故依此为标准判断第三人对前手交易瑕疵的心态，不但符合交易的常规，而且符合法理，更为重要的是，法官对第三人的这种善意的判断也很容易把握。[4]

客观善意主义的理论基础，还需要从物权行为理论说起。由于我国有些学者否认物权行为理论，并认为善意取得制度完全可以发挥保护交易中第三人的作用，物权行为理论存在的价值也被替代，故没有必要引入如此晦涩的物权行为理论。[5]本文对于该观点不予赞同，善意取得制度最开始是主观上的裁定标准，从受让人主观心态的方面来确定对其是否予以保护，并以此解决公正问题。但由于主观善意主义下，第三人的主观心态玄妙难言，司法裁

[1] 孙宪忠：《中国物权法总论》，法律出版社2009年版，第176页。
[2] 孙宪忠：《中国物权法总论》，法律出版社2009年版，第176页。
[3] 孙宪忠：《德国当代物权法》，法律出版社1997年版，第85页。
[4] 孙宪忠：《物权法》，社会科学文献出版社2005年版，第53页。
[5] 梁慧星：《中国物权法研究（上）》，法律出版社1998年版，第73页。

判中难以制定出客观统一的标准，同时也完全忽视了现代社会公示制度的价值。因此善意取得制度要和物权行为理论的基础作用相协调，就只能在肯定物权行为理论所产生的不动产物权的"登记推定作用"和动产物权的"占有推定作用"的前提下才能发挥作用。[1]在此基础之上，善意取得之"善意"的判断标准，进行了更新，由原来的纯粹的心理状态的判断转变为客观事实存在的有无和对相关情事的审视程度。

（二）我国实体法上的规定

我国《物权法》第106条的规定被定义为"善意取得"，该条第一款前半句规定原所有权人有权向受让人行使返还请求权，这是罗马法上的"传来取得"制度的体现。后半句的"但书"规定了受让人之善意取得，该条第一款的三项规定为：

（1）受让人受让该不动产或者动产时是善意的；

（2）以合理的价格转让；

（3）转让的不动产或者动产依照法律规定应当登记的已经登记，不需要登记的已经交付给受让人。

我国对于《物权法》第106条中的"善意"，最开始认为"善意"是受让人主观上的善意。但依据后来的《物权法司法解释（一）》[2]，可以认定我国现阶段的"善意"与传统民法所称的"善意"不同，采用的是德意志法系中的客观善意主义。

（三）现阶段特殊动产客观善意判断标准困境

如上所述，善意取得之"善意"需要依据实践中的"某种信赖"，而"信赖"的客观表现因交易对象的不同而有所差异，不动产依据登记，一般动产按照占有。而特殊动产便处于模糊的处境，既具有动产的较大的流动性之特点，又因行政管理的需要，具有不动产的登记属性，因此特殊动产所有权的善意取得之"善意"在我国具有较大的争议。

此种争议性，在不动产与一般动产的客观善意判断标准的明朗对照下，

---

〔1〕 孙宪忠：《论物权法》，法律出版社2008年版，第194~195页。

〔2〕 参见《物权法司法解释（一）》，法释〔2016〕5号，第16条、第17条。

显得更为突出。

　　一般来说受让人与出卖人进行不动产交易时，善意判断的客观标准"信赖"是"登记簿上的权利登记人"。其中，《德国民法典》第 892 条明确规定："为有利于根据法律行为取得一项权利或者取得该项权利上的权利的人，土地登记簿中所记载的内容应视为是正确的。"《瑞士民法典》也明确规定了不动产的善意取得制度，该法典第 973 条第 1 款明确规定："出于善意而信赖不动产登记簿的登记，因而取得所有权或其他权利的人，均受保护。"〔1〕

　　我国物权法对不动产的登记同样采用"登记推定主义"。同时不动产为登记生效主义，受让人在买卖非登记房屋时，一般不能基于善意取得获得所有权，同时也不能对抗原所有权人。虽不排除出现名义物权人与事实物权人不一致的情形出现，〔2〕但此时受让人的判断标准应按照具有国家公权力进行保障的登记簿。对于不动产，由于登记有国家信誉作为保证，公信力很强，受让人对登记的信赖应该受到法律的保护，受让人无需调查其他有关登记物权的事宜。〔3〕同时登记错误带来的国家赔偿，法律上的保障性救济也使得"登记信赖"更具有信服力。

　　对于一般动产的善意取得，是建立在让与人占有这一权利外观上的，由于占有具有表彰本权的特征，所以法律赋予占有公信力。〔4〕因此一般动产的善意取得"信赖"之客观标准为"出卖人占有标的物"，故善意需要以前主的占有为必要。并且在一般动产的交易过程中，并不要求受让人对于前主的占有权利及占有意思完全知悉。〔5〕

　　虽然在交易的过程中，交易的当事人本来负有调查义务，但是在实际操作中交易频繁，如果受让者需要对每一宗交易进行审查，征信成本将会很高；同时当事人的认知能力有限，即使穷尽所有的调查方式也不一定能够明晰权利的真实状态。为了使交易顺利地进行，只要有占有这一权利外相，纵令无权利，法律也承认占有人的处分权限，受让人可以善意取得该物。

---

　　〔1〕　鲁春雅："论不动产登记簿公信力制度构成中的善意要件"，载《中外法学》2011 年第 3 期。

　　〔2〕　唐义虎：《物权变动问题研究》，崇文书局 2005 年版，第 151 页。

　　〔3〕　王荣珍："对善意取得制度中善意的思考"，载《社会科学家》2011 年第 1 期。

　　〔4〕　肖厚国：《物权变动研究》，法律出版社 2002 年版，第 390 页。

　　〔5〕　[日] 舟桥谆一：《物权法》，法律学全集 18，有斐阁昭和 35 年版，第 223 页。

一般动产也会涉及原所有权人的可归责性，但因其基本上不具备其他公示的方式，并不似特殊动产"善意"判断般复杂。一般来说，占有的外观可推定受让人为善意。

但对于特殊动产的"善意"的判断，情况却不容乐观。有学者认为因为汽车、船舶、飞行器登记簿的存在，占有权利基础理论消灭。并且基于对以上登记簿的信赖，取得物权当然是善意取得。[1]本文对此种观点不是很赞同，一是我国现行法中，特殊动产采用的是登记对抗主义，登记的转移并没有获得物权上的效力。同时最高人民法院《关于审理买卖合同纠纷案件适用法律问题的解释》第 10 条[2]似乎表明占有的证明力高于登记。二是实践中多存在事实所有权与法律所有权不一致的情形，尤其在机动车领域更是突出，故登记簿并不能完全表征所有权。

因此特殊动产善意判断的客观标准相较于动产与不动产有了更多的争议，从变动的频繁性及相关立法来看，特殊动产的登记，并不能完全确保当事人善意取得。同时因为行政管理登记的存在，特殊动产亦不能凭借占有认定为善意。在特殊动产登记对抗主义下，对于一位非登记占有的出卖人，受让人有理由相信其为真实物权人，并且对此种交易信任的审查归于受让人。受让人在交易过程中本来就处于弱势地位，而交易信任基础的瑕疵的忽视，极有可能被法院认定为重大过失，进而判定为"非善意"。此时判断善意的客观标准不再是"登记推定主义"和"占有推定主义"，而应当以占有为主，综合考量相关情事来判定当事人的善意。

三、客观善意主义下特殊动产之"善意"判断的细化

上文已经谈到，特殊动产的登记对抗及交付生效主义，给予受让人与真实权利人进行交易的可能性。但因登记的存在，又使其承担着交易信任基础虚伪的不利益，即非善意。在特殊动产所有权善意取得的实践中，单独的占有或者是登记都不足以证明第三人的善意，在本部分主要从受让人可能产生信赖的特殊动产权利外观出发，发现实践中争议最多的为非登记占有的情形，

---

〔1〕 孙宪忠：《中国物权法总论》，法律出版社 2009 年版，第 288 页。

〔2〕 参见最高人民法院《关于审理买卖合同纠纷案件适用法律问题的解释》，法释〔2012〕8 号，第 10 条。

此时善意的判断也最为复杂，本文再从原所有权人的惹起行为及受让人自身两个角度，对善意进行细化。

（一）受让人善意判断的可信赖外观

情形	无权出让人状态	状态出现原因	买受人
1	登记占有	占有改定等	善意
2	登记非占有	原所有权人未转移登记	非善意
3	非登记占有	保管、租赁、借用	多为非善意

在特殊动产的交易过程中，受让人面对的处分人在特殊动产上的权利外观主要有三种情形。

情形一，登记占有。原所有权人签订了买卖合同之后，以占有改定的方式替代交付，按照《物权法》第 27 条，物权自该约定生效时发生效力。所有权发生转移，原所有权人丧失处分权。此时依据占有和登记的权利外观，第二受让人可以凭借善意取得规则取得所有权。

情形二，登记非占有。原所有权人在与第一受让人交付生效之后，没有转移登记，再与第二受让人进行交易。对于此种状态下，第二受让人法律上所有权（登记）的取得一般为非善意，此时登记的公示公信力并没有得到体现，登记并不能完全表征所有权，受让人也不能基于登记主张"善意"。

情形三，非登记占有。在案例的总结过程中，发现此种情形是最多的。同时此种情形下因商事或民事的差异，善意之判断完全不同。

商事关系中，一般非登记占有可以推定为善意。如挂靠，"车辆挂靠在贵港港润物流公司名下，而挂靠又是便于经营之举，这使得购买人有理由相信现时的占有人有权利处分该车辆……按照《物权法》第 23 条、第 106 条规定，唐合忠已善意取得该车辆的所有权"。[1]商事关系中占有推定的效力较大，但是此种占有同样受到了限定：即需要同种类的商品。换言之，从服装店买来实际上为他人保管之衣物，可认为善意，但若是买来电器或其他属性

---

〔1〕 参见"贵港港润公司财产损害赔偿纠纷案"，（2017）桂 13 民终 288 号。

差异极大之物，善意之推定则有待考证。[1]同时出于保障商事交易行为安全及迅速之必要考量，对占有外观之信赖，应扩大其保护。[2]因此时受让人的"信赖"为大多数人所认可，此种信赖也应当得到保护。

民事关系中，善意与否的判断则迥然不同。有观点认为登记虽不是生效要件，但是却可以引起受让人的合理怀疑，如受让人没有进行进一步的审查则为非善意。非善意之判决亦有："且在车辆转让时已明知车辆行驶登记证所登记的车主并非让与人，在此情形下，被上诉人没有进一步查明涉案车辆的来源，即在明知出让人不具有涉案车辆的处分权的情况下进行了交易，显然不属于善意取得。"[3]再如，"且在车辆让与事前明知车辆行驶证所登记的车主并非让与人，在此情形下，韩春阳没有进一步查明涉案车辆的来源，其在购买该车的时候，于国辉提供了与永吉县中原驿马货运有限公司的协议，但韩春阳并没有对此进行核实，即在明知让与人不具有涉案车辆的处分权的情况下进行了交易，显然不属于善意取得"。[4]在非登记占有情形下法院认为受让人属于善意的情形也存在，"乔李明将被上诉人的身份证复印件提供给王钟燕用于办理车辆过户，作为被上诉人的王钟燕完全有理由相信非登记占有人乔李明处分财产的行为征得了登记人的同意"。[5]即因为原所有权人的惹起行为，导致了受让人有理由相信无权处分人有权利处分该车辆。因此受让人的信赖利益因为原所有权人自身的缘故在司法上获得了保护。

导致受让人产生"无权处分人具有所有权人性"的情事，在机动车所有权善意取得之"善意"判断中有重要的意义。这些情事涵盖了善意取得制度中的三方，原所有权人的惹起行为，无权处分人的身份及状态，受让人支付的价款，交易的场所时机等均可以作为善意的判断标准。因"善意"是对受让人的评价，虽然涉及交易的另外双方，但关键看受让人在交易过程中处于何种状态，以下进行分别论述。

---

[1] 肖厚国：《物权变动研究》，法律出版社 2002 年版，第 375 页。

[2] 谢在全：《民法物权论（上册）》，中国政法大学出版社 2011 年版，第 273 页。

[3] 参见"刘志兵与卢志成财产权属纠纷上诉案"，（2007）绍中民一终字第 463 号。

[4] 参见"韩春阳与李殿军返还原物纠纷案"，（2017）吉 02 民终 1742 号。

[5] 参见"王璐、王钟燕返还原物纠纷案"，（2017）鲁 06 民终 519 号。

(二) 对原所有权人惹起行为的注意程度

首先是原所有权人的惹起行为。惹起行为是指造成某种事实状态的行为。如所有权人将自己的动产交由他人保管,并且没有妥善保管自己的权利证书,导致受让人以为占有人具有所有权人性。[1]善意取得制度涉及原所有权人静态安全及受让人交易过程中动态安全的权衡问题,二者的利益保护偏向则在于特殊动产善意取得制度中需要衡量原所有权人的可归责性及第三人的注意程度之间的差异。

1. 原所有权人具有可归责性

从上诉案例可以看出,在我国司法实践中,对于特殊动产的善意取得中"善意"的判断并没有采用"登记推定"或者是"占有推定"的原则。大量存在的非登记占有案例,法院综合多方面的因素进行考量,对于当事人善意与否的考量,也涉及原所有权人是否具有造成无权处分人的所有权人性的可归责性。

原所有权人没有将过户登记所需要的证件进行妥善的保管。[2]受让人因怀着获得所有权的主观心态进行交易,如果无权处分人具有过户登记的文件出示,在一定程度上表明其具有处分权,增强了受让人信赖的善意程度。证件的种类以及交易方式也会对"善意"的判断造成影响。我国二手机动车的交易方式主要为直接交易、间接交易及完全私下交易。[3]根据我国《机动车登记规定》申请转移登记,现机动车所有人应当填写申请表,交验机动车,并提交:现机动车所有人的身份证明,机动车所有权转移的证明、凭证,机动车登记证书,机动车行驶证。[4]其中身份证明,就机关、企业、事业单位、社会团体而言,是该单位的《组织机构代码证书》、加盖单位公章的委托书和被委托人的身份证明;居民的身份证明,是《居民身份证》或者《临时居民身份证》;在暂住地居住的内地居民,其身份证明是《居民身份证》或者

---

〔1〕 肖厚国:《物权变动研究》,法律出版社 2002 年版,第 371 页。

〔2〕 参见"李凤芹与日照市凌云旧机动车交易中心等返还原物纠纷上诉案"(2017)鲁 11 民终 287 号。

〔3〕 参见《二手车流通管理办法》,商务部、公安部、国家工商行政管理总局、国家税务总局 2005 年第 2 号令,第 6 条。

〔4〕 参见《机动车登记规定》(2012 年修正),公安部令第 124 号。

《临时居民身份证》，以及公安机关核发的居住、暂住证明。[1]机动车登记证和行驶证是注册登记以后，将由车辆管理所同时核发。机动车登记证书是机动车已办理了登记的证明文件，由公安机关交通管理部门车辆管理所签发，不随车携带。[2]同时按照我国现行《中华人民共和国道路交通安全法》（以下简称《道路交通安全法》），驾驶机动车上道路行驶，需要具备：机动车号牌、检验合格标志、保险标志及机动车行驶证。[3]

通过以上规定我们可以发现，原所有权人如果是基于非所有权转让而将机动车归于他人占有时，需要注意将自己的相关证件进行有效的保管，以免使得无权处分人具有权利人性。证件包括身份证、机动车登记证、行驶证。因行驶证为行车必须，对"善意"的判断不存在实质的影响。身份证件，《机动车登记规定》并没有明确需要身份证明的原件还是复印件，本文认为以原件为必要，原所有权人应当进行妥善的保管。其次是机动车登记证，因其非为行车之必要，除转移所有权以外，不应当将其一同交予借用租用或者保管人。加上机动车转移的凭证和证明多为买卖合同或者是二手交易市场交易完成之后出具的发票，[4]中间夹带了许多的交易习惯及交易变通性的存在，而受让人能力的限制，其善意的证明力一般比较强。而机动车登记证很多时候无权处分人会以毁损、灭失、遗失为借口来进行隐瞒，本文认为受让人不应当将出让人所称的"登记证书"毁损灭失作为其具有所有权人性的一个标准。第三人应当要求无权处分人与前手进行补办，按照我国《机动车登记规定》，登记证灭失丢失的应当进行补办，补办的成本较低，与另一方的交易安全价值相比是可待商榷的。[5]

综上所述，本文认为在私人交易的情形下，受让人主张信赖占有人具有所有权人性并善意取得的情形，从当事人具有可归责性的角度来看，只有在

---

〔1〕 参见《二手车流通管理办法》，商务部、公安部、国家工商行政管理总局、国家税务总局2005年第2号令，第64条。

〔2〕 黄少忠：《机动车管理》，电子科技大学出版社2013年版，第84页。

〔3〕 参见《道路交通安全法》（2011年修正），主席令第47号。

〔4〕 参见《二手车流通管理办法》，商务部、公安部、国家工商行政管理总局、国家税务总局2005年第2号令，第25条。

〔5〕 参见《机动车登记规定》（2012年修正），公安部令第124号，第43条第1款。参见《道路交通安全法》（2011年修正），主席令第47号，第81条。

当事人将自己的身份证原件及登记证原件没有进行妥善保管时，才可称为"善意"。

2. 原所有权人不具有可归责性

随着现代经济生活的发展，完全的私人之间的交易已经相当少，并且会因为没有在二手车交易市场进行交易被认定为非善意。[1]二手交易市场的介入使得第三人之"善意"判断更加明晰，其法律上的规定性也使得各方利益得到更好的保障。

按照《二手车流通管理办法》，因二手车卖方应当拥有车辆的所有权或者处置权。故二手车交易市场经营者和二手车经营主体应当确认卖方的身份证明，车辆的号牌、《机动车登记证书》《机动车行驶证》，有效的机动车安全技术检验合格标志、车辆保险单、交纳税费凭证等。[2]此处的身份证明并未详细规定，本文认为可采用机动车登记规定来确定，采用原件为宜。二手车交易市场作为典型的经营主体，应当按照相关规则进行登记，而在二手交易市场上的交易信息及其作为交易中介的情况下，受让人一般都为善意取得。此时涉及无权处分人的伪造证件及交易证明，应属民事欺诈行为或者是刑事犯罪。

综合以上讨论，可以看出受让人对原所有权人的惹起行为的注意能力是有限的，注意义务的程度也因实践中逐渐发展完善起来的二手车交易市场，发生了一定程度上的变化。在有二手市场介入的情形下，受让人一般为善意取得。而交易市场中进行的直接转让行为，受让人应当尽量避免，因法律上的规定，对于交易凭证进行审查之义务并不能很好的实行，大多数情形下将承担被认定为非善意的风险。不过本文认为，受让人审查的能力有限，不应当对其有过高的要求，对于无权处分人所提供的证明其所有权人性的证件，只要正常情形下，一般理性人会误信即可认定为善意。

---

〔1〕 参见《二手车流通管理办法》，商务部、公安部、国家工商行政管理总局、国家税务总局 2005 年第 2 号令，第 6 条。参见"刘志兵与卢志成财产权属纠纷上诉案"："该协议并非按照《二手车流通管理办法》规定的方式在二手车交易市场内签订"，(2007) 绍中民一终字第 463 号。

〔2〕 参见《二手车流通管理办法》，商务部、公安部、国家工商行政管理总局、国家税务总局 2005 年第 2 号令，第 15 条。

（三）对交易过程的注意程度

1. 交易场所和时机

我国《物权法司法解释（一）》第 17 条规定："受让人受让动产时，交易的对象、场所或者时机等不符合交易习惯的，应当认定受让人具有重大过失。"在二手机动车交易过程中，二手车直接交易应当在二手车交易市场进行。[1]关于二手机动车的交易场所，不同的法院有不同的观点，一种为"二手机动车交易未按照二手机动车交易办法在二手机动车交易市场进行，应当认为非善意"。[2]另一种观点则认为，当事人之间的行为属于意思自治，是否在二手交易市场进行不应当作为善意的判断标准。[3]

本文认为司法解释所说的交易场所应当是不符合通常交易习惯的场所及时机，法院进行审理时不应当拘泥于《二手车流通管理办法》，将二手车交易市场作为"善意"判断标准中的"符合交易习惯的场所"，而将当事人之间的意思自治置若罔闻。不符合交易习惯的场所应当是"非公开市场"及"黑市"，[4]交易时机应当是按照商品的属性来判断时间的合理性。

2. 交易的价格

受让人因本文讨论的为机动车所有权之"善意取得"，故合理价格要件有讨论之必要。学说上关于合理价格有两种观点，一是主观标准，是指以当事人主观上认可的价格为准，至于客观上价格是否合理在所不问。二是客观标准，即按照社会观念，认为价格与标的物的价值大体相当的，即认定为价格合理。本来，合同以给付与对待给付之间的主观等值性为原则，客观等值性为例外。[5]但如果在善意取得制度中，交易价格也按照主观善意标准，就给无权处分人和受让人恶意地将过低的价格谎称为合理价格提供了机会，并以

---

〔1〕 参见《二手车流通管理办法》，商务部、公安部、国家工商行政管理总局、国家税务总局 2005 年第 2 号令，第 6 条。

〔2〕 参见："韩春阳与李殿军返还原物纠纷案"，（2017）吉 02 民终 1742 号。

〔3〕 参见："张秀亮与杨腾飞买卖合同纠纷案"，（2016）鲁 1422 民初 1816 号。

〔4〕 王利明：《物权法》，中国人民大学出版社 2015 年版，第 106 页。

〔5〕 [德]卡尔·拉伦茨：《德国民法通论（上册）》，王晓晔等译，法律出版社 2013 版，第 60~64 页。

此来对抗真实的物权所有权人,有违公平公正的原则。[1]我国实体法上采用的是"客观标准",规定应当结合标的物的情态,参考转让时交易地的市场价格以及交易习惯等因素综合判断。[2]

因善意取得条款中规定,"以合理的价格转让",并没有明确"价格"是实际交付还是合同约定的合理价格。按照文意解释来看,"价格"是指为商品价值的货币表现,价款为买卖时收付的款项。[3]可见买卖合同中将当事人约定支付的标的物的对价称作为价格,但是该价格有可能是受让人已经支付的,或者是没有支付的。仅从法条上来看,该规定具有中立性,既包括受让人付清了合理的价款,又包括尚未支付,并不以实际支付为必要,未来支付亦可。[4]本文不赞同此种观点,在二手机动车善意取得的案件中,价款应当以实际支付为必要。[5]一是机动车交付生效,若受让人没有实际支付对价,原所有权人可以就未完成的交易进行对抗。同时很多实质上无偿的交易,可能因合同约定价款的合理性,而受到法律的保护,这有违善意取得宗旨。在实践中,以二手车抵债的情形多有出现,在确有证据证明的情形下,应当将其视为价金的提前支付。

3. 交易主体

当无权处分人与买受人没有特殊关系的时候,则需要看当事人是否形迹可疑,[6]简而言之,出卖人是否为社会所公认的有嫌疑之人,受让人应当有合理的理由认为其不是真正的所有权人。

如二者之间存在特殊关系,近亲(尤其是家属)此时属于授受行为,得确定其让与人为恶意。[7]法官亦需要根据自己的生活经验,来判断是否属于恶意串通的情形。本文赞同该观点,亲属之间的行为更应当认定为非善意,

---

〔1〕 崔建远:《物权法》(第三版),人民大学出版社 2014 年版,第 81 页。

〔2〕 参见《物权法司法解释(一)》,法释〔2016〕5 号,第 19 条。

〔3〕 中国社会科学院语言研究所词典编辑室:《现代汉语词典》,商务印书局 1981 年版,第 536 页,转引自崔建远:《物权法》(第三版),人民大学出版社 2014 年版,第 81 页。

〔4〕 席志国:《中国物权法论》,中国政法大学出版社 2016 年版,第 91 页。

〔5〕 王利明等:《中国物权法教程》,人民法院出版社 2007 年版,第 147 页。

〔6〕 王利明:《物权法》,中国人民大学出版社 2015 年版,第 106 页;史尚宽:《物权法论》,中国政法大学出版社 2000 年版,第 565 页。

〔7〕 史尚宽:《物权法论》,中国政法大学出版社 2000 年版,第 565 页。

因亲属对无权处分事宜知晓的可能性非常大，同时也符合一般的社会生活经验。

4. 其他

除去以上讨论的内容，亦有受让人通过何人在何种情形下进行交易，应当有所记忆，如果原告要求，受让人拒绝陈述，则可将受让人推定为"恶意"。[1]本文认为，正常的情形下，受让人为了表明自己的善意，将会详尽的阐述交易之细节，及其误信无权处分人具有所有权人性的各种情事，因此不陈述可推定为非善意。

（四）善意的判断时点

一般善意的判断时间点是指"依法完成不动产物权转移登记或者动产交付之时"[2]，故动产善意取得中"善意"判断的准据时点为受让人进行动产交付之时。动产交付有现实交付和观念交付之分，观念交付又有简易交付、占有改定和指示交付三种。现实交付中善意发生的准据时点为交付之时，简易交付中，因为受让人在物权变动前就已经先行占有该动产，故其善意发生的时间准据点为让与合同生效之时。对于指示交付和占有改定，其善意的判断准据时点存在较大的争议，因其不属于本文讨论的重点，故仅阐述本文观点：在指示交付场合，善意取得的准据时间为受让人取得返还请求权之时。而占有改定因"占有改定乃观念的移转，没有外部征象表明发生了什么交易，结果很难判断善意取得行为是否存在，通过如此不确实的行为就使原所有人丧失权利，欠缺稳妥性"[3]，故其不适用善意取得。

特殊动产采用登记对抗主义，交付属于其生效要件，其善意判断的准据时间点应当与一般动产一致，即在其进行交付时，是否知晓出卖人为无权处分人。机动车交付之后，物权行为即完成，事后对于出卖人无权处分之真实情况的知晓，不应当作为影响善意成立的情形。[4]也就是机动车在交付之时，若不知处分人为无权处分人，在转移登记之时，即使知晓真实的权利状态也

〔1〕 杨立新：《物权法》，中国人民大学出版社 2016 年版，第 63 页。

〔2〕 参见《物权法司法解释（一）》，法释〔2016〕5 号，第 18 条，第 19 条。

〔3〕 肖厚国：《物权变动研究》，法律出版社 2002 年版，第 378 页。

〔4〕 尹田主编：《物权法》，北京大学出版社 2013 年版，第 202 页。

应当认为是"善意"。

结 论

本文通过案例发现机动车所有权善意取得之"善意"判断的复杂性,进而希望通过理论学说及对实践经验的总结,对机动车善意取得之"善意"进行细化讨论。目前我国主要采取的是善意的消极观念说,也就是受让人"不知情且无重大过失",司法实践中采用的是"客观善意主义",特殊动产因其行政管理登记的存在及登记对抗主义下登记的非强制性,使得受让人客观善意的外观表现难以明辨。

本文认为,受让人之"善意"的判断,主要是看其是否能够形成对无权处分人的所有权人性的误信。因非登记占有情形的大量存在,此种误信并不是简单地以登记推定或者是占有推定,而应当综合各方因素。此种"善意"的来源由两部分组成:一是原所有权人的惹起行为,在现实生活中,因受让人能力有限,对其必要的注意义务往往能够达到。此种情形下,不管原所有权人是否具有归责性,受让人一般为"善意"。原所有权人的利益也因二手车交易市场的介入,获得了一定的保障。二是机动车受让人对交易过程必要的注意义务,虽这些善意的判断标准也适用于不动产和动产,但实践中因二手车流通管理办法及登记管理条例的存在,使得法院判断善意的过程中与其他标的有一定的差异。本文认为法院在机动车受让人善意与否的过程中,不应当拘泥于《二手车流通管理办法》的规定,而应结合当地的交易习惯和交易市场的成熟度进行判断,过于严苛的要求可能会阻滞二手机动车的市场流通。也即在交易过程中的注意义务,不应当因登记对抗主义及行政管理条例的存在而被特别对待。

总而言之,"善意"是善意取得制度的核心。判断标准的进一步细化,不仅对潜在的二手车交易主体有一定的提示作用,也对法院的审判工作具有一定的参考价值。

The Judgment on "Good Faith" of Bona Fide Acquisition
of Motor Vehicle Ownership

Abstract: Bona fide Acquisition is an important way of property rights obtainment, among which the judgment on "good faith" is the core element. There are correspondingly objective standards of the traditional real estate and general movable property to help judge whether the third party is bona fide or not. When it comes to the special chattel, because of its administrative registration, its appearance of possession cannot prove its good faith. For the reason of its transaction frequency and the non-mandatory registration under registration antagonism, the registration appearance cannot fully prove its good faith either. Based on this, the judgment on the good faith of the special chattel is of more complexity. Starting from the concept of good faith and judgment standard of good faith theory in judicial practice, considering the Chinese legal provisions at present stage and referring to practically judicial precedents, the writer is going to refine the judgment standards of good faith of bona fide acquisition of motor vehicle.

Key words: the negative concept of good faith; objective good faith; good faith acquisition of motor vehicles

对仲裁第三人制度的探讨

中国政法大学法学院 2015 级 4 班　赵燕铃

指导老师：中国政法大学民商经济法学院教授　乔欣

摘　要　笔者赞同仲裁第三人制度的折中说，认为仲裁第三人制度并不会影响仲裁的保密性、自愿性和经济性。针对当下仲裁实践的需求和国际仲裁立法的趋势，通过价值衡量，可以得出在我国设立第三人制度确有一定合理性与必要性的结论。笔者认为将仲裁第三人引入仲裁程序的前置条件是：①由当事人或第三人提出申请；②经第三人、至少一方当事人和仲裁庭同意。

笔者反对部分仲裁委员会规则中要求第三人与双方当事人重新签订仲裁协议或补充协议的规定，因为在一方当事人与第三人同意的情形下，当事人和第三人的自愿性已经得到了充分尊重，仲裁庭也因此获得了合法的仲裁权，无需多此一举。此外，仲裁第三人的法律地位及权利义务应区别于当事人，其中最主要的区别在于第三人不享有提出管辖权异议、选择仲裁员、选择仲裁程序、提出仲裁协议无效等程序性权利。

关键词　仲裁制度　仲裁协议　第三人

绪　论

仲裁第三人制度在《中华人民共和国仲裁法》（以下简称《仲裁法》）和相关司法解释中至今未有体现，最高人民法院在审判实践中也间接否定了仲裁中存在第三人的情形，学界对此也一直争议不断。但是针对我国仲裁实践中客观存在的与仲裁争议事项存在实质利害关系的第三人现象，结合国内外仲

191

裁机构仲裁规则中关于仲裁第三人的立法经验，笔者认为有必要对仲裁第三人制度进行全面的研究，参考域内外立法和实践经验，同时结合仲裁制度的自愿性、保密性等优势，探寻在我国构建仲裁第三人制度的合适入口和可能方案。

一、案情引入

2013 年元旦，包××借款 45 万元给刘××并签署借款合同，合同中明确约定与合同履行相关的争议由双方协商解决，协商不成则提交连云港仲裁委员会仲裁，并经二人确认签字。后二人就借款问题产生纠纷，包××根据以上仲裁条款向连云港仲裁委员会申请仲裁，连云港仲裁委员会立案受理后，包××于审理期间申请追加张××作为第三人参加仲裁。

张××以其与包××、刘××之间未曾签订仲裁协议为由提出管辖权异议，但连云港仲裁委员会却搁置张××关于管辖权异议的请求，并通知其准时到庭参加仲裁。后连云港仲裁委员会作出（2016）连字第 0674 号裁决，裁决第三人张××与被申请人刘××对上述债务承担共同还款责任，并裁决由该二人与申请人包××共同分担本案仲裁费用。

第三人张××不服上述仲裁裁决，向江苏省连云港市中级人民法院提起诉讼，认为连云港仲裁委员会的上述裁决构成超裁，申请撤销（2016）连字第 0674 号裁决。连云港中级人民法院根据《仲裁法》及相关司法解释认为，本案仲裁裁决中存在无权仲裁的情形，并裁定撤销该裁决中有关张××责任承担部分的内容。具体而言，本案中张××属于案外人，并非《借款合同》中仲裁条款的当事人，其与当事人之间不存在借款合同关系，在包××申请追加张××为第三人后，张××明确提出异议，但连云港仲裁委员会无视其异议强行追加张××为第三人，并最终裁决第三人张××与被申请人刘××共同承担还款责任、分担仲裁费用，明显超出了申请人申请仲裁的范围，构成超裁。

笔者认为，仅从当事人与第三人在仲裁程序中的不同地位进行观察，本案中的仲裁程序及结果严重违背了仲裁的自愿性基础，将与仲裁协议无关的第三人强行纳入仲裁中并要求其承担实体义务，是对第三人自由意志的直接剥夺。从本案着眼，针对其中的多方复杂关系，下文将展开有关仲裁第三人制度的学理探讨。

二、仲裁第三人及相关概念辨析

（一）第三人与仲裁第三人的概念

民事诉讼领域中的第三人一般是指区别于双方当事人，参与到他人已经开始的案件审理程序中并对他人争议事项存在实质利害关系的第三方当事人。仲裁第三人是第三人的下位概念，可以从广义和狭义进行区分。广义的仲裁第三人是指不受仲裁协议效力约束，有权申请参加仲裁并具有独立地位的仲裁第三方当事人。狭义的仲裁第三人是指不受仲裁协议效力约束，对原仲裁当事人系争标的具有独立请求权或者与案件仲裁结果存在法律上利害关系的人。[1]

下文所称"仲裁第三人"采用的是狭义第三人之说，是指对仲裁当事人系争标的具有独立请求权，或者同案件仲裁结果存在法律上的利害关系，为避免自身合法权益受损，申请或被申请参与到他人已经开始但尚未审结的仲裁案件中的非仲裁协议表面签字人。

（二）仲裁第三人与诉讼第三人的关系

仲裁第三人与诉讼第三人既联系紧密，又相互区别、相互独立。首先，从分类标准上来说，仲裁第三人和诉讼第三人类似，可以区分为有独立请求权的第三人和无独立请求权的第三人。此种分类的意义在于，通过把第三人的范围扩展到受案件审理结果实质性影响的人，将仲裁第三人所谓的"准入门槛"与诉讼第三人的"准入门槛"统一，再通过一系列前置条件合法、合理、自愿地将第三人引入仲裁之中，可以在一定程度上避免虚假诉讼的原仲裁当事人故意损害第三人的合法权益，将其直接排除在仲裁程序之外。

除了分类标准类似外，仲裁第三人与诉讼第三人作为两种独立的纠纷解决方式，在解决机制、设立目的、价值追求上有着不可割裂的联系，比如二者都是参与到他人之间已经开始的仲裁或诉讼当中的利害关系人，其参与仲裁或诉讼的前提和基础都是原当事人间已经存在的仲裁或本诉。二者的制度

---

〔1〕 参见乔欣：《仲裁法学》（第二版），清华大学出版社 2008 年版，第 103 页。

设计目标均是为了减轻当事人及第三人的负担、节省纠纷解决成本、提高纠纷解决效率，在此基础上达成默契，有着共同的价值追求。

但是在否定完全照搬诉讼第三人的立场下，我们更关注的是二者的区别。笔者认为，仲裁第三人和诉讼第三人最显著的区别归根到底就是仲裁与诉讼的区别，仲裁作为一种独立的纠纷解决方式，相较于诉讼而言，更强调当事人的意思自治，因此兼具民间性和司法性的特点。仲裁权产生于当事人的授权，因此仲裁第三人的引入仍需充分尊重当事人和第三人的自主性与自愿性，不能由仲裁庭不问当事人和第三人之意愿而依职权引入，否则即是对仲裁制度意思自治底线的突破。相比之下，在司法性质主导的诉讼程序中追加第三人的途径则更多，既可以依当事人申请追加第三人，也可以不经当事人和第三人同意，直接由法院依职权追加第三人。

由于仲裁第三人与诉讼第三人存在上述区别和联系，因此在构建仲裁第三人制度的过程中，我们切忌采取"拿来主义"，生搬硬套诉讼中有关第三人的规定。而应在保持仲裁特有的自愿性、经济性、保密性的基础上，根据仲裁本身的特点为其"量体裁衣"，从而为仲裁第三人在我国的设立寻找一个合适的、具有可操作性的途径。

（三）仲裁第三人的特征

1. 相关性

从仲裁第三人的具体特征来看，仲裁第三人与当事人之间存在一定的相关性。一方面，仲裁第三人介入仲裁的时间有所限制，即须在仲裁庭审理仲裁案件期间，当事人之间的仲裁程序已经开始后但尚未结束前，由仲裁当事人或第三人本人申请参加仲裁。换言之，仲裁第三人参加仲裁必须依赖于当事人之间已经存在的、正在进行中的仲裁程序。另一方面，仲裁第三人与仲裁案件具有一定的牵连关系，即仲裁第三人对于案件系争标的具有独立的请求权，或者同案件仲裁结果具有法律上的利害关系，受仲裁裁决结果实质影响。因此第三人可以依据上述相关性，经一定前置条件参与当事人之间的仲裁案件。

2. 独立性

从另一角度观之，仲裁第三人区别于双方当事人，前者的法律地位和权利义务不完全等同于后者，具有一定的独立性。仲裁第三人的具体权利义务在下文将着重展开，此处不加赘述。一方面，仲裁第三人的最大特征是其与双方当事人之间不存在书面的仲裁协议，协议中约定适用的争议解决方式与程序并不体现第三人的自由意志。因此，第三人作为仲裁协议的非表面签字人，原则上不直接受双方当事人签订的仲裁协议效力的约束，在加入仲裁之前属于案外人。即便第三人与本案仲裁结果存在实质的利害关系，仲裁庭或当事人也无权违背第三人的自由意志将其强行纳入仲裁程序中。另一方面，附条件引入的仲裁第三人在加入仲裁后仍具有独立的法律地位，不依附于任何一方的当事人，有权在案件审理过程中提出自己的主张并提供相应的证据等。综上，仲裁第三人在加入仲裁程序后有权独立行使其权利义务，具有一定的独立性。

正是基于上述仲裁第三人所具有的相关性和独立性特征，为了凸显仲裁第三人的独特法律地位，对仲裁第三人制度的学理研究应区别于诉讼第三人，不能不切实际地全盘照抄，否则就模糊了仲裁和诉讼的界限，丧失了仲裁第三人独有的特征。

三、有关仲裁第三人的学术观点分析

对于仲裁中是否存在第三人，学术界存在不同的立场和观点，简单列举如下。

（一）肯定说

持肯定说观点的学者大多从仲裁的司法性出发，主张适当突破意思自治原则，通过扩张仲裁协议的效力来寻找仲裁第三人存在的合理依据，并且从仲裁的价值取向和域外立法趋势上认可了仲裁第三人制度的合理性。持肯定说观点的学者认为，意思自治原则并非不受任何限制，其服从于仲裁对效益和公平的价值追求。由于社会关系的复杂性和关联性，仲裁往往会涉及第三人的利益，因此设立第三人制度不失为实践中利害相关第三人与当事人之间解决纠纷的高效途径。

（二）否定说

将否定说观点的学者主张第三人在仲裁中无立足之地，当事人并无意愿与之仲裁，准许仲裁协议表面签字人之外的第三人加入仲裁，极大地破坏了仲裁的自愿性基础。将其无端引入仲裁程序，不仅损害了仲裁制度的自愿性、当事人的确定性，也大大破坏了仲裁所特有的保密性和经济性，这无疑剥夺了仲裁相对于诉讼的突出优势。另外，持否定说的学者认为仲裁中不存在引入第三人的必要性，倘若双方当事人与第三人达成合意，即形成与仲裁协议类似的效力，此时所谓第三人俨然成为当事人，至此便混淆了二者的界限，所谓的"仲裁第三人制度"也就形同虚设、名存实亡了。另外，通过协商或者诉讼途径也可以化解仲裁当事人和第三人之间的纠纷，因此仲裁第三人并非必须的制度设计，无须一味追求仲裁效率，"削足适履"将导致牺牲仲裁最突出的优势。

（三）折中说

折中说其实是附条件的肯定说，即有条件地认可仲裁第三人的存在，并且对其在仲裁程序中的法律地位及权利义务作出有别于当事人的限定。通过设置一定的"门槛"，有条件地引入第三人，比如需经第三人或当事人申请，需经当事人和仲裁庭同意等，从而弥补了肯定说的不足。

（四）学说评析

笔者认为，以上三种学说其实并无本质上的区别，透过字斟句酌的学说外观，可以看出不论是肯定说、否定说，抑或是折中说，无非是从正反面的不同视角对于第三人制度的引入做出了小心翼翼地解释和合理的怀疑，肯定说和否定说并不是真正意义上非此即彼的对立。例如，持肯定说观点的学者也并非一味地全盘照搬诉讼第三人，此种肯定不过是对于仲裁中设立第三人制度的优势的肯定，至于如何让其运用到具体的仲裁实践中，持肯定说的学者也认为是附有条件和前提的。而持否定说观点的学者之所以站在貌似对立的"保守"立场，其实主要是否定"极端肯定说"中全盘照抄民事诉讼第三人的做法，即不问第三人和当事人之意愿，直接由仲裁庭依职权引入第三人，肆意地突破仲裁的自愿性、民间性基础。所以，某种程度上折中说的观点恰恰是肯定说和否定说观点的折射，不像肯定说一味地宣扬司法性，也不像否定说一贯地固守自愿性。通过设置一定的前置条件，尽可能地扬长避短、博采众长，在司法性和自愿性之间取得较为恰当的平衡。一旦厘清了仲裁第三人不同于诉讼第三人的具体之处，就能迅速抓住学说争议的焦点，更好地将关注点放到仲裁第三人制度本身，定分止争，完善立法，指导实践。基于折中说的立场，笔者将展开下文的论述。

四、仲裁第三人制度的域外立法

（一）《荷兰民事诉讼法典》

《荷兰民事诉讼法典》第 1045 条规定，经与仲裁程序的结果有利害关系的第三人书面申请，仲裁庭可以允许该第三人参加或介入仲裁程序；如果第三人根据他与仲裁协议的当事人之间的书面协议参加仲裁，其参加、介入或联合索赔仅可由仲裁庭在听取当事人的意见后许可；一旦获准参加、介入或联合索赔的，第三人即成为仲裁程序的一方当事人。[1]

依据上述规定，可以总结出荷兰追加仲裁第三人的途径有以下两种：一种是第三人向仲裁庭书面提出请求，并获仲裁庭准许后加入；一种是第三人与当事人另外签订仲裁协议，经仲裁庭准许后加入。可以看出，在第三人引入问题上荷兰立法者赋予仲裁庭较大的自由裁量权，由其最终决定第三人是否能够加入。特别是在第三人与当事人重新签订了书面仲裁协议的情形下，仍需征求当事人意见和仲裁庭的许可方能加入，条件较为严苛。此时第三人的地位与当事人基本等同，但其能否被引入仲裁，仍受到当事人和仲裁庭意思表示的约束。如果不存在书面协议，则无需过问当事人的意见，仅第三人申请并获准于仲裁庭，即可参与仲裁程序。此种情形下，仲裁庭实则有越俎代庖之嫌，越过了当事人意愿径自引入第三人，可能会极大地损害仲裁的民间性、自愿性。

---

〔1〕 刘晓红：《国际商事仲裁协议的法理与实证》，载仇学敏："论仲裁第三人制度在我国的引入"，华东政法大学 2015 年硕士学位论文。

（二）《比利时司法法典》

1998 年 5 月 19 日修订的《比利时司法法典》第六编第 1696 b 条对仲裁第三人规定如下：（1）受影响之第三人得向仲裁庭申请加入程序。此项申请应向仲裁庭书面提出并由其发送给各当事人。（2）当事人得向第三人送达合并审理通知。（3）在任何情况下，为获接纳，第三人之加入要求其与争议之各当事人之间订有仲裁协议。而且，还必须经仲裁庭一致同意。〔1〕

相较之下，比利时在第三人制度方面的立法较为严苛，不仅须由第三人主动提出申请，还要求当事人与其重新签订仲裁协议，且须获得仲裁庭一致同意，第三人方能加入仲裁。笔者认为此种做法实际上架空了仲裁第三人制度，有"偷梁换柱"之嫌，通过签订新的仲裁协议追加第三人，其地位实际上与当事人并无本质区别，这也正是否定说立场的学者所极力反对的。在此前提条件下，何须使用"第三人"的概念，直接将其作为新加入的仲裁当事人纳入仲裁程序即可，不必"画蛇添足"，多此一举。

（三）《伦敦国际仲裁院仲裁规则》

《伦敦国际仲裁院仲裁规则》规定，在任何时间，除非当事人另有约定，仲裁员应认可当事人的申请，可以颁布作为中间救济措施之一的追加第三人的措施，仲裁员追加第三人的权力依赖于第三人的同意和仲裁程序当事人之间没有相反的协议表示反对。〔2〕

从这一规则中可以看出，该规则肯定了当事人之间的书面约定可以排除第三人介入仲裁的效力。第三人若想顺利加入仲裁程序，仍以第三人的同意、当事人的消极默认以及仲裁员的认可为前提。相比之前荷兰、比利时两国的规定，笔者认为从借鉴意义观之，伦敦国际仲裁院的规定较为合理，更值得我国借鉴。但对于该仲裁规则中要求原仲裁当事人间无相反协议表示反对的消极条件，笔者认为尚且不足。只要当事人在规定期限内不对该第三人加入

---

〔1〕 宋连斌、林一飞译编：《国际商事仲裁新资料选编》，载仇学敏："论仲裁第三人制度在我国的引入"，华东政法大学 2015 年硕士学位论文，第 30 页。

〔2〕 参见《伦敦国际仲裁院仲裁规则》13.1（c），转引自仇学敏："论仲裁第三人制度在我国的引入"，华东政法大学 2015 年硕士学位论文，第 31 页。

仲裁明确表示反对或者无正当理由反对，即应推定双方当事人同意该第三人加入仲裁。此种设计更加符合我国的实践需求，有利于提高仲裁程序的稳定性和经济性，也有利于彰显诚实信用原则、维护仲裁的意思自治基础。

五、仲裁第三人制度的域内立法

如上所述，虽然域外的部分仲裁机构已经构建并实践了仲裁第三人制度，但我国《仲裁法》及相关司法解释至今仍未明文规定仲裁第三人，立法者并未给予其正当的法律地位。值得一提的是，1998 年最高人民法院在"江苏物资集团轻工纺织总公司诉裕亿集团有限公司、太子发展有限公司侵权损害赔偿纠纷上诉案"的裁定中载明："即使本案涉及第三人，在仲裁庭不能追究第三人责任的情况下，轻纺公司可以以第三人为被告向人民法院另行提起诉讼，当事人的合法权益仍然可以维护。"[1]由此可见，最高人民法院的立场是在法无明文规定的情况下，仲裁程序中不能引入第三人，当事人与第三人之间的纠纷可以通过诉讼途径解决。但是笔者认为，这一观点较为保守，抹杀了另辟蹊径引入仲裁第三人，从而提高当事人和第三人维护其合法权益的效率的可能性。从社会整体利益出发，通过适当的司法干预和制度设计，完全可以节省司法资源，同时达到公正合理解决纠纷的价值追求，何乐而不为？

但是，最高人民法院在 2004 年初《关于适用〈中华人民共和国仲裁法〉若干问题的解释（第一稿）》中明文承认了第三人的存在并直截了当地作出了以下规定：第三人行使订立仲裁协议的一方在仲裁事项中的权利的，仲裁协议对第三人有效。紧接着，最高人民法院在 2004 年 12 月的修改稿中将其修改为：仲裁协议当事人之外的第三人行使订立仲裁协议的一方在仲裁事项中的权利或者承担仲裁事项中的义务的，仲裁协议对该第三人有效。这一修订进一步补充扩展了仲裁第三人条款，原本有利于第三人制度在我国的构建，但在最终通过的正式草案中仅保留了仲裁协议对主债务连带保证人的约束力条款，有关第三人的规定却不知去向。[2]

可见，虽然立法上对于仲裁第三人制度并无明文规定，最高人民法院在

[1] 参见《中华人民共和国最高人民法院公报》1998 年第 3 期。
[2] 参见萧凯、罗骁："仲裁第三人的法理基础与规则制定"，载《法学评论》2006 年第 5 期。

相关裁决中也表明了否定立场，但是时过境迁，立法者和司法者的态度并非一成不变，对第三人制度的学理争议也不绝于耳。随着社会的进步与生产力的发展，社会关系愈加复杂，仲裁实践中仲裁第三人与当事人之间的纠纷普遍存在，倘若一味对于涉及仲裁事项的当事人与第三人维护其合法权益的请求置之不理，只能告知其另行提起诉讼，实则不能实现仲裁之便捷性、经济性的价值追求，也无谓地增加了当事人及第三人的维权成本。我国急需完善仲裁第三人的上层设计，用以进一步指导仲裁实践，实现仲裁真正的价值。因此，我们不妨参考我国部分仲裁机构关于第三人制度的先行性探索与尝试，以此为鉴，尝试寻找第三人制度在我国的合适入口。

《中国海事仲裁委员会仲裁规则》第 18 条规定，当事人的仲裁请求或反请求，当事人以外的利害关系人如认为案件处理结果同其有利害关系，经申请并与双方当事人达成协议，经仲裁庭同意后，可以作为当事人参加仲裁。此条仲裁规则和比利时的规定相近，都要求利害关系人申请参加仲裁，并与双方当事人重新签订仲裁协议。但笔者认为此种情形下并不存在第三人问题，利害关系人是以当事人身份参加仲裁案件的，与本文的观点不符。

对仲裁第三人规定得最为详尽的仲裁规则当属 1999 年 11 月 1 日起实施的《贵阳仲裁委员会仲裁暂行规则》。该规则专门设有第三人参加仲裁程序的章节，并在参加条件、仲裁庭通知、仲裁员选择等方面，对有独立请求权的第三人和无独立请求权的第三人作出了不同的规定。该暂行规则要求第三人和双方当事人重新达成仲裁协议并重组仲裁庭，如果意见不一，无法达成仲裁协议，则原仲裁程序恢复，第三人无权参加仲裁，同样不符合本文观点。令人唏嘘的是，2006 年通过的《贵阳仲裁委员会仲裁规则》直接删除了该章节，不再体现第三人参与仲裁的相关规则，在此不多赘述。

同样值得关注的是《中国（上海）自由贸易试验区仲裁规则》第 38 条，该规则对案外人申请参加仲裁作出了以下规定：在仲裁程序中，双方当事人可经案外人同意后，书面申请增加其为仲裁当事人，案外人也可经双方当事人同意后书面申请作为仲裁当事人。案外人加入仲裁的申请是否同意，由仲裁庭决定；仲裁庭尚未组成的，由秘书处决定。可见，该规则对于案外人加入仲裁作出了较为自由的规定，一方面可经双方当事人申请、案外人同意、仲裁庭或秘书处同意，另一方面可以由案外人申请、经双方当事人和仲裁庭或秘书处同意。但该规则将案外人以仲裁当事人而非第三人的身份引入仲裁，对于案外人是否需要符合诸如仲裁协议约束人、拥有独立请求权或者存在利害关系等其他条件未作规定，转而赋予了仲裁庭较高的审查义务和较大的自由裁量权，将决定权的重心明显后移到仲裁庭。

由此可见，我国部分地区的仲裁机构曾经认可并引进了仲裁第三人制度，虽然这些规则多面临被取代或抛弃的局面，对于仲裁第三人制度的学理争论也使得相关的立法态度摇摆不定，第三人制度在仲裁规则中仍是"时隐时现"。即便如此，这些仲裁规则对于我国仲裁引入第三人制度仍具有一定的参考价值。因此，我们应辩证地看待第三人加入仲裁程序的利弊，回应学理与实践中对于仲裁第三人的争议，通过立法加以指导和完善。

六、对仲裁第三人制度"否定说"的几点质疑

其实从立法者摇摆的态度就可以看出，仲裁第三人制度是否引入我国，在于对此制度优劣性的价值衡量和立法选择，一项制度的存在有其合理性也可能有其负面性，我们不能一叶障目不见泰山，必须客观、辩证地看待制度的两面性，在对其全面认识的基础上进行衡量，究竟是利大于弊，还是弊大于利，由此才能充分地认识仲裁第三人制度建立的合理性与必要性。下文便基于折中说立场，对否定说观点进行质疑与回应，加以证明我国立法引入该制度的合理性与必要性。

（一）仲裁第三人制度是否会损害仲裁的保密性

否定说观点认为，仲裁以不公开审理为原则，相关的仲裁人员一般都负有保密义务，相较于诉讼具有保密性的优势。如果轻易将仲裁协议约束的当事人以外的第三人引入仲裁程序，则会增加商业秘密和贸易信息被泄露的风险，仲裁的保密性无疑会受到冲击。

恰恰相反，笔者认为仲裁第三人之所以需要被引入，首先是由于第三人作为利害关系人，同本案仲裁事项已然客观存在一定的牵连关系，第三人在纠纷提交仲裁之前便掌握了与本案纠纷有关的信息甚至商业秘密。即便不追加第三人，仲裁的保密性也不会因此得到巩固，商业秘密和贸易信息的知情者范围并不会因此而缩减。其次，仲裁较诉讼而言具有保密性的优势不假，

因其以不公开审理为原则，更有助于保证原仲裁当事人的信誉和利益。但保密性并非绝对，所谓的保密范围指向的是与争议无关且毫不知情的社会公众，对于知悉甚至熟悉案情的第三人而言，其保密性一开始便不具有意义。再者，倘若不将第三人引入以不公开审理为原则的仲裁程序，转而由第三人另行提起以公开审理为原则的诉讼，则会更大程度上增加案件公开的可能性。不仅如此，为了维护仲裁的保密性，仲裁当事人可以自愿与申请参加仲裁的第三人签署保密协议，由此更好地将仲裁的保密性延续下来。

综上，笔者以为，持否定说的学者认为在仲裁中追加第三人将会损害仲裁保密性的观点是站不住脚的。

（二）仲裁第三人制度是否会损害仲裁的自愿性

否定说的观点认为，在仲裁中追加第三人违背了当事人的自由意志，当事人并不愿与之仲裁，此举极大地动摇了仲裁的自愿性基础。作为仲裁最显著的特点，自愿性强调当事人的意思自治是仲裁庭取得仲裁权的合法来源和首要前提，也是仲裁程序正当性的保障。倘若超出仲裁协议约束的当事人双方而引入没有自愿性基础的第三人，这是在当事人意料之外的，将极大地动摇仲裁制度存在的根基。

笔者对此提出质疑。首先，仲裁程序中引入第三人并非是无条件的、盲目的，而是设置有一定的前提和条件的，比如须经第三人或当事人主动申请，经第三人、至少一方当事人和仲裁庭同意等。在此前提下加入的第三人和原当事人的意愿受到充分的尊重，同时赋予了法庭一定的裁量权，在仲裁的民间性和司法性之间得到了较好的平衡，并不会损害仲裁的自愿性基础。其次，当事人意思自治原则不是绝对的而是相对的，仲裁协议的效力不必固定地限于原仲裁当事人之间。由于第三人与本案仲裁事项存在一定的利害关系，仲裁结果涉及其切身利益，在当事人没有事先约定排除的前提下，若当事人和第三人对追加第三人表示同意，自愿性也就扩张至第三人。再者，当事人之所以选择仲裁处理纠纷，追求的是以公正和效率为目标的裁决。倘若将与纠纷解决利害攸关的第三人排除在仲裁范围之外，则不利于仲裁庭迅速、全面地查明案情，这无疑会与仲裁追求公正和效率的目标背道而驰。随着社会经济的发展，社会关系的日趋多元化、复杂化，法律关系的主体不再局限于双方，当不允许第三人参加仲裁可能导致不公正、低效率的裁决时，就需要对意思自治原则进行必要的"突破"，让步于仲裁追求效益和公平的价值取向。鉴于仲裁一裁终局的特点，需要妥善处理好当事人意思自治与第三人权利保护的界限。通过设立第三人制度对当事人的意思自由进行适度的干预，既不过分损害仲裁的自愿性、自主性，又不牺牲第三人和当事人的合法权益，尽力谋求个人利益与社会利益之间的微妙平衡。

就仲裁第三人与仲裁协议的关系观之，笔者赞同仲裁第三人制度可以作为仲裁协议效力扩张的一种实际运用情形，通过多方一致的意思表示，将仲裁协议的效力扩张至第三人。在第三人、至少一方当事人和仲裁庭同意的条件下，第三人与原仲裁当事人之间实际上已经客观达成了新的仲裁合意。此时的第三人虽非仲裁协议的表面签字人，也因自愿同意参与到他人已经开始的仲裁程序中，而受当事人先前所签订的仲裁协议效力约束，从而将仲裁协议的效力由双方当事人扩张至案外第三人。因此，在仲裁程序中有条件地引入第三人并非意思自治原则的例外，而且能够有效地兼具仲裁自愿性和灵活性的优势。

（三）仲裁第三人制度是否会损害仲裁的经济性

在仲裁中追加所谓的第三人是否会增加当事人解决纠纷成本、损害仲裁的经济性？笔者的答案是否定的。笔者认为仲裁第三人制度的设立反而提高了纠纷解决的效率，降低了纠纷解决成本，避免浪费不必要的社会资源和增加当事人不必要的负担。仲裁第三人制度的建立有利于仲裁庭在全面了解案情的基础上，迅速、公正地作出裁决，促进仲裁当事人和第三人高效、便捷地化解纠纷。试想，倘若"一刀切"地排斥第三人进入仲裁程序，第三人只能通过诉讼程序另行维护自身的利益，当事人和第三人都会因此陷入新的司法程序之中，反而是对司法资源的一种浪费和对当事人的额外负担，甚至还会出现矛盾判决的情形。因而，构建仲裁第三人制度非但不会损害仲裁的经济性，反而有助于提高仲裁效率、减少仲裁费用和当事人的负担。

（四）仲裁第三人制度是否符合仲裁的价值取向和现实需求

实践中第三人对于仲裁事项确实存在利害关系的现象屡见不鲜，目前的仲裁制度并不能实现最大化的公平与效率，在仲裁体制内存在应对不足的问题，要求第三人另行提起诉讼维护自身合法权益，不仅浪费司法资源、增加当事人和第三人额外的负担，还会出现矛盾裁决的现象，加之域外的立法经验可供我国将来立法借鉴，为适应经济全球化，加强与国际仲裁立法的接轨，在我国增设第三人制度确有必要。

综上，基于本文提到的在仲裁中追加第三人的前提条件，通过利弊分析和价值衡量，笔者以为在我国引入仲裁第三人制度非但不会损害仲裁特有的自愿性、保密性和经济性，还有利于维护仲裁民间性与司法性的统一，顺应了现实需求和立法趋势，避免第三人另行提起仲裁或诉讼出现与原仲裁裁决相矛盾的情形。笔者认为应当合理地将第三人制度引入我国的仲裁实践中，以充分发挥仲裁的经济性，提高当事人解决纠纷的效率，避免司法资源的浪费。

以下，笔者将基于折中说观点的立场，对于在我国构建仲裁第三人制度及司法监督体系提出一些设想。

七、构建我国仲裁第三人制度的设想

（一）仲裁第三人的范围界定

依笔者之见，应将仲裁第三人界定为对原仲裁当事人之间的系争标的具有独立请求权，或者虽不具有独立请求权，但同案件仲裁结果存在法律上的利害关系，为避免自身合法权益受损而申请或被申请参与到他人已经开始但尚未结束的仲裁程序中的非仲裁协议表面签字人。

（二）仲裁第三人的引入方式

基于折中说立场，笔者认为在仲裁程序中引入案外第三人条件如下：

（1）当事人或第三人提出申请；（2）经第三人、至少一方当事人和仲裁庭一致同意。

为了明确本文观点，以下是对上述条件的几点具体说明：

（1）仅能由第三人申请加入仲裁或由当事人提出追加第三人的申请，仲裁庭不能越过前一条件直接依职权追加第三人，否则会同诉讼第三人相混淆，仲裁的自愿性、程序的正当性也会因此受到严峻挑战。在仲裁制度的框架内，我们仍然要将当事人和第三人的意思自由摆在首位，只有经当事人和第三人的授权，仲裁庭方能合法取得仲裁权。

（2）仲裁以不公开审理为原则，具有较高的保密性，不易为人所知晓。即便仲裁第三人与仲裁事项具有法律上的利害关系，也极有可能由于消息来源有限，无从知晓该案件的开始。为了避免当事人虚假通谋、骗取仲裁以损害第三人合法利益的情形出现，仲裁庭应对同仲裁案件存在利害关系的第三人负有通知义务，在案件开始后一定时间内提议第三人有权在限定时间内申请参加该仲裁程序，至于是否申请参与仲裁的选择权在第三人手中，不受他人干涉。第三人自愿申请参加的，则原仲裁程序中止进行，须征求当事人及仲裁庭意见后方能恢复。第三人逾期未申请或未被当事人申请的，即被排除在外，只能以案外人身份另行提起仲裁或诉讼，不得再进入先前的仲裁程序中。

（3）允许原仲裁当事人以默示方式表示同意第三人加入仲裁，即在规定期限内当事人不表示反对或者无正当理由反对，则推定当事人同意第三人加入仲裁。但第三人必须以明示方式表示自愿参加仲裁，通常是书面形式。对于第三人是否愿意加入仲裁采取明示的方式，有利于督促其慎重考虑，明确其意思表示，保护第三人的自愿性基础。而允许原仲裁当事人以默示的方式同意参加仲裁，一方面是为了提高仲裁的效率，避免损害仲裁的经济性。另一方面是对仲裁第三人的倾斜保护，避免当事人虚假通谋、恶意串通、骗取仲裁，损害第三人的合法利益。除非双方当事人在规定期限内明确表示反对，否则，期限一满，经第三人申请、仲裁庭准许，该第三人便可加入仲裁程序。

（4）追加第三人不需要取得原仲裁双方当事人一致同意，仅须一方当事人同意即可满足条件。理由如下：首先，如果双方当事人均同意追加第三人，其效力与三方重新签订仲裁协议相当，条件过于严苛，不具有实践操作性。其次，由于第三人对仲裁争议标的存在独立请求或实质上的利害关系，当事人也许会出于逃避自身责任、侵占他人利益的心理，试图通过反对第三人加入仲裁以妨碍其正当权利的行使，甚至通谋虚伪、骗取仲裁。由此，为了避免当事人恶意损害第三人利益，应当降低当事人同意的标准，在契约性与可行性之间取得一个较好的平衡点，这与上一条件中允许当事人以默示方式同意第三人加入在目标上殊途同归。再者，由于一方当事人的同意和授权，仲裁庭因此取得了合法的仲裁权，有权对第三人的资格进行审查并作出是否同意其参与仲裁的决定。因此，只要一方当事人表示同意，无须再次签订新的仲裁协议或补充协议，当事人与第三人之间实际上便形成了新的共同仲裁合意，仲裁庭也取得了合法的仲裁权，保障了仲裁程序的正当性。

（5）仲裁庭按照上述第三人范围的界定，在审查第三人是否符合仲裁第三人资格后，须明确作出同意或者拒绝第三人加入仲裁的决定。对于符合资格的第三人，仲裁庭还负有通知义务和告知义务，应通知其有权参与仲裁并告知其在参与后第三人的权利义务，以保障其享有完整的知情权，从而保障第三人享有充分的选择权。一旦第三人同意加入仲裁，便受当事人先前在仲裁协议中所形成的仲裁合意约束，视为其接受当事人所选择的仲裁机构、仲裁规则、仲裁程序等，且不得在审理过程中提出异议。

（6）第三人、至少一方当事人、仲裁庭之同意与否的意思表示并无先后顺序之分，但只有三者都一致同意，方可引入第三人。一旦其中一个条件不符合，则第三人无权参与当事人间已经开始的仲裁，只能另行提起诉讼或仲裁。

（7）第三人加入仲裁的时间也有所限制，第三人只能参与已经开始但尚未终结、正在进行的仲裁。在原仲裁当事人间的仲裁程序尚未启动之前，依据前述相关性特征，第三人并不存在。而仲裁审理终结，裁决一经做出即具有终局性的法律效力，第三人可以另行提起诉讼而无法加入已经终结的仲裁程序。

（三）仲裁第三人的地位和权利义务

仲裁第三人参加仲裁是以原仲裁当事人之间的本诉为前提，第三人参与仲裁的意思表示不是多方一致作出并且以书面形式固定下来的，其与当事人之间不存在共同仲裁的书面合意。因此，仲裁第三人作为依申请而介入他人间已经开始的仲裁程序的人，其法律地位及权利义务不应与当事人等同。从另外一个角度来看，在仲裁庭充分履行通知义务和告知义务后，仲裁第三人申请参加或同意参加仲裁，是建立在充分知晓其在仲裁程序中的地位及权利义务后作出的意思表示。因此，应视为第三人自愿接受此种限制，其实体上或者程序上权利行使应以不妨碍原仲裁当事人权利的正当行使为限。

由于仲裁协议的存在与否是仲裁当事人与第三人之间最为显著的区别，因此应保障第三人享有一定的实体和程序上的权利，足以使其在仲裁程序中维护自身合法权益，同时应对其权利行使做出适当的限制。而非一味照搬照抄当事人的权利义务，否则便会将第三人地位与重新签订仲裁协议的当事人地位相混淆。

1. 仲裁第三人的权利

（1）仲裁第三人的实体性权利。

理论上，仲裁第三人是自愿加入仲裁的第三方参与人，与仲裁事项具有独立的请求权或实体法上的牵连关系，应当具有不依附于任何一方当事人的独立法律地位。具体而言，第三人可以就系争事实提出独立请求或反请求，并就其主张提供相应的证据。在仲裁裁决作出之后，仲裁第三人可以向人民法院申请强制执行、撤销或不予执行该仲裁裁决，申请的理由及时限分别有不同的规定，但是应保证其拥有等同当事人的必要的司法救济途径。[1]

（2）仲裁第三人的程序性权利。

一方面，仲裁第三人享有知情权，有权知悉其在仲裁程序中的权利义务，在庭审过程中享有陈述、辩论和举证等程序性权利。另一方面，其权利行使应受限制，如仲裁第三人不具有主张管辖权异议、选择仲裁员和仲裁程序、提出仲裁协议无效等程序性权利，但仲裁员符合回避条件的除外。因为仲裁第三人是自愿参与仲裁的理性人，在仲裁庭充分履行了通知及告知义务后，第三人之同意便视为其接受双方当事人在仲裁协议中事先选择的仲裁机构、仲裁规则以及相应的仲裁程序，其权利行使也因此受限。从诚实信用原则的角度出发，对仲裁第三人上述程序性权利的限制具有合理依据，是第三人自愿、自主接受有负担的权利。从此种意义上而言，仲裁第三人的意愿仍受到了尊重。

2. 仲裁第三人的义务

首先，仲裁第三人对自己在庭审过程中提出的请求或反请求负有举证义务。其次，第三人负有保密义务，第三人依据其与案件存在的实质利害关系参与其中，对仲裁的保密性负有同样作为或不作为的义务。为此，当事人可

---

〔1〕 参见何敏："我国仲裁第三人制度构建研究"，安徽大学 2013 年硕士学位论文，第 27 页。

以选择在第三人介入仲裁程序前，同其签订一份保密协议或约定一个保密条款，保证与本案有关的商业秘密和贸易信息不被泄露，从而延续仲裁的保密性优势，保持和维护当事人及第三人商业信誉和合法利益。[1]

（四）仲裁庭的组成

由于仲裁第三人是在案件已经开始审理之后介入仲裁，为了更及时高效地审理仲裁案件、公平公正地解决纠纷，因此除符合法定的仲裁员回避条件之外，第三人同意参与仲裁后，视为自动放弃对仲裁员的选择权和对仲裁庭的组成的异议权。况且，限制第三人在这一方面的自主选择权并不会影响仲裁程序的公平性和正当性。因为仲裁员具有中立性、独立性，这就意味着即便是当事人事先选择的仲裁员也不受任何机关、团体或个人干预，包括当事人的干预。仲裁员理应根据案件相关的法律和事实，独立、公正、审慎地审理案件、作出裁决。笔者不赞成因为追加第三人而改变仲裁庭原有的组成形式和人数，延续我国当前的相关规定即可。

八、对仲裁第三人制度的司法监督

（一）对仲裁第三人制度进行司法监督的必要性

仲裁和诉讼是两种不同的纠纷解决方式，二者相互区别、相互独立，但这并不意味着仲裁权和审判权完全脱离或者相互对立。由于仲裁所具有的或裁或审、一裁终局以及民间性的特点，结合我国目前的仲裁实践而言，司法审查仍是对仲裁权最有力的监督。为了更好地发挥仲裁第三人的作用，保证仲裁裁决的公正性，应保障第三人同样获得权利救济的途径。赋予第三人以启动司法监督程序的权利，公正地对待第三人和双方当事人，为其提供平等的司法救济途径。

（二）构建仲裁第三人制度司法监督体系

笔者认为，仲裁第三人请求司法监督的时间点有两个，一个是第三人申

---

〔1〕 参见王晓青：“国际商事仲裁中的第三人问题”，吉林大学 2009 年硕士学位论文，第32 页。

请或被申请加入仲裁、仲裁庭准许后，另一个是仲裁庭作出仲裁裁决后。其一，第三人申请或被申请加入仲裁且获得仲裁庭准许后，第三人或当事人对仲裁庭的上述决定有异议的，第三人有权向有管辖权的人民法院申请司法监督。其二，在仲裁裁决作出后，已经进入仲裁程序的第三人有权向有管辖权的人民法院申请强制执行、不予执行或撤销仲裁裁决，这些实体性权利与当事人等同。通过完善与仲裁第三人制度配套的司法监督体系，才能充分实现对第三人权利的必要救济。

在目前的仲裁立法中，请求法院强制执行、不予执行或撤销仲裁裁决的权利主体仅限于特定的当事人，并不及于案外人。为了保障仲裁第三人同等的申请司法监督的实体权利，避免恶意串通、通谋虚伪、骗取仲裁，损害仲裁的社会公信力，理应扩大上述主体范围，赋予第三人向有管辖权的人民法院申请撤销已作出的仲裁裁决、请求法院强制执行或不予执行仲裁裁决的实体权利，并明确不同情况下第三人提出上述申请的事由和期限。在第三人申请撤销仲裁裁决时，为保障其享有充足、合理的权利救济手段，法院可以撤销仲裁裁决或驳回第三人的申请，但不应要求仲裁庭重新仲裁。因为第三人享有的权利存在着诸多限制，处于相对不完满的状态，在仲裁裁决依法应被撤销时，法院应告知该第三人有权另行提起诉讼或重新申请仲裁，以供其根据具体情况自主选择。这一点应区别于当事人，使得第三人可以通过司法手段确保仲裁裁决所确定的权利得以实现，最终公正地解决当事人与第三人之间的纠纷。

结　论

我国《仲裁法》及相关司法解释至今未明文规定仲裁第三人的存在，立法者对待仲裁第三人的态度也摇摆不定。学界对于仲裁中是否存在第三人及其存在的合理性与必要性仍争论不休，域内部分仲裁委员会规则中虽然尝试引入仲裁第三人，但仍在少数。笔者阅历有限、才疏学浅，基于对仲裁第三人制度的初步研究与思考，较为赞同仲裁第三人制度折中说的立场。笔者认为我国应当引入仲裁第三人制度，此举有助于维护仲裁突出的经济性、司法性，同时又不会损害仲裁特有的自愿性和保密性。结合国际仲裁立法潮流与我国仲裁实践的现实需求，将仲裁第三人引入我国确有一定的合理性与必要性。按照笔者的观点，在仲裁程序中追加第三人存在以下两种可行途径：一种是由当事人主动向仲裁庭申请追加第三人，经第三人、至少一方当事人和仲裁庭一致同意后加入；另一种是第三人主动申请加入仲裁，经至少一方当事人和仲裁庭同意后加入。以上所述条件的设置力求在仲裁的契约性与可行性、民间性与司法性之间取得平衡，辅之以必要的司法监督，希望能另辟蹊径，保障我国仲裁第三人制度的良性发展和正常运行，以推进我国仲裁制度的逐步成熟和完善。

文章不足之处，还望多多指正！

Discussion on the Arbitral Third Party System

Abstract: I agree with the compromise theory which states that the arbitral third party system does not affect the confidentiality, voluntary and economy of the arbitration system. According to the current needs of arbitration practice and the trend of international arbitration legislation, through the measurement of value, it can be concluded that the establishment of the third party system in China does have some rationality and necessity. In my opinion, the precondition for the third party to join the arbitration procedure is: ①Apply for the application by the litigant or third party. ②With the consent of the third party at least one party and the arbitration tribunal.

I oppose the partial rules of some arbitration commission requiring third people to re-sign the arbitration agreement or the supplementary agreement between the third party and both parties. Because the voluntary nature of the parties and third party has been fully respected in the case which one party and the third party agree, the arbitral tribunal has thus obtained a legal arbitration right, and it does not need an extra one. Besides, the legal status, rights and obligations of the third party should be different from those of the parties. The most important difference is that the third party does not enjoy the procedural rights such as raising objection to the jurisdiction, selecting arbitrators, selecting arbitral proceedings, and invaliding arbitration agreement, etc.

Key words: the arbitration system; the agreement of arbitration; the third party

主观诉讼抑或客观诉讼？

——基于我国行政诉讼模式的实然考察和应然思考

中国政法大学法学院 2016 级 1 班　郑航君

指导教师：中国政法大学法治政府研究院讲师　张　莉

摘　要　对于行政诉讼法是主观诉讼的模式或者是客观诉讼的模式的定位关涉一国具体制度的设置和实务活动的开展。通过对我国第一部行政诉讼法的文本分析，我国最初的制度架构呈现出浓厚的客观主义色彩。诉讼规则设计上的偏颇与司法实践的推波助澜，致使漠视私权的观念大行其道，"信访不信法"的尴尬局面普遍存在。2014 年《中华人民共和国行政诉讼法》（以下简称《行政诉讼法》）的修改虽然在推进主观化方面进行了一些有益的探索，但救济公民权益的司法大门仍需进一步开放。在 2015 年立案登记制的催化下，保护规范理论在原告资格判定问题中被引入，颇有矫枉过正之嫌，使得我国行政诉讼功能定位问题陷入新的争论。本文认为，要切实解决当下的问题，应立足于我国既有的客观诉讼定位，借鉴法国近期的主观化改造，破除一些不合时宜的客观化规则的设置，合理地纳入主观化因素，以期更好地回应当事人的诉求，实现权益救济与监督行政的有机统一。

关键词　主观诉讼　客观诉讼　行政协议之诉　原告资格

引　言

客观诉讼（contentieux objectif）与主观诉讼（contentieux subjectif）的划

分最早是由法国波尔多大学教授莱昂·狄骥于 1911 年创立的。[1]后来，主观诉讼和客观诉讼这对概念经德日学者的借鉴，在大陆法系国家行政诉讼的研究中被广泛使用。[2]概念分类的价值不仅仅在于使其所在学科的体系更为精细化，更在于通过这样一种科学、严谨的划分应对日益纷繁复杂的现实生活，解决实践中暴露出的问题，以实现理论和实务之间的有机互动与发展。同样，主观诉讼与客观诉讼的区分实益也在于通过明晰行政诉讼的目的，设计与之相配套的诉讼规则，以更好地实现国家设立行政诉讼制度所希望达到的理想目标。一般而言，主观诉讼模式的制度取向在于权利救济，故原告适格的范围较为狭窄，法院审理更强调对原告诉讼请求的回应。而客观诉讼模式下，行政诉讼的目的是维护法律秩序，是以监督行政机关依法行政为己任，所以在对原告资格的界定上较为宽松，法官审理的重心也着眼于被诉行政行为的合法性。

对行政诉讼模式的界定体现着一国行政诉讼制度的价值取向，进而关涉到具体规则的设置和实务的运行。现行《行政诉讼法》第 1 条表明我国行政诉讼的目的兼具"保护公民、法人和其他组织的合法权益"的主观向度和"监督行政机关依法行使职权"的客观向度，但是兼顾并不代表对二者是等量齐观的，保护私权与监督行政究竟哪一个才是矛盾统一体中的主要方面，我国行政诉讼的实然构造究竟是主观诉讼抑或客观诉讼，进而针对实践中暴露出的弊端，在应然层面如何进行理念上的革新和制度上的构造等一系列问题都缺乏共识。这也导致我国行政诉讼当下面临诸多困境。比如，在行政协议之诉中，就面临着如何确定被诉行政行为，如何更好地回应原告的诉讼请求，如何处理合法性和合约性的关系等问题，[3]而既有的以单方行政行为为模型的诉讼规则已无法应对这一系列问题。另外，在原告资格的界定上，一方面，迫于立案登记制的压力，司法实践中出现了以"保护规范理论"为基础，将"合法权益"限缩解释至"公法上的主观权利"的做法，大有借此将原告资

〔1〕 ［法］让·里韦罗、让·瓦利纳：《法国行政法》，鲁仁译，商务印书馆 2008 年版，第 787 页。
〔2〕 蔡志方："欧陆各国行政诉讼制度发展之沿革与现状"，载《行政救济与行政法学》（一），三民书局 1993 年版，第 3 页。
〔3〕 付荣、江必新："论私权保护与行政诉讼体系的重构"，载《行政法学研究》2018 年第 3 期。

格的界定推向极致主观化的趋向;另一方面,2017 年《行政诉讼法》增设了由检察院启动的公益诉讼,试图以此扭转我国一直以来"抑客扬主"的倾向,建立"真正的客观诉讼"[1]。

目的决定规则的设计和运行,反过来,规则的设计和运行也体现着整体的目的导向,只有两者相结合才能最终实现预期的目标。对于实践中的突出问题,敏锐地捕捉,进而对症下药固然见效快,但头痛医头,脚痛医脚的局部解决方式缺乏一个宏观的大局意识,单个具象问题的逐个击破也容易导致制度上的叠床架屋,反而会使既有的体系更为混乱。鉴于此,本文试图从我国行政诉讼整体架构的角度出发,对我国行政诉讼模式的实然状态进行审视,并结合实践中的突出问题,阐发一些应然上的思考,希冀对正处于转型时期的行政诉讼发展有所裨益。

一、主客观诉讼构造的区分

最初,法国主要是以法官作出判决的权力为标准,将行政诉讼分为完全管辖权之诉、撤销之诉、解释及审查行政决定的意义和合法性之诉。[2]这种传统的分类方法虽然简洁明了,但不是根据诉讼本身的性质,而是以一个外部的标准来进行分类的,于是"法学界就有一种想法试图根据酿成诉讼之法律状况的特有性质,而不是依据法官的管辖权限,来进行诉讼分类"。[3]在这种思潮的推动下,以诉讼标的为划分标准的分类方法应运而生,行政诉讼因而被分为客观诉讼和主观诉讼。这个分类的出发点是区别客观与主观的法律规则、法律地位。对于行政机关违反客观的法律规则和法律地位所提起的诉讼是客观的行政诉讼,违反主观的法律规则和法律地位所提起的诉讼则是主观的行政诉讼。[4]其实,主客观的称谓之分也有词源上的原因,法文"droit"一词有"法律"和"权利"双义,所以加上 subjectif 和 objectif 这两个形容词以示区别,前者表示客观法秩序,后者表示主观权利。故旨在恢复法律普遍

〔1〕 刘艺:"构建行政公益诉讼的客观诉讼机制",载《法学研究》2018 年第 3 期。

〔2〕 王名扬:《法国行政法》,北京大学出版社 2007 年版,第 525~526 页。

〔3〕 [法]让·里韦罗、让·瓦利纳:《法国行政法》,鲁仁译,商务印书馆 2008 年版,第787 页。

〔4〕 王名扬:《法国行政法》,北京大学出版社 2007 年版,第 526~527 页。

权威的诉讼为客观诉讼，典型的是越权之诉；旨在恢复被忽视的个人地位之主体权利的诉讼为主观诉讼，典型的有行政合同和行政赔偿责任诉讼。

以德国和法国为例，德国行政诉讼是典型的主观诉讼，其目的和主要功能是权利救济[1]。由于"二战"的原因，德国将"人的尊严"放置在法秩序金字塔的顶端，为了践行基本法中对无漏洞权利救济的承诺，公民在主观权利遭受侵害时，均可以向法院诉请保护，所谓"有权利，必有救济"。反过来，"有权利，斯有救济"，公民也只有在主观权利遭受侵害时，才能寻求司法的保护。[2]由此，德国的行政诉讼衍生出了一套与权利救济目的相配套的诉讼规则设置。比如，在对原告资格进行判定时就需要探求系争行政行为所依据的法律规范要旨，只有起诉者受侵害的权利被纳入了该规范的保护范围，起诉人才是适格的原告。在法律没有特别限制的情况下，当事人可以自行决定是否提起诉讼，以及诉讼程序启动后是否变更诉讼请求甚至是撤诉。[3]法院的审理焦点也是当事人的诉讼请求，而不是只针对系争行政行为的合法性。

而在法国，越权之诉是行政诉讼中占比最大、最为重要的诉讼类型。由于越权之诉的主要目的在于保障行政行为的合法性，是典型的对事不对人的客观诉讼，所以对原告资格的认定就较为宽松，只要认为其个人利益受到了行政决定的影响就可以诉请撤销该行政决定。总的来说，判例在评价既得利益时表现得非常宽松，被用作起诉依据的利益，既可以是物质的，也可以是精神的，诸如信徒举行宗教仪式、毕业生维护学校声誉的利益等。[4]且利益虽然必须是个人的，但是却不需要是独占的，比如一个市镇的纳税人就被认为存在质疑增加市镇财政开支的行政行为的合法性的利益，[5]一个司法评论

---

〔1〕 "因为将诉讼权能限定为由保护规范理论所导出的主观公权，德国行政诉讼也被塑造为区别于法国的，典型的以'个人权利保护'为主，而非'依法行政的控制'为主的主观诉讼构造。"参见赵宏："保护规范理论在举报投诉人原告资格中的适用"，载《北京航空航天大学学报（社会科学版）》2018年第5期。

〔2〕 李建良：《行政法基本十讲》，元照出版公司2017年版，第322页。

〔3〕 胡建淼主编：《世界行政法院制度研究》，中国法制出版社2013年版，第156页。

〔4〕 ［法］让·里韦罗、让·瓦利纳：《法国行政法》，鲁仁译，商务印书馆2008年版，第796页。

〔5〕 法国最高行政法院1901年3月25日Casanova案，判决汇编第333页。

记者也会因为其身份而被法院认为存在请求法院撤销政府用以确定司法辩论规则的法规的诉讼利益。[1]且当事人提起越权之诉可以免除律师代理，事先不需要交诉讼费，如果败诉才需要按规定缴纳较为低廉的诉讼费。另外，从诉讼标的来看，法院审理的对象是当事人认为违反了客观法秩序的被诉行政行为。从判决的效力来看，越权之诉的撤销判决具有溯及力、对事力和消灭根据被撤销决定而采取的行为的效力。[2]

如果把一国行政诉讼的制度架构比作是金字塔，诉讼目的就是统领各具体制度的塔尖。一个逻辑上融会贯通，设计上整齐精细的诉讼构造表现为各诉讼规则是诉讼目的的具体化，反过来诉讼目的也是各具体规则的高度抽象。通过对上述德国与法国行政诉讼构造的简要比较，我们可以看出区分客观诉讼与主观诉讼的核心要点即在于诉讼目的，主观诉讼模式是指行政诉讼的目的在于维护公民的主观权利，强调行政诉讼的权利救济属性，而客观诉讼模式是指行政诉讼的目的主要不在于维护公民的主观权利，而是维护客观法律秩序，强调行政诉讼的监督行政机关依法行政的属性。[3]

二、对既有学说的梳理与评述

我国的行政诉讼究竟是客观诉讼、主观诉讼抑或是两者的结合，学界并没有形成共识。主要有三种观点：一种观点认为我国的行政诉讼是客观诉讼。主张"客观诉讼是指以监督行政公权力为主要意旨的诉讼类型，在具体制度中表现为法院仅仅就行政公权力行为的合法性进行审查"。[4]而我国行政诉讼确立的审查对象是"被诉具体行政行为的合法性"，由被告承担作为行为的举证责任，这些都和最初设定的"维护和监督行政机关依法行使行政职权"的客观目的相呼应。

---

〔1〕 法国最高行政法院 1974 年 10 月 4 日 Dame David 案。

〔2〕 王名扬：《法国行政法》，北京大学出版社 2007 年版，第 556 页。

〔3〕 薛刚凌、杨欣："论我国行政诉讼构造：'主观诉讼'抑或'客观诉讼'?"，载《行政法学研究》2013 年第 4 期。

〔4〕 梁凤云："行政诉讼法修改的若干理论前提——从客观诉讼和主观诉讼的角度"，载《法律适用》2006 年第 5 期。

另一派观点认为我国的行政诉讼是主观诉讼[1]，在 2017 年《行政诉讼法》引入行政公益诉讼之前，或者至少在 2015 年 7 月 1 日行政公益诉讼试点工作开始之前，我国行政诉讼仅表现为主观的抗告诉讼。[2]其立论主要建立在以下三点理由：第一，我国行政诉讼法中对原告资格的限定决定了我国行政诉讼的核心目的在于权利救济。这类学者认为，根据我国《行政诉讼法》第 2 条的规定，原告是认为行政行为侵害其合法权益的公民、法人或者其他组织，"有权利，斯有救济"，只有权利遭受行政机关之行为（不作为）侵害时，公民才享有诉权而提起行政诉讼来维护自己的合法权益，而这就排除了公民就无关自己的事项，单纯为公共利益而提起客观之诉的可能。这类学者还进一步推论到，"若行政诉讼的目的仅在于依法行政原则之控制，则理论上应许任何人对无效之行政处分提起确认诉讼、对违法之行政处分提起课予义务诉讼"。[3]这样的分析看似环环相扣，思维缜密，但字里行间中隐含着对客观诉讼的机械理解，颇有将客观诉讼"妖魔化"为全民之诉（action populaire）的嫌疑。其实，正如上文所分析的，就算是法国典型的客观诉讼——越权之诉，其中也包含着一定的主观因素，只是相较于德国、日本等以主观诉讼为典型的国家，在原告适格方面的要求更为宽松，对诉的利益的解释更为宽缓。虽然以越权之诉为典型的客观诉讼着眼于打击行政机关的非法行为，通过撤销违法的行政决定，使它不能发生效力，从而达到维护法律秩序的效果。但是这并不意味着客观之诉在任何情况下都赋予每个公民"私人检察官"的身份，因为行政机关执法的根本导向是为了维护公共利益，若每个公民都能轻而易举地获得起诉资格，就可能导致诉权的滥用，由此可能造成的结果是——行政机关终日应诉，大大降低了行政运作的效率，破坏了正常的行政秩序，制约了行政机关依法行政，这与客观诉讼追求的目的恰恰是背道而驰的。所以，

---

[1] 例如，于安："行政诉讼的公益诉讼和客观诉讼问题"，载《法学》2001 年第 5 期。欧鸥父："借鉴与建构：行政诉讼客观化对中国的启示"，载《求索》2004 年第 8 期。林莉红、马立群："作为客观诉讼的行政公益诉讼"，载《行政法学研究》2011 年第 4 期。马立群："主观诉讼与客观诉讼辨析——以法国、日本行政诉讼为中心的考察"，载《中山大学法律评论》2010 年第 8 期。于安："发展导向的《行政诉讼法》修订问题"，载《华东政法大学学报》2012 年第 2 期。

[2] 赵清林："类型化视野下行政诉讼目的新论"，载《当代法学》2017 年第 6 期。

[3] 张文郁：《权利与救济——实体与程序之关系》，元照出版公司 2008 年版，第 215 页。

基于上述的考量，客观诉讼不能被机械地理解为全民诉讼，在原告资格的判定上还是存在一些主观因素[1]。故这派观点以我国行政诉讼将原告限定在合法权益受到系争行政行为的侵害，从而推出我国行政诉讼为主观诉讼的论证恐怕不能成立。第二，这派观点认为，我国没有单独建立以保护国家和公共利益为出发点的独立的客观行政诉讼种类，所以我国的行政诉讼是主观诉讼，要借鉴域外的合理因素，拓展我国客观诉讼的种类。[2]持这一观点的学者基本上是以德国和日本为对照模版，由于我国没有设立类似德国的规范审查之诉、协会之诉[3]以及日本的民众诉讼、机关诉讼[4]，没有特别地将维护公共利益、确保行政机关依法行政的诉讼单列出来，所以我国已有的制度是架构在主观之诉上的。但是，从反面来进行推论，如果我国最初的制度定位是客观诉讼，其本身已然包含了维护客观法秩序的制度导向，自然也就不需要

---

〔1〕 比如在法国，虽然在原告资格的认定上，只要利益受到了系争行政行为的侵害，就可以提起行政诉讼，但是出于对滥诉的提防，那些与个人利益联系太远的案件被行政诉讼拒之门外，比如国家的纳税人不能对中央政府的纳税规定，提出越权之诉，如果允许这种诉讼，就等于承认越权之诉为全民诉讼。参见王名扬：《法国行政法》，北京大学出版社2009年版，第537页。

〔2〕 于安："行政诉讼的公益诉讼和客观诉讼问题"，载《法学》2001年第5期。欧鸿父："借鉴与建构：行政诉讼客观化对中国的启示"，载《求索》2004年第8期。

〔3〕 德国行政诉讼虽然以救济个人权利的主观诉讼为典型，但是之后也发展出规范审查之诉和协会之诉这两类为了维护客观法秩序的客观诉讼。《德国联邦行政法院法》第47条规定了规范审查之诉，公民有权申请高等行政法院（或高级行政法院）对根据建设法典的规定颁布的章程和规章以及在阶位上低于州法律的其他法规（只要州法律对此审查有规定）进行审查。参见［德］弗里德赫尔穆·胡芬：《行政诉讼法》，莫光华译，法律出版社2003年版，第341～344页。另外，由于近些年来欧盟法的影响，德国在环境保护、自然保护、文物保护等领域出现了为了维护公共利益的"协会之诉"，比如根据《德国联邦自然保护法》第29条的规定，有一些联邦州已经赋予了按规定得到认可的自然保护协会行政诉讼的诉权。参见［德］弗里德赫尔穆·胡芬：《行政诉讼法》，莫光华译，法律出版社2003年版，第266～267页。

〔4〕 《日本行政诉讼案件法》第2条规定："本法所称的'行政案件诉讼'，是指抗告诉讼、当事人诉讼、民众诉讼以及机关诉讼。"日本通说认为后两种诉讼属于客观之诉，参见室井力编：《新现代行政法入门》，法律文化社2005年版，第331页；樱井敬子、桥本博之：《行政法》，弘文堂2007年版，第251页；宇贺克也：《行政法概说Ⅱ行政救济法》，有斐阁2009年第二版，第9页。转引自马立群："主观诉讼与客观诉讼辨析——以法国、日本行政诉讼为中心的考察"，载《中山大学法律评论》2010年第8期。其中"民众诉讼"是指请求纠正国家或公共团体机关的不合法行为的诉讼，是不以选举人以及其他涉及个人利益为条件而提起的诉讼；"机关诉讼"是指关于国家或公共团体的机关相互之间权限存在与否及有关权限行使纷争的诉讼。参见［日］盐野宏：《行政救济法》，杨建顺译，北京大学出版社2008年版，第182页、第187页。

如德国、日本一般另起炉灶，单独设置针对公共利益的诉讼类型。如果按照这类学者的逻辑，法国的行政诉讼也没有在立法上特别赋予那些出于维护公共利益的协会诉权，这是不是就意味着法国也是以主观诉讼为主导的呢？答案当然是否定的。跳出这种思维，我国行政诉讼制度设立之初没有采用双轨制，将针对公共利益的诉讼类型单列出来，恰恰说明了维护客观法秩序才是我国最初确立的原则，而局限于给当事人提供权利救济的途径只是例外情形。从这个层面上看，我国最初的单一制度架构反而给"客观诉讼说"提供了支撑的依据。第三，持这一观点的学者还指出，我国行政诉讼的监督功能有别于客观诉讼中的直接监督，"现有体系中的监督功能是通过公民提起主观诉讼而产生的宏观上的作用"，[1]"司法权仅仅是以公民权利救济作为杠杆，间接起到监督行政的作用"。[2]但是我国行政诉讼的审查对象一直都是具体行政行为，合法性审查作为一个客观的审判标准，几乎所有的著作和教材都将其作为行政诉讼的基本原则或者特有原则[3]，就像这类学者自己所表述的，对公民权利的救济只是一个杠杆，毋宁说原告的起诉只是实现司法对行政监督的一种触发器。在审理过程中法院关注的重点不是原告的诉讼请求，而是具体行政行为的合法性，行政诉讼的目的是"为了借助个人之力以落实司法审查制度之功能，个人等于是扮演了参与行政监督者的角色"。[4]如果说，目的偏重于意图，而功能偏重于最终的结果，从我国行政诉讼的具体制度设置出发，监督行政机关依法行政似乎是在个案中展现得更为直接、具体的目的，而对私权的救济则是附带实现的功能。

综上，通过对"主观诉讼说"论证思路的分析，笔者发现这派观点基于将我国的原告资格限定解释在"被害人"范围内，进而认为监督行政只是权利救济之下实现的间接的、宏观的功能，因此"1989 年《行政诉讼法》确立的行政诉讼制度属于主观诉讼制度"[5]的思考路径，有待商榷，一方面，这

---

〔1〕 林莉红、马立群："作为客观诉讼的行政公益诉讼"，载《行政法学研究》2011 年第 4 期。

〔2〕 马立群："主观诉讼与客观诉讼辨析——以法国、日本行政诉讼为中心的考察"，载《中山大学法律评论》2010 年第 8 期。

〔3〕 参见江必新、梁凤云："行政诉讼核心原则论要——以行政诉讼的核心原则为视界"，载《公法研究》2007 年第 00 期。

〔4〕 邓刚宏："行政诉讼维持判决的理论基础及其完善"，载《政治与法律》2009 年第 4 期。

〔5〕 于安："发展导向的《行政诉讼法》修订问题"，载《华东政法大学学报》2012 年第 2 期。

些观点对于客观诉讼的理解似乎过于机械化，没有认识到客观诉讼中对原告资格的限定也有主观化的因素；另一方面，这些观点的论证逻辑似乎有先入为主之嫌，"自古迄今，中外行政诉讼制度原则上均为主观诉讼，客观诉讼仅仅是作为一种非常特殊、例外的情形存在，在可以预见的将来恐怕也还会是如此。换言之，客观诉讼在逻辑上虽然可以与主观诉讼并立，但其实际作用或重要性却远远不及主观诉讼"。[1]基于这样一种片面的认识，这派观点忽视了行政诉讼的客观化特征，先验性地认为行政诉讼的目的就是救济私权，那么从结论出发，再到法条中寻找依据，通过带有明显价值倾向性的解释，最终得出的结论自然和预先设定的结果是契合的。由此，在将我国的行政诉讼定性为主观诉讼之后，又呼吁要另辟蹊径，扩展客观诉讼，先从公益诉讼入手的论断也就不足为奇了。

第三种观点是"内错裂说"。在 2014 年修法之际，一些学者深感实施二十余年的《行政诉讼法》日渐显现出诸多结构性的不足和深层次的矛盾，[2]通过司法解释进行修修补补已经难以为继。构造是理论的先行，基于此，一些学者着眼于我国行政诉讼的制度架构和实践中暴露出的具象问题，认为"我国行政诉讼既不是完全意义上的主观诉讼，也不是完整意义上的客观诉讼，诉讼请求的主观性与法院审判的客观性使得我国行政诉讼在构造上呈现出一种扭曲的'内错裂'形态"，[3]既不能有效地实现权利救济，也无法充分发挥监督行政的功效。据此，有学者进一步指出我国行政诉讼总体上呈现出浓重的客观诉讼色彩，但是其中诸如原告资格、受案范围等制度设计又体现出主观诉讼色彩，从而整体呈现出逻辑不统一，制度耦合性差的乱象。[4]

正如耶林所说，"法律目的是全部法律的创造者，每条法律的产生都源

---

[1] 赵清林：《行政诉讼类型研究》，法律出版社 2008 年版，第 153 页。

[2] 莫于川、雷振："我国《行政诉讼法》的修改路向、修改要点和修改方案"，载《河南财经政法大学学报》2012 年第 3 期。

[3] 薛刚凌、杨欣："论我国行政诉讼构造：'主观诉讼'抑或'客观诉讼'?"，载《行政法学研究》2013 年第 4 期。

[4] 参见付荣、江必新："论私权保护与行政诉讼体系的重构"，载《行政法学研究》2018年第 3 期。

于一个目的，即一种实际动机"。[1]行政诉讼的目的是构建行政诉讼制度的基点。[2]一方面，微观层面上法律条文的设计和宏观层面上总体制度的架构都需要在诉讼目的的指引下展开；另一方面，对行政诉讼相关条文的解读和实践中规则的具体运行也需要诉讼目的的正确引领。一言以蔽之，行政诉讼目的不仅仅是一个理论层面的问题，对于切实解决实践中突出的困境也有所裨益。本文认为，对于行政诉讼目的研究不能空中建阁楼，先入为主地以德日等国主观诉讼的视角审视我国的行政诉讼制度模式，而应立足于法律文本，先行勾勒出我国行政诉讼最初的目的和对应的制度设计，再结合实践中暴露出的弊端，以问题为导向，探索我国未来行政诉讼的发展方向。所以，本文的研究路径是从 1989 年第一部《行政诉讼法》的文本出发，正本清源，先厘清我国行政诉讼制度模式的起点，再以 2014 年《行政诉讼法》的修改和 2015年立案登记制的实施为分析的时间节点，回溯近年来我国行政诉讼立法的变迁，结合实践操作中的具体动向，探究其存在的问题，并就相关制度提出一些思考，以期更为科学、客观地对我国行政诉讼的制度模式进行定位和展望，供各位同仁批评指正。

三、我国行政诉讼构造的实然性考察

（一）浓重的客观诉讼色彩——基于 1989 年《行政诉讼法》的文本分析

行政法与法治相伴生，法治与民主相伴生，故行政法与民主相伴生。1989 年第一部《行政诉讼法》的颁布是当代中国行政法治的开篇之作，更是中国现代化、民主化进程的一座里程碑。结合域外行政诉讼制度构造理论的发展，判断一国的行政诉讼究竟是客观诉讼还是主观诉讼，主要可以参考两个层级的指标：诉讼目的和诉讼规则。[3]故下面将结合我国第一部《行政诉

---

〔1〕［美］博登海默：《法理学：法哲学及其方法》，邓正来、姬敬武译，华夏出版社 1987年版，第 104 页。

〔2〕马怀德："保护公民、法人和其他组织的权益应成为行政诉讼的根本目的"，载《行政法学研究》2012 年第 2 期。

〔3〕薛刚凌、杨欣："论我国行政诉讼构造：'主观诉讼'抑或'客观诉讼'？"，载《行政法学研究》2013 年第 4 期。

讼法》的文本，从诉讼目的、原告资格与受案范围、当事人的恒定性、审理对象、举证责任、判决类型、诉讼不停止执行原则这七个层面来进行分析。

1. 诉讼目的

《行政诉讼法》第 1 条开宗明义地对我国行政诉讼的立法宗旨进行了界定，"为保证人民法院正确、及时审理行政案件，保护公民、法人和其他组织的合法权益，维护和监督行政机关依法行使行政职权，根据宪法制定本法"。但是对于这一条文的解读，学界众说纷纭，存在诸如"三重目的说""双重目的说"〔1〕"单一目的说"〔2〕或"主导目的说"〔3〕等学说，"三重目的说"与"双重目的说"的区别在于是否将"法院的审理"纳入目的的考量范围，学界的主流观点是法院的审理效果只是行政诉讼的手段，只是为了实现行政诉讼目的而采取的途径和方法，其本身不是目的，"否则将会造成诉讼目的的多元化，从而导致流于空泛，以至常常与行政诉讼价值论、功能论，甚至行政诉讼制度的任务和作用等问题混淆，从而使得行政诉讼目的论由于没有明确的问题针对性，而失去作为行政诉讼基础理论的独特意义"。〔4〕所以学界争议的主要焦点集中在"保护、救济权利"与"维护、监督行政"之间，我国的行政诉讼究竟是以保护私权、权利救济为目的还是以监督公权力、维护客观法秩序为目的，抑或是两者兼有？若是两者兼采，哪个占据主导地位呢？学界尚未形成定论。

从文义解释的角度来看，似乎很难判断出最初行政诉讼的定位孰为主，孰为辅。结合当时的立法背景，笔者认为我国行政诉讼的最初定位更倾向于维护行政机关依法行政的客观目的。一方面，我国的行政诉讼从母体"民事

---

〔1〕 梁凤云："行政诉讼法修改的若干理论前提（从客观诉讼和主观诉讼的角度）"，载《法律适用》2006 年第 5 期。

〔2〕 一些学者认为行政诉讼是以保护私权为目的的，主要围绕当事人的权利是否受到侵害以及如何予以救济展开。比如马怀德："保护公民、法人和其他组织的权益应成为行政诉讼的根本目的"，载《行政法学研究》2012 年第 2 期。另一些学者认为行政诉讼是以监督行政为目的，其立论依据更多着眼于行政诉讼与民事诉讼的区分，认为与民事诉讼同样具有解决纠纷、保护私权的功能相比，监督行政是行政诉讼区别于民事诉讼的根本属性。比如邓刚宏、马立群："对行政诉讼之特质的梳理与反思"，载《政治与法律》2011 年第 6 期。

〔3〕 宋炉安："论行政审判权"，载《行政法论丛》第 1 卷，法律出版社 1998 年版，第 359~362 页，转引自薛刚凌、杨欣："论我国行政诉讼构造：'主观诉讼'抑或'客观诉讼'？"，载《行政法学研究》2013 年第 4 期。

〔4〕 蔡志方：《行政救济与行政法学（一）》，三民书局 1993 年版，第 463 页。

诉讼"脱胎后，诉讼领域呈现出三足鼎立的局面。一个新制度的建构必然需要彰显其自身的独特之处来证成其存在的合理性，"民事诉讼是为了保护双方当事人的合法权益，维护良好的经济和社会秩序；行政诉讼则不仅在维护经济和社会秩序方面起重大作用，而且是国家民主制度的组成部分，它直接体现人民民主权利的制度化、法律化，对监督行政机关依法办事，保证国家行政管理顺利进行有重大作用"。[1]基于此，除了和民事诉讼相同的保护私权的机能外，第1条还着重强调了"维护和监督行政机关依法行政"的目的。可见，基于民事诉讼与行政诉讼的分野，我国最初确立行政诉讼制度的目的，除了给予行政相对人以特殊的保护，监督行政、维护客观法秩序是一个更为重要的考量。另一方面，《行政诉讼法》是根据《中华人民共和国宪法》（以下简称《宪法》）制定的，是《宪法》第41条[2]及其他相关规定精神的具体体现。[3]"行政诉讼是维护宪法和法律尊严，促进依法行政的重要保障。"[4]如果没有规定具体的追究程序和追究办法，宪法就只是带有宣誓性的"一纸空文"。行政诉讼制度的建立为公民申诉权的行使开辟了道路，公民的起诉一方面可以使其切身参与对行政行为的监督活动，以实现纠正违法行政行为的目的，另一方面，也触发了司法机关作为国家权力体系中的重要一环，通过个案审查具体行政行为的合法性，实现对行政机关依法行政的事后监督，从而维护客观法律秩序的统一与稳定。"行政诉讼本质上是司法权对行政权的监督"，[5]公民诉权的行使仅仅是法院发现并介入针对具体行政行为之审查的方式和途径，

---

〔1〕 阿江、孙际泉、王康寒等编著：《行政诉讼难题解答》，中国人民公安大学出版社1992年版，第4页。

〔2〕 我国《宪法》第41条规定："中华人民共和国公民对于任何国家机关和国家工作人员，有提出批评和建议的权利；对于任何国家机关和国家工作人员的违法失职行为，有向有关国家机关提出申诉、控告或者检举的权利，但是不得捏造或者歪曲事实进行诬告陷害。对于公民的申诉、控告或者检举，有关国家机关必须查清事实，负责处理。任何人不得压制和打击报复。由于国家机关和国家工作人员侵犯公民权利而受到损失的人，有依照法律规定取得赔偿的权利。"该条规定了公民的批评权、建议权、申诉权、控告权和检举权。

〔3〕 时任全国人民代表大会副委员长、法制工作委员会主任的王汉斌于1989年3月28日在第七届全国人民代表大会第二次会议上，就"关于《中华人民共和国行政诉讼法（草案）》的说明"中，明确指出制定《行政诉讼法》的宪法依据是《宪法》第41条的规定。

〔4〕 黄杰主编：《行政诉讼法讲座》，中国人民公安大学出版社1989年版，第8页。

〔5〕 阿江、孙际泉、王康寒等编著：《行政诉讼难题解答》，中国人民公安大学出版社1992年版，第134页。

对公民权利的救济更多的只是司法权在对行政权行使监督之后附带实现的功能。[1]所以，立足于我国《行政诉讼法》的产生背景，结合行政诉权的宪法依据和国家的权力架构来看，我国行政诉讼最初采取的是一种客观诉讼兼顾主观诉讼的模式。[2]

2. 原告资格与受案范围

首先，需要明确的是原告资格的存在与客观诉讼的定位之间并不是不可兼容的。正如上文所分析的，客观诉讼不能被异化为全民之诉，从而认为与系争行政行为毫无利益关联的公民都可以提起诉讼。客观诉讼只是比主观诉讼在原告资格的判定上更为宽松。

在明晰了主观诉讼和客观诉讼在原告资格规则设置上的区别之后，我们就需要回到法律文本中进行分析。《行政诉讼法》第 2 条对原告的界定是认为自身合法权益受到具体行政行为侵害的公民、法人或者其他组织，可见判定的关键点在于起诉者的"合法权益"是否因涉案的具体行政行为而受到侵害。法条是高度凝练的文字艺术，"权益"二字包括权利和利益。所以，诉讼法上的"合法权益"，即指法定权利和因享有与行使这些权利获得或实现的利益（后者是法定权利的必然后果与延续，因而也是法定的，即法定利益）[3]。我国行政诉讼的最初定位若仅限于对当事人权利的救济，就应该表述为"合法权利"，而非"合法权益"。不论这是立法者深思熟虑后的良苦用心，还是无心插柳之举，如此精妙的措辞都似乎与以客观诉讼为典型的法国模式更为亲和。进一步而言，"合法权益"作为一个内涵更为丰富、涵摄范围更为广泛的用语也为今后行政诉讼原告资格的扩大和受案范围的拓展预留了足够的发展空间。

虽然法律文本中的表述似乎表明，只要当事人认为其合法权利或者利益

---

[1] 在 1989 年《行政诉讼法》颁布之际，有学者指出："在我国，建立健全行政诉讼制度的目的，主要是要求在国家行政机关内部实施行政监督的基础上，进一步运用法院审判行政案件、处理一部分行政纠纷的办法，对各级政府及各级国家公务员的各种行政管理活动从司法的角度来进行监督，以便有效地保证它（他）们在实施行政管理活动过程中严格依法行政。"参见张尚鷟："试论我国的行政诉讼制度和行政诉讼法"，载《中国法学》1989 年第 1 期。

[2] 邓刚宏："行政诉讼维持判决的理论基础及其完善"，载《政治与法律》2009 年第 4 期。

[3] 黄杰、白钢主编：《行政诉讼法及配套规定新释新解》，中国民主法制出版社 1999 年版，第 228 页。

受到侵害即可以提起诉讼，但是在实践操作中对原告资格的认定却极为保守。由于我国的行政诉讼制度直接脱胎于民事诉讼制度，[1]基于对"直接"二词的理解，学界当时的通说主要是将原告的资格限定在行政相对人的范畴中，[2]相关的法条释义也采取这样的观点。[3]如此观之，我国行政诉讼原告的范围似乎特别的狭窄，与只要求与被诉行政行为有一定关联利益的客观诉讼似乎并不相符。于是，绝大多数的学者都认为，我国行政诉讼的原告资格采取了较为严格的权利受害标准，具有主观性，是典型的主观诉讼对原告主体资格的要求。[4]

但是，我们不能仅仅通过从表象上比较原告资格范围的大小来界定诉讼模式的主观和客观，不能简单地通过三段论式的推理，认为客观诉讼的原告资格认定宽泛，主观诉讼的认定较为严格，我国司法实践初期对原告资格的把握十分严格，故关于原告资格的规定体现了我国行政诉讼主观化的色彩。更为中立的探究思路是刺破面纱，深挖问题的本质，我国行政诉讼的原告资格为什么在最初被认定得如此狭窄呢？是否是像德日等典型的主观诉讼模式，因为只将保护范围局限于主观权利，排除了因反射性利益受损而对原告资格有严格的限定呢？答案是否定的。

虽然从第2条来看，我国《行政诉讼法》保护的是公民、法人和其他组织的合法权益，但是这只是一个原则性的规定。能否作为适格的原告，关键还要看其涉及的争议是否可以通过行政诉讼来加以解决。结合当时对受案范

---

〔1〕 当时的通说认为，"行政相对人获得原告资格是因为其与行政主体之间有着侵权关系，这种关系与民事诉讼中的侵权有着相同之处"。参见张扩振："论行政诉讼原告资格发展之历程与理念转换"，载《政治与法律》2015年第8期。

〔2〕 罗豪才主编：《行政裁判问题研究》，北京大学出版社1990年版，第66~71页；阿江、孙际泉、王康寒等编著：《行政诉讼难题解答》，中国人民公安大学出版社1992年版，第51页、第58页。

〔3〕 当时对此条的释义为：该条赋予了行政相对人起诉权，这里的合法权益包括其依法享有的政治权利、财产权、人身权及其他受到法律保护的权利。原告必须与案件有直接的利害关系，与案件没有直接利害关系的人，如机关、团体为保护其成员的合法权益而帮助其提起行政诉讼的人，不能作当事人。参见黄杰主编：《行政诉讼法释论》，中国人民公安大学出版社1989年版，第5~6页、第40页。

〔4〕 付荣、江必新："论私权保护与行政诉讼体系的重构"，载《行政法学研究》2018年第3期。薛刚凌："行政诉讼法修订基本问题之思考"，载《中国法学》2014年第3期。薛刚凌、杨欣："论我国行政诉讼构造：'主观诉讼'抑或'客观诉讼'?"，载《行政法学研究》2013年第4期。

围的规定，立法上采取的是列举模式，第 12 条列举了四种不能受理的情形，第 11 条列举了应当受理的案件范围，其中第 1 款的第（1）项至第（7）项列举了常见的行政机关侵害公民人身权、财产权的情形，第（8）项局部概括式的规定了"其他侵害公民人身权、财产权"的案件也属于受理范围，第 2 款则指引了其他法律、法规规定人民法院可以受理的其他行政案件。在中国法律的语境中，尤其是受宪法关于权利分类的影响，人身权、财产权并未被看作是公民权利的统称，而只是与政治权利、受教育权利、享受社会保障权利等权利并列的两种权利。[1]那么若公民以其人身权、财产权之外的权利受损而起诉，法院是否应该受理呢？针对这个疑难问题，当时的主流观点是"要看是否符合第 11 条第 2 款，即单行法律、法规是否有规定，有规定则收，无规定则不收"。[2]但是，立法选择和条文理解在原告资格、受案范围上如此保守、审慎的态度显然对于人身权、财产权以外的其他权利（更不用说利益）无法形成有效的保护：首先，当时正面规定可以通过行政诉讼寻求救济的法律、法规数量十分有限，主要有两类：一类是不服人民政府确认土地、森林、山岭、草原、荒地、滩涂等所有权和使用权的归属决定的行政案件；另一类是不服专利机关确认专利权等处理决定的行政案件。[3]其次，《行政诉讼法》的这种间接性规定，使得制定一般法律的全国人大及其常委会、行政法规的国务院、地方性法规的省级人大及其常委会，对人身权、财产权之外的权利是否赋予公民诉权有了决定性的权力。具有民主正统性的立法机关拥有这种权力尚可理解，但是作为最高行政机关的国务院是否有权力在具体的行政法规中正面规定其他权利受到侵害的当事人也享有诉权就有待商榷了。综上，我国行政诉讼原告资格和受案范围最初十分狭窄不是因为将保护范围限定为当事人的主观权利，最初的设置甚至连受教育权、政治权等在典型主观诉讼模式的国家都受到保护的权利都没有纳入，自然不能由此推出我国行政诉讼的原告资格具有主观性。

---

〔1〕 何海波："行政诉讼受案范围：一页司法权的实践史（1990—2000）"，载《北大法律评论》2001 年第 2 期。

〔2〕 阿江、孙际泉、王康寒等编著：《行政诉讼难题解答》，中国人民公安大学出版社 1992 年版，第 31 页。

〔3〕 参见黄杰主编：《行政诉讼法释论》，中国人民公安大学出版社 1989 年版，第 25 页。

那造成这种局面的深层次原因是什么呢？笔者认为，这与当时特定背景下行政权与司法权之间的关系以及司法机关解决行政争议的能力有密切的联系。受案范围不仅仅标志着行政法律关系中相对人诉权的范围，更彰显着司法权对行政权的制约和监督的程度。[1]虽然我国不是三权分立的国家，但是国家权力结构仍然被划分为立法权、行政权和司法权。国家最高权力机关将行政权和司法权分别赋予行政机关和司法机关行使。由于行政权具有较强的渗透性和扩张性，虽然立法机关为其预设了一系列法律规则规范其权力运行，但若仅靠外部的框架束缚和行政机关内部的自我监督显然不能有效防止权力的腐化。这时就需要借助一个中立的力量——司法权来完善制约机制，为依法行政保驾护航。但是行政事务纷繁复杂，司法权作为一个中立、消极的裁判者如何实现对行政权的监督和制约呢？要想有效监督行政，首先就要敏锐地捕捉到需要纠正的违法行政行为。"从摇篮到坟墓"，公民无时无刻不在和行政机关打交道，"春江水暖鸭先知"，行政机关的违法行为造成的切肤之痛也只有涉案的民众才能深切体会，由此以监督行政为根本导向的行政诉讼就应运而生了。它以公民的起诉为杠杆，让法官在个案中就具体行政行为进行审查，以实现监督行政，维护客观法秩序的目的。同时，在典型的撤销之诉中，若行政行为的效力被撤销，理论上对公民造成的不利影响也就消失了，于是乎行政诉讼同时也可以实现保护公民合法权益的功能。[2]

既然原告资格和受案范围的设定体现的是司法权对行政权监督的密度，那么司法机关解决行政争议的能力，或者说监督行政机关的有效性就成为划定上述范围的一个关键因素。但是，受时代的局限，当时司法机关的权威尚未完全树立。虽然宪法赋予了国家审判机关和行政机关同等的法律地位，但是实践中司法权相较于行政权仍稍显羸弱。再加上制度设立之初，审判人员也缺乏完备的专业知识和经验，配套的制度也不甚完善，这些原因都直接或者间接地影响了司法机关监督行政的有效性。另一方面，中国传统社会就有"民不告官"的观念。人民政府代表着人民的利益，政府是为人民服务的。既

---

〔1〕　参见江必新：《行政诉讼问题研究》，中国人民公安大学出版社1989年版，第42页。

〔2〕　正如有学者指出的，"前者（主观诉讼）目标单一，而后者（客观诉讼）目标多元；前者所设定的范围较窄，后者所设定的范围较宽；前者不包括后者，而后者包括前者"。参见江必新：《行政诉讼问题研究》，中国人民公安大学出版社1989年版，第19页。

然行政机关和人民的利益是同向的，那么人民就应该爱戴、拥护政府，哪还能参与监督政府，"以民告官"呢？综上，客观上地位的悬殊和主观上思维的桎梏，导致了我国在立法之初就原告资格和受案范围的规定秉持着一种审慎保守的态度，上述范围的狭窄恰恰体现了立法者在行政权受司法权监督的范围、强度问题上的犹疑与观望，恰恰说明了行政诉讼设立之初的意旨在于监督依法行政，维护客观法秩序。

3. 当事人的恒定性

《行政诉讼法》第24条、第25条确立了行政诉讼"民告官"的性质，行政机关不能作为原告，也没有设置民事诉讼中的反诉制度。有学者认为，《行政诉讼法》出台前后对"民告官"的宣传体现了行政诉讼的主观性目的。[1]但是笔者对此却持保留态度，行政诉讼法不是民事诉讼法的特别法，行政诉讼"民告官"的设置不仅仅是表明当事人双方的特殊性，更旨在说明行政审判主要是"审被告"，相应的，行政诉讼主要解决的是行政行为的合法性问题，而这些都与"维护和监督行政机关依法行使行政职权"的立法目的是相呼应的。

4. 审理对象

《行政诉讼法》第5条确立了行政诉讼的审理对象是被诉行政行为，且审理的强度仅限于行政行为的合法性。这一规定隐含着这样一个条件，人民法院审理行政案件的重心是审查被告一方的具体行政行为是否合法，而不是原告一方的诉讼请求是否成立。[2]从哲学角度来看，任何事物的特征都是在与其他事物的比较中表现出来的。将民事诉讼和行政诉讼相对比，前者是关系之诉，它的诉讼标的是发生争议的民事法律关系，法院审理的对象是当事人的诉讼请求，[3]故司法权的作用是确立、变更或者消灭实体法律关系。而后者是行为之诉，法院在审理过程中更多着眼于被诉行政行为，而不是原告的诉讼请求。司法权的作用不是处分诉讼主体间的实体权益，而是对以行政处理决定为形式的行政处理行为实施审查，从而判断该行政处理行为是否违法。[4]

---

〔1〕 薛刚凌、杨欣："论我国行政诉讼构造：'主观诉讼'抑或'客观诉讼'？"，载《行政法学研究》2013年第4期。

〔2〕 阿江、孙际泉、王康寒等编著：《行政诉讼难题解答》，中国人民公安大学出版社1992年版，第134页。

〔3〕 张卫平：《民事诉讼法》，法律出版社2016年，第194~195页。

〔4〕 江必新：《行政诉讼问题研究》，中国人民公安大学出版社1989年版，第14~15页。

所以，"合法性审查是与客观行政诉讼的性质相对应的，目的主要在于维护客观法律秩序"。[1]

5. 举证责任的倒置

《行政诉讼法》第 32 条确立了我国独有的行政诉讼中举证责任倒置的规则。一般意义上的举证责任包括两方面的含义，即行为意义上的举证责任和结果意义上的举证责任。第 32 条确立的我国行政诉讼中被告承担的举证责任属于结果意义上的举证责任，[2]即当行政机关不能提供足够的证据证明被诉行政行为的合法性，就要承担败诉的不利后果。而原告只需提供能够证明被告确对原告实施了引起行政诉讼的具体行政行为的事实根据，如行政决定书、裁决书等，对行为内容则不负有举证责任。[3]究其原因，一方面，行政诉讼的标的是具体行政行为的合法性，而作出该行政行为的主体是行政机关而不是行政相对人。法治原则要求行政机关在作出某项行政行为时，应具有法律依据和事实根据，也即需要有足够的证据来证明其所作出的行政行为是合法的，[4]这也是依法行政原则的题中应有之义。另一方面，由于行政诉讼中原被告双方在实体法律地位上相差悬殊，所以通过举证责任分配上的倾斜配置，可以更好地促使行政机关依法行政。所以举证责任倒置的规定与客观诉讼所追求的维护行政客观法秩序的目的是不谋而合的。且法国行政诉讼坚持"谁主张，谁举证"的原则，我国举证责任倒置的设置和典型的客观诉讼模式相比是有过之而无不及的。

6. 判决类型

《行政诉讼法》第 54 条规定了四种判决形式：具体行政行为合法，判决维持；具体行政行为作为违法，判决撤销；具体行政行为不作为违法，判决履行；具体行政行为显失公正，判决变更。这四种判决形式在设计上与行政

---

〔1〕 梁凤云："行政诉讼法修改的若干理论前提——从客观诉讼和主观诉讼的角度"，载《法律适用》2006 年第 5 期。

〔2〕 沈福俊："论行政行为被告举证规则的优化"，载《法商研究》2006 年第 5 期。

〔3〕 阿江、孙际泉、王康寒等编著：《行政诉讼难题解答》，中国人民公安大学出版社 1992 年版，第 90 页。

〔4〕 郑淑娜："论行政诉讼中的举证责任"，载《中国法学》1989 年第 5 期。

行为的合法性审查是相对应的。[1]特别是其中的维持判决脱离了原告的诉讼请求，这种司法行为对行政效力的确认更加体现了保障客观法律秩序的目的定位。正如有学者指出的，"行政主观诉讼与维持判决是格格不入的，只有把行政诉讼定位为客观诉讼才可能给维持判决提供其生存的空间，法院基于维护客观法律秩序作出维持判决也就不足为错"。[2]

7. 诉讼不停止执行原则

在民事诉讼中，为了维护双方民事法律关系现状，一旦当事人启动了诉讼程序，除诉讼保全、先予执行等特殊情况，争议所涉及的权利和义务关系事项就立即停止执行。而根据《行政诉讼法》第44条，原则上诉讼不停止执行，只有在符合法条列举的三种情况时才可以例外地停止执行具体行政行为。试想，如果行政诉讼的根本目的是救济当事人的权利，那么因诉讼的启动而中止具体行政行为的制度设计才是妥当的。比如，《德国联邦行政法院法》第80条就规定，针对行政行为提出的行政复议申请和撤销之诉原则上具有延缓效力。[3]诉讼停止执行原则的设立就是为了防止行政决定在争议解决之前就发生事实上的效力，从而给当事人造成不可弥补的损害。这一原则被联邦宪法法院称为"对宪法规定的法律保护制度的充分体现"和"公法诉讼中的根本性基本原则"，同时也是对基本法中确立的无漏洞权利救济的再一次重申。两相对比，我国以诉讼不停止执行为原则，以停止执行为例外的规定，既是出于维护国家行政机关的正常活动，提高行政管理效能的考量，同时也体现出浓厚的客观化色彩。

基于以上对1989年《行政诉讼法》文本的分析，本文认为，我国行政诉讼最初的制度架构呈现出浓厚的客观化色彩。

（二）客观底色下主观化的微光——基于2014年《行政诉讼法》的修改

虽然在1989年《行政诉讼法》颁布之际，有学者提出对于开展行政审判

---

〔1〕 薛刚凌、杨欣："论我国行政诉讼构造：'主观诉讼'抑或'客观诉讼'？"，载《行政法学研究》2013年第4期。

〔2〕 邓刚宏："行政诉讼维持判决的理论基础及其完善"，载《政治与法律》2009年第4期。

〔3〕 刘飞："德国行政法院法中的'诉讼停止执行原则'"，载《财产权与行政法保护——中国法学会行政法学研究会2007年年会论文集》，第871页。

工作的指导思想，要有一个"全方位"的观念，要正确处理保障行政机关依法行政与保护相对人合法权益之间的关系，要避免片面性和形而上学，"无争不成讼……争议的焦点固然是行政行为的合法性问题，但不是争议内容的全部，人民法院的审判工作不能仅对行政行为的合法与否作出判断，而应当进一步确定当事人之间行政法律关系的真实内容该是如何"，[1]避免出现"官了民不了"的状况。但是由于这一阶段确立的行政诉讼客观色彩过强，加上司法实践中的具体操作也存在问题，导致行政诉讼的另一目的——保障和救济权利被弱化，甚至被忽视，原告的诉讼请求常常得不到有效的回应，尤其当原告提出的是撤销之外的诉讼请求，法院的审判与原告的诉求就会出现"自说自话"的现象[2]。现实中存在相对人空有一纸胜诉判决，其合法权益却没有得到有效救济的现象，在行政赔偿案件以及"行政与民事交织"的案件中这种现象则更为凸显，[3]给当事人造成了难以承受的经济上的负担与精神上的痛苦。行政诉讼权利救济渠道的不通畅，使本该作为特殊的补充性的权利救济渠道——信访成为实践中最为主流的途径，[4]"信访不信法"的现象才普遍存在。

有学者指出，"一个完整的行政诉讼制度，不仅应当有对相对人合法权益

---

〔1〕 黄杰主编：《行政诉讼法讲座》，中国人民公安大学出版社1989年版，第11页。

〔2〕 薛刚凌、杨欣："论我国行政诉讼构造：'主观诉讼'抑或'客观诉讼'？"，载《行政法学研究》2013年第4期。

〔3〕 例如在轰动一时的"高永善诉焦作市影视器材公司房产纠纷案"中，围绕三间房屋的所有权争议，纠纷各方当事人分别进行民事诉讼和行政诉讼。十余年历经焦作市山阳区人民法院、焦作市中级人民法院、河南省高级人民法院的数次审判，共有18份裁判文书。详见王贵松：《行政与民事争议交织的难题——焦作房产纠纷案的反思与展开》，法律出版社2005年版。再比如在"泰国贤成两合公司、深圳贤成大厦有限公司诉深圳市工商行政管理局、深圳市引进外资领导小组办公室注销企业登记案"中，合资企业双方发生股权纠纷，行政机关注销了该合资企业。但是行政诉讼只能解决具体行政行为（本案中包括深圳市工商局作出的注销贤成大厦公司的行为和深圳市外资办批复成立"鸿昌广场"的行为）的合法性问题，当事人其他的纷争仍需通过民事诉讼或者仲裁途径解决。见最高人民法院行政判决书（1997）行终字第18号，相关的报道详见：《大法官罗豪才主审的深圳"贤成大厦"案》，载 https://www.sohu.com/a/222643592_657048，最后访问时间：2019年6月2日。

〔4〕 在制度设计上，申诉上访作为一种特殊救济渠道，应当是补充性的。一个理想的制度构造应当是：粗略地讲，全国一年行政复议案件1000万件，行政诉讼100万件，申诉上访10万件甚至更少，但是现在的状况完全是主次颠倒。参见何海波：《行政诉讼法》，法律出版社2016年版，第37页。

的救济，还应当有对公法秩序和公益的保障，这在理论上表现为行政诉讼构造应该是主观诉讼和客观诉讼的统一体"。[1]为了解决实践中出现的上述弊端，纠正行政诉讼制度过分客观化的倾向，寻求主观诉讼与客观诉讼两个维度之间的平衡，在2014年修法之际，不少学者都呼吁应当重视行政诉讼的权利保障与救济功能。[2]

在学界和实务界的共同推动下，2014年颁布的《行政诉讼法》对原来过分倚重客观诉讼的立法定位进行了一些修正。第一，将第1条立法宗旨中的"维护和监督行政机关依法行使职权"中饱受学界诟病的"维护"删去，[3]加入了"解决行政争议"。虽然"保障客观的公法秩序"与"维护行政机关依法行使职权"之间并不能画上等号，前者的外延要大于后者，但是不可否认的是，立法上的这一变化在一定程度上体现了主观化的倾向。第二，丰富了判决的类型，增加了给付判决，并将"维持判决"改为"驳回请求判决"[4]。修法之前，当被诉行政行为合法有效时，法院作出维持判决与原先客观诉讼的定位是相呼应的。而通过本次修改，变"维持判决"为"驳回诉讼请求判决"，可能使法院将更多注意力投向原告的诉讼请求上，从而弱化法院对行政行为的合法性审查，给主观诉讼一定的生存空间。第三，受案范围的扩大。受案范围的宽窄除了需要考量行政权与司法权之间的关系、法院的承受能力、

---

〔1〕 于安："行政诉讼的公益诉讼和客观诉讼问题"，载《法学》2001年第5期。

〔2〕 薛刚凌："行政诉讼法修订基本问题之思考"，载《中国法学》2014年第3期。马怀德："保护公民、法人和其他组织的权益应成为行政诉讼的根本目的"，载《行政法学研究》2012年第2期。

〔3〕 "这一目的（维护行政机关依法行使职权）载入《行政诉讼法》，既有主观认识的误区，也是彼时现实使然。在行政诉讼中，被诉行政行为经过法院审查后，合法的不支持原告的请求，固然表现为被告行政机关没有败诉，但这只是诉讼结果的客观反映，并不能改变行政诉讼的宗旨，不能把行为或制度的目的与行为或制度产生的附随效果混为一谈。伴随着我国行政诉讼制度的发展和行政法律制度的完善，不能也不宜将维护行政权力作为行政诉讼目的，已成为理论界的共识。"见马怀德："保护公民、法人和其他组织的权益应成为行政诉讼的根本目的"，载《行政法学研究》2012年第2期。

〔4〕《行政诉讼法》第69条规定："行政行为证据确凿，适用法律、法规正确，符合法定程序的，或者原告申请被告履行法定职责或者给付义务理由不成立的，人民法院判决驳回原告的诉讼请求。"第73条规定："人民法院经过审理，查明被告依法负有给付义务的，判决被告履行给付义务。"

审判人员的素质等因素外，还与一个国家的法治发展水平息息相关。[1]受制于特定的历史时期，我国行政诉讼的受案范围最初限定在"认为行政机关侵犯其人身权、财产权"的行政争议，并没有涵盖其他类型。司法救济途径的不通畅造成了实践中案件少、告状难的困境，[2]进一步加重了公民"宁信访不信法"的尴尬局面。所以为了使行政争议的解决回归到法治轨道，满足公民对于权利救济的现实需求，破除或者说取消原有的司法解释或者在事实上存在的对受案范围的不当限制，将受案范围恢复到《行政诉讼法》的本来面目，[3]最高人民法院于2000年发布了新的司法解释。根据该解释第1条确立的受案标准，除了根据《行政诉讼法》明文规定不予受理和基于行政行为的性质不宜提起行政诉讼之外，只要行政主体作出的行政行为对公民的权利义务产生实际影响，法院都应该受理。[4]这一司法解释的出台将对受案范围从原有的逐项列举转变为概括规定，极大程度地扩大了受案范围，放宽了对原告资格的认定标准，司法解释的这一重大突破展现了星星之火的燎原之势，其并不完全受制于立法的僵化，在法律发展中彰显着生生不息的力量。但是司法解释和法律条文在效力上毕竟有所差别，确保权利救济有效性的理念还需要上升为法律的意志，在法律条文中进行明确规定。于是，2014年《行政诉讼法》关于受案范围的兜底条款中也不再局限于最初的人身权、财产权，而是富有深意地加上了"等合法权益"的表述，如此富有弹性的设计使得我国关于行政诉讼受案范围的界定不再囿于实定法的滞后性，而是可以适应社会生活的发展，将应该受到保护的权利和利益适时地纳入司法救济渠

---

〔1〕 邓刚宏、马立群："对行政诉讼之特质的梳理与反思"，载《政治与法律》2011年第6期。

〔2〕《行政诉讼法》实施10年，全国每年的行政案件数量从未超过10万件，占法院各类案件总数不到2%，平均每个法院每年受理的行政案件不到30件，最多的年份也不超过40件。参见何海波：《行政诉讼法》，法律出版社2011年版，第109页。

〔3〕 江必新："正确把握行政诉讼受案范围"，载《人民法院报》2000年4月27日。

〔4〕 该条规定：公民、法人或者其他组织对具有国家行政职权的机关和组织及其工作人员的行政行为不服，依法提起诉讼的，属于人民法院行政诉讼的受案范围。公民、法人或者其他组织对下列行为不服提起诉讼的，不属于人民法院行政诉讼的受案范围：（一）行政诉讼法第十二条规定的行为；（二）公安、国家安全等机关依照刑事诉讼法的明确授权实施的行为；（三）调解行为以及法律规定的仲裁行为；（四）不具有强制力的行政指导行为；（五）驳回当事人对行政行为提起申诉的重复处理行为；（六）对公民、法人或者其他组织权利义务不产生实际影响的行为。

道中。

通过上述分析，我们欣喜地看到 2014 年的法律文本在立法宗旨、判决类型、受案范围等方面都彰显着主观化的趋势。我国行政诉讼制度设计正在法律共同体的通力合作之下从浓重的客观诉讼色彩一步步向主观化的方向发展着。这对于完善行政诉讼的权利救济机能，提升法律的权威，树立并强化公民对法律的信仰有着重大意义。但是在肯定现有努力的同时，我们也应该清醒地看到 2014 年修法中展现的主观化趋向仅仅是在以客观为底色的诉讼模式下乍现的点点微光，当前的制度设置中仍然存在着一些客观化的，不能与人民群众日益增长的司法需求和行政法治建设的客观需要相适应，仍有待主观化因素的合理纳入与调和。所以下面将以行政协议[1]为切入点，分析现有制度中存在的突出弊端，并结合法国行政诉讼的主观化改造进一步提出笔者的思考。

随着行政管理和服务的领域日益扩大，行政行为不仅仅局限于行政机关依法单方面决定相对人权利义务的行为，依双方意思表示一致而在行政机关和当事人之间创设、变更或者消灭某种权利和义务的行政合同也成为活跃在行政争议领域的新角。随着 2014 年《行政诉讼法》的修订，"行政协议"首次进入中国实定法的视野。[2]但是由于现有的行政诉讼制度很大程度上是以行政处罚案件为模型建立起来的，[3]其中关于审理对象、举证责任的分配等诉讼规则的设计都太过客观化和单一化，不能很好地满足当事人的诉求，以实现行政合同这类典型主观诉讼的权利救济目的。

第一，从立法目的来看，受案范围中新增行政协议纠纷，就是为了给行

---

〔1〕 行政法学界的学者普遍主张行政合同是现代行政法上一种新型的行政管理手段，但是民法学界的主流观点是反对将行政合同独立于民事合同。参见崔建远："行政合同之我见"，载《河南省政法管理干部学院学报》2004 年第 1 期。修改《行政诉讼法》的过程中，"行政合同"一词十分敏感，为了避免因为语词原因引发立法中的争议，立法最终回避了"行政合同"这个概念，转而采用"行政协议"的表述，但"行政协议"的实质就是"行政合同"，故本文将两者等同使用。

〔2〕 2014 年修订的《行政诉讼法》第 12 条规定："人民法院受理公民、法人或者其他组织提起的下列诉讼：……（十一）认为行政机关不依法履行、未按照约定履行或者违法变更、解除政府特许经营协议、土地房屋征收补偿等协议的。"

〔3〕 江必新："完善行政诉讼制度的若干思考"，载《中国法学》2013 年第 1 期。

政合同相对一方开设一个权益救济的途径。[1]那么它就不应该被常规地理解为行为之诉，在审理对象上固守《行政诉讼法》第 5 条限定的"具体行政行为的合法性"，而应该把关注点放在原告的诉讼请求上，综合运用文义解释、体系解释、习惯解释等手段探求当事人的真意，审慎考量合同的效力对于公共利益的影响，厘清行政主体与缔约方之间的权利义务关系。另外，由于行政协议在性质上属于双方法律行为，行政机关的意思表示仅仅是构成行政协议的一方意思表示，故在行政协议中也并不存在独立的行政机关的单方行政行为。至于行政机关在合同订立后所作出的具体行政行为或者本应作出而未依约作出的行为，法院除了要审查其合法性，还要审查合约性。综上，在行政协议案件中，应弱化监督行政的色彩，将目光往返流转于对合同真意的解释与案件事实的查明之间，切实解决缔约双方间的权利义务纠纷，为当事人的权益救济提供充分保障，做到"案结事了"。对行政协议中审理对象的反思与重新认识，也有助于我国的行政诉讼由单向度的"行为诉讼"真正转向多向度的"关系诉讼"，[2]这也是我国行政诉讼迈向科学、完善与成熟的必经之路。

第二，行政协议之诉的原告范围不应只局限于缔约相对人。与一般的合同之诉相比，行政协议的最大特色即在于它是以公共利益或者行政管理目标的实现为导向的。公共利益的内化使其不囿于传统民法中合同的相对性，而对合同之外的第三人的利益也会产生实质影响，例如招投标过程中的竞争权人、公用事业的用户、地方民意代表、地方纳税人等。[3]这个时候就需要向这类人开放权益救济的渠道。作为行政合同制度发源地的法国，在最初的很长一段时间内，是通过"可分离行为理论"来解决这类问题的。他们将行政

---

〔1〕 在全国人大常委会分组审议中，不少委员呼吁将行政合同纳入受案范围，其中王明雯委员就指出："在司法实践中，大量行政合同案件已经起诉到人民法院，但是人民法院对于是否受理的做法各不相同，审理的规则和裁判也不一致，必须规范。如果将行政合同纳入受案范围，将有利于保障行政合同的相对方在行政机关滥用行政权力侵犯其合法权益的时候，能够通过行政诉讼的途径维护合法权益。"详见《期望修法步伐能够迈得更大——全国人大常委会分组审议行政诉讼法修正案草案》，载 http://www.npc.gov.cn/npc/xinwen/lfgz/2013-12/26/content_1820735.htm，最后访问时间：2019 年 6 月 2 日。

〔2〕 梁凤云："不断迈向类型化的行政诉讼判决"，载《中国法律评论》2014 年第 4 期。

〔3〕 张莉："谈法国行政协议纠纷解决"，载《人民司法》2017 年第 31 期。

合同拆分为两个阶段,一为合同缔结过程中单方的、先契约的行政决定;二为行政合同本身。合同之外的第三人可就上述的第一个部分提起典型的客观之诉——越权之诉,比如市镇议会授权市长订立合同的决议,上级机关批准下级机关订立合同的决定等。这样分开处理的路径固然坚守了越权之诉与完全管辖之诉之间的界限,在监督行政、维护客观法秩序的层面上功不可没,但它无法合理解释先契约的行政决定被撤销而合同继续存续的情形,无法正面回应当事人的诉求,无法为当事人提供更为全面的权益保护。所以,为了更好地协调越权之诉与合同本身的法律效力问题,法国进行了一场法律的革命,用 2014 年 4 月 4 号的直接针对合同提起的完全管辖之诉[1]取代了 1905年针对可拆分行为的越权之诉[2]。至此,法国的完全管辖之诉的原告资格扩大至因合同而权益受损的第三人。典型的客观之诉——越权之诉与典型的主观之诉——完全管辖之诉之间不再是泾渭分明的,而是在历史的推动下发生了碰撞并有机融合。法国行政诉讼在既有的以客观诉讼为主的格局下开展的主观化改造,对于我国行政协议纠纷的解决有着重要的借鉴意义。据此,不妨对《行政诉讼法》第 12 条第(11)项规定的行政协议之诉进行广义的理解,将其解释为既包括缔约方提起的关系之诉,也包括权益受损的合同第三人提出的行为之诉,并且法官在处理上述案件时,不仅要考虑前置具体行政行为的合法性,也应关注该行为对后续的合同,乃至公共福祉产生的影响,如此也有利于提升行政诉讼化解纠纷的实效性,这也是推进我国行政诉讼主观化建设的重要一步。

　　第三,关于举证责任。在缺乏明确的司法解释予以规范和典型的指导性案例予以指引的情况下,在行政协议纠纷这类新型行政案件中如何分配举证责任,实践中是存有困惑的。[3]我国现行证明规则采用的是客观法秩序维护模式下"被告承担举证责任"的设计,2002 年最高人民法院颁布的《关于行

---

〔1〕　CE Ass. 4 avril 2014, De'partement de Tarne-et-Garonne, Rec. 70.

〔2〕　CE 4 aou't 1905 Martin, Rec. 749.

〔3〕　有学者曾与上海市第三中级人民法院的法官沟通,该院从事行政审判的法官认为,就行政协议诉讼中的举证责任分配问题,目前并无立法规定,需要出台新的司法解释,以此规范此类案件的审理。参见邓刚宏:"行政诉讼举证责任分配的逻辑及其制度构建",载《政治与法律》2017 年第 3 期。

政诉讼证据若干问题的规定》[1]和 2014 年修订后的《行政诉讼法》虽然增加了几种原告提供证据的情形，但严格来说，这些情形下原告提供证据的行为更多的是一种相对于人民法院的义务，而不是学理意义上可能承担败诉后果的举证责任。[2]基于现有制度的规定，最高人民法院巡回法庭的一位法官撰文表示，在行政协议案件的审理中，针对当事人起诉单方变更或解除行政协议等行政机关作出行政行为的情形，被告应对其行政行为合法性、合约性承担举证责任。而在起诉行政机关不依法履行、未按照约定履行行政协议的案件，被告行政机关主张已经依法履行、按照约定履行行政协议义务的，应当对此承担举证责任。[3]正如马克思所言，"法官除了法律别无上司"，忠实秉持既有的规则设定自然无可厚非，但从立法论的角度出发，在行政协议中秉持"被告承担举证责任"这一客观化的设计并不是一种科学的价值取向。（1）正如上文所分析的，我国行政诉讼对举证责任分配的最初设定很大程度上是服务于"维护和监督行政机关依法行使行政职权"这一客观目的的，而这与行政合同的主观化取向并不契合。从诉讼的基本规律出发，主观诉讼中，当事人是基于救济自身权益的目的启动诉讼程序的，这就决定了在这类案件中应该适用一般民事诉讼中所奉行的"谁主张，谁举证"的规则。（2）行政协议与单方行政行为存在明显区别。在针对单方行政行为的案件中，举证责任倒置的正当性就在于违法推定理论，[4]行政行为是依据事实与法律适用作出一定

---

〔1〕 该司法解释第 4 条规定："公民、法人或者其他组织向人民法院起诉时，应当提供其符合起诉条件的相应的证据材料。在起诉被告不作为的案件中，原告应当提供其在行政程序中曾经提出申请的证据材料。但有下列情形的除外：（一）被告应当依职权主动履行法定职责的；（二）原告因被告受理申请的登记制度不完备等正当事由不能提供相关证据材料并能够作出合理说明的。"第 6 条规定："原告可以提供证明被诉具体行政行为违法的证据。原告提供的证据不成立的，不免除被告对被诉具体行政行为合法性的举证责任。"

〔2〕 马怀德教授将原告的举证分为两种类型，一是起诉时对具体行政行为存在的证明，这是为了启动诉讼程序，使诉讼得以成立，与诉讼后果并无关系；二是在诉讼进行过程中的举证，是为了提出反证，减弱被告方证据的证明力，这是原告的权利，其行使与否与败诉后果亦无必然联系。所以在客观诉讼的视野下，原告提供证据的行为只是一种相对义务，甚至是一种权利，与被告承担举证责任的性质不同。参见马怀德、刘东亮："行政诉讼证据问题研究"，载《证据学论坛》2002 年第 1 期。

〔3〕 郭修江："行政协议案件审理规则——对《行政诉讼法》及其适用解释关于行政协议案件规定的理解"，载《法律适用》2016 年第 12 期。

〔4〕 杨寅："行政诉讼证据规则梳探"，载《华东政法学院学报》2002 年第 3 期。

判断的行为，相对于司法权而言，它还是一种首次判断权。[1]基于维护客观法秩序的需要，这样的性质就要求在行政诉讼程序中，被告需要承担行政行为合法性的举证责任。但是行政协议是合同双方平等协商之下的产物，它不是依"先取证后裁决"程序作出的行政行为，并不存在举证责任倒置的理论基础。（3）行政合同是双方意思合意的结晶，遵循"谁主张，谁举证"的原则，更有利于法官及时查明案件事实，更为公正、高效地解决纠纷。（4）合理分配举证责任也是抑制滥诉的重要工具，[2]可以使有限的司法资源得到有效的利用，让行政诉讼回归到真正的权益救济的轨道上。综上，笔者认为，在行政协议这类案件中，由于其诉讼目的是主观权利的救济，原则上应遵循"谁主张，谁举证"的分配原则，只有在涉及客观法秩序的维护，如被告基于公共利益的考量，行使变更权时，则由被告承担举证责任。

第四，关于撤销在时间上的效力问题。从依法行政原则出发，当一个行政行为作出时存在违法事由，司法机关需要依照法定程序对其违法加以确认，并将其效力追溯性地予以消除。撤销的核心内涵是，使行政行为改变的法律关系恢复到不存在的状态。[3]但一般而言，从行政机关作出决定之时到行政行为被确认为无效，进而被撤销之日，中间会间隔较长一段时间。不同于私人的民事行为，由于涉及公共资源的分配，行政行为具有明显的外溢性，撤销判决所产生的法律后果，即原被诉行政行为被撤销而不再存在的事实，具有对世的效力。[4]如果具有溯及效力的司法撤销突如其来，令利益相关主体猝不及防，就会使社会生活陷入某种混乱。比如撤销行政行为的判决一经作出，即应生效；行为一旦被撤销，无疑会留下法律空白，即便政府部门毫无恶

〔1〕 邓刚宏："行政诉讼举证责任分配的逻辑及其制度构建"，载《政治与法律》2017年第3期。

〔2〕 江必新："完善行政诉讼制度的若干思考"，载《中国法学》2013年第1期。

〔3〕 学理上一般认为，基于信赖保护原则，法律应保护个人就公权力行使结果所产生的合理信赖以及由此而衍生出的信赖利益，而不应使公民遭受不可预期的损失，故对于授益行政行为，撤销原则上不追溯至该行政行为作出之时，而只消除其对将来的效力，除非撤销原因在于该授益行政行为相对一方本身的违法行为。刘飞："信赖保护原则的行政法意义——以授益行为的撤销与废止为基点的考察"，载《法学研究》2010年第6期。不过，授益行政行为的撤销问题不在本文的讨论范围之内，此处提及只是为了使行文逻辑更为严密。

〔4〕 马怀德主编：《行政法与行政诉讼法》，中国政法大学出版社2007年版，第430页。

意，在管理上也会面临相当的困境。[1]由此，我们发现在撤销判决的执行问题上，坚守依法行政原则与维护社会公共秩序之间存在一定的张力。一方面，依法行政原则要求追溯性地切断违法行政行为与现实生活的关联，剥夺违法行政行为在法律上的利益，从而反向督促行政机关依法行政，保障法治的健康运行；另一方面，即刻切断违法行政行为的效力源，又会波及在该行政行为指导下开展的法律生活。若行政行为立即发生自始无效的效果，则会无形之中使相关利益主体的权利义务关系处于不确定状态，惶惶不得终日。这不仅仅是一个理论上的困境，法安定性与合法性的选择也是我国行政审判中一个令法官十分纠结的地方。

为了化解这一紧张关系，法国最高行政法院富有创造性地使用所谓推迟撤销的妙招，赋予法官在司法撤销时效上的微调权，即出于对法安定性的考量，法官可以视个案的具体情形，推迟撤销判决生效的期限，给行政机关一个应对的缓冲期。这一法律技术在 2001 年 7 月 27 日的蒂特朗案[2]中首次亮相。案中，法国最高行政法院裁定撤销司法部长拒绝废止的一些决定，按照全国信息自由委员会的建议，就终审法院的某些诉讼程序建立自动化的管理制度。但它没有立即撤销那些决定，而是给部长 2 个月的期限，要么认真考虑全国信息自由委员会提出的意见，重新作出决定；要么让人拟定法令而不顾全国信息自由委员会的意见。除了撤销法规判决，这一技巧又在 2004 年 5 月 11 日的一个行政合同争议中大放光彩：[3]法国社会事务部长批准了一些关于帮助再就业和发放失业补助金的协议，因其存在形式瑕疵，故最高行政法院判决撤销该部长批准的协议，但是为了避免双方措手不及，这个协议要等到 2004 年 7 月 1 日才失去效力。由此，双方就拥有 2 个月的时间进行谈判协商以达成一个合法的方案。

法律效果与社会效果的统一是法治社会的基本价值追求。依法裁判既不能无视法律的基本原则，又不应在教条主义中固步自封。正如霍姆斯大法官所言，法律的生命在于经验而非逻辑，如果一味地强调司法逻辑，而忽视裁

---

〔1〕 ［法］让·里韦罗、让·瓦利纳：《法国行政法》，鲁仁译，商务印书馆 2008 年版，第857 页。

〔2〕 法国最高行政法院，2001 年 7 月 27 日，载 *AJDA*，2001，第 1046 期。

〔3〕 法国最高行政法院，大合议庭，2004 年 5 月 11 日，载 *AJDA*，2004，第 1183 期。

判可能带来的社会效果，司法也就陷入了本末倒置的怪圈，失去了其应有的价值。具体而言，推迟撤销这一富有智慧的法律发明既是依法行政原则统摄之下巧妙的变通行为，又是维护公共利益与法安定性的创新之举。赋予法官基于公共利益的考量行使微调权的举措，使得法国的行政诉讼不再狭隘地偏执于监督行政的功能定位，而是以更为开放的姿态回应当事人的诉求。法国行政审判近期富有现实主义色彩的主观化改造对于同样处于转型期的我们具有很大的借鉴意义。

（三）原告资格问题上的矫枉过正——立案登记制下的保护规范理论的适用

在制约行政权力、丰富民主参与渠道、保障与拓展公民权利的理念指导下，我国行政诉讼原告资格变化经历了从直接利害关系人、行政相对人到法律上利害关系人，再到利害关系人标准的四个阶段，〔1〕总体呈现出范围逐步扩大的趋势。但受2015年立案登记制的催化，这种趋势在实务界却发生了重大转向。立案登记制的改革虽然在一定程度上回应了人民群众对于新时代行政审判的新期盼和新要求，缓解了过去长期存在的"立案难"问题，但也导致了案件数量的激增，尤其在行政审判中呈现出一种案多人少的尴尬局面。如何在保障当事人的诉权与规制滥诉之间找到一个恰当的平衡点，成为横亘在理论和实践上的一大难题。一筹莫展之际，一些法院开始从比较法的视野中发现理论的武器，德国的主观公权利和保护规范理论就像一道曙光，让那些在茫茫案卷中"手无寸铁""踽踽独行"的法官探寻到一条判定原告资格的道路，更为确切地说是找到了一种在教义学上限缩原告范围的"正当手段"。最具代表性的是2017年最高人民法院再审的"刘广明案"〔2〕，该案判决书中明确将保护规范理论作为解释"利害关系"的理论上的"抓手"。由于"刘广明案"的示范效应，各地法院开始大量运用保护规范理论、主观公权利以及与其相关的"反射利益"等概念来框定我国行政诉讼的原告范围。〔3〕

---

〔1〕 程琥："行政法上请求权与行政诉讼原告资格判定"，载《法律适用》2018年第11期。
〔2〕 刘广明诉张家港市人民政府行政复议案，（2017）最高法行申169号行政裁定书。
〔3〕 以"反射利益""主观诉讼"为关键词在北大法宝上进行检索，除去一些不相关的信息，从2017年11月7日至今，有300个案例都是以起诉者只是因反射性利益受影响，与被告之间不存在公法上的利害关系为由，否定其具有行政诉讼或行政复议的原告资格。

主观公权利和保护规范理论都与行政诉讼的主观模式紧密相连。选择适用主观公权利和保护规范理论来确定原告资格，也就意味着我国行政诉讼的整体定位是以个人主观权利的保护为主。[1]但是笔者认为通过将"利害关系"限定在"公法上的利害关系"，将"合法权益"限定在"公法上的权利"，从而一律否定反射性利益受到影响的公民、法人或者其他组织原告资格的做法，来推动我国行政诉讼主观化的转型，强调权利救济的功能似有矫枉过正之嫌，甚至存在与立法旨趣相悖的危险。[2]

第一，受历史条件的局限，就是因为我国在实践中对原告资格的把握过于审慎，以至于一些行政纠纷无法通过司法程序解决，而只能单纯依靠信访途径，才滋生了一些社会不稳定因素。所以，在"依法治国"理念的指引下，正确理解和把握"利害关系"，敞开行政诉讼的大门，充分发挥司法救济权益保障的效能已是人心所向。但保护规范理论的纳入非但没有成为扩张我国主观公权的工具，一些原本经司法解释而被纳入诉权范围的"土地承包权""相邻权"等权益，其保护基础反而在适用保护规范理论后开始坍塌。[3]有学者进而用诙谐的语调调侃道，这样的解释论已然脱离了"常识"，须用"常识"来矫正专业之误。[4]如果将当下司法实务中所谓的"保护规范理论"泛化适用为判断原告资格的标准，无疑是在经立案登记制改革殚精竭虑拆除了"立案难"的围墙之后又迫于态势重新筑上"受案难"的篱笆。这与尊重和保障公民合法权益的立法导向可谓是大相径庭。

第二，原告资格判定上过分的主观化与现今的总体布局也不相适应。保护规范理论的制度土壤在于主观诉讼，而我国的整体构造呈现出客观化的趋势。那么，这一理论的引进是否会引起水土不服，本来就是一个值得商榷的先决问题。正因如此，"刘广明案"的裁定书中也十分克制地写道，"现行行政诉讼在确定原告资格问题上，总体坚持主观诉讼而非客观诉讼理念"，[5]而

〔1〕 赵宏："原告资格从'不利影响'到'主观公权利'的转向与影响——刘广明诉张家港市人民政府行政复议案评析"，载《交大法学》2019年第2期。
〔2〕 杨建顺："适用'保护规范理论'应当慎重"，载《检察日报》2019年4月24日。
〔3〕 赵宏："原告资格从'不利影响'到'主观公权利'的转向与影响——刘广明诉张家港市人民政府行政复议案评析"，载《交大法学》2019年第2期。
〔4〕 杨建顺："适用'保护规范理论'应当慎重"，载《检察日报》2019年4月24日。
〔5〕 刘广明与张家港市人民政府再审行政裁定书，（2017）最高法行申169号。

并未将这一定论推广至整体诉讼架构。可以预见的是，主客观规则运行的杂糅，既无法充分挖掘域外经验的精华所在，又无法激发本土制度自身的活力。

第三，公法上的权利与反射利益的区分是以公共利益和个人利益的区分为前提。但在现代民主国家中，公共利益与个人利益始终是相连的，不存在与个人利益毫无关联的公共利益。换言之，公共利益本就是个人利益的集合。而且从我国有关法律的立法目的来看，[1]对公共利益和个人利益的保护常常是统一表述的，难以判定其中是否存在明确的"个人利益保护指向"[2]。上述二元区分的难以达成，增加了司法实践判定中的恣意性和不确定性。

第四，保护规范理论自身也面临着危机。公民诉讼保护范围日益扩大的今天，保护规范理论已经渐露颓势。尽管经以阿斯曼为代表的德国学者的全新归纳，发展出"新保护规范理论"，消解了旧理论不合时宜的部分，但无论新旧，其实质都将主观公权利的判定回溯至客观法规范的"个人利益指向"，而对这一问题的探求，最终会转化为对法规范的解释，[3]而这一过程无可避免的会依赖于法律适用者的价值判断，且受制于主流法政策的影响，[4]导致司法适用的混乱。

综上，我们对于域外的理论不能简单地抄袭，盲目地奉行"拿来主义"，

---

〔1〕 比如《行政许可法》的立法目的是："为了规范行政许可的设定和实施，保护公民、法人和其他组织的合法权益，维护公共利益和社会秩序，保障和监督行政机关有效实施行政管理。"《行政处罚法》的立法目的是："为了规范行政处罚的设定和实施，保障和监督行政机关有效实施行政管理，维护公共利益和社会秩序，保护公民、法人或者其他组织的合法权益。"《药品管理法》的立法目的是："为加强药品监督管理，保证药品质量，保障人体用药安全，维护人民身体健康和用药的合法权益，特制定本法。"在立法目的中综合保护公共利益与个人利益的表述，在我国行政领域的法律中不胜枚举。

〔2〕 "主观公权利的确认，应从探求相关法律的规范意旨着手，若该法规的规范目的，除保护公共利益之外，同时兼及保护个人的利益，则受保护的个人即因该法规而享有公法上的权利。"可见，根据保护规范理论，划定受法律保护的利益与反射利益的关键即在于具体的法律规范中是否包含"个人利益指向"，如果实体法律规范在维护公共利益的同时，也将公民的个别性利益考虑在内，则此时就存在主观公权利。参见李建良：《行政法基本十讲》，元照出版公司2017年版，第320页。

〔3〕 赵宏："保护规范理论的历史嬗变与司法适用"，载《法学家》2019年第2期。

〔4〕 Hartmut Bauer, "Altes und Neues zur Schutznormtheorie", Archiv des oeffentlichen Rechts, 113（1988），S. 599. 转引自赵宏："保护规范理论的历史嬗变与司法适用"，载《法学家》2019年第2期。

法律的比较和借鉴更不能抽取掉各自的理论背景和制度架构。机械地将主观诉讼传统下孕育的保护规范理论的枝条嫁接到我国更具客观色彩的树苗之上，是注定不能扭转总体局势，长出丰硕的主观化果实的，反倒可能产生事与愿违的结果，无法有效回应社会转型期公民对救济合法权益的急迫需求。所以，在原告资格问题上，不妨回到最初的文本设计，根据各个阶段法院的实际受理能力和诉讼救济的实效性，适时逐步扩大原告资格的范围。不受限于制定法中已然明确保护的权利范围，不执着于探求起诉者的动机究竟是为了维护个人利益抑或是维护公共利益，不沉湎于私益诉讼与公益诉讼的截然二分。铭记德沃金"认真对待权利"的呼吁，只要公民受到行政主体侵害的利益是值得法律保护的利益，就应该为其畅通司法救济的大门。

四、总结与展望

完整的行政诉讼制度在理论上表现为行政诉讼是主观诉讼和客观诉讼的有机统一，主观向度与客观向度就像是行政诉讼的两翼，过分倚重其中的任何一方都不能充分发挥制度应有的效用。当然，理论上并不存在一个完美的、具有普适性的、能与各国国情完美契合的行政诉讼构造模版，每个国家最终呈现出的制度架构都是在历史的长河中经学界矢志不渝的推敲和实践的不断试练加工、打磨出的作品，是各国的法律传统、历史原因、宪政结构、权力关系、公民的权利意识等因素综合作用下的产物。所以，要想应然层面的讨论有意义，就不能带着先入为主的思维定式进行纸面上的改革，而应扎根于现实土壤，通过梳理立法变迁与司法动向，准确把握我国行政诉讼模式的实然定位，抓住病灶，展开有针对性的思考。

脱胎于民事诉讼法，我国第一部《行政诉讼法》彰显出行政诉讼固有的鲜明特质。当事人的恒定性，审理对象的特定性，审查强度的有限性，举证责任的特殊性，判决类型的独特性等方面都体现出浓厚的客观色彩。为了转变司法实践中漠视私权的理念，打破公民"状告无门""信访不信法"的尴尬局面，2014年《行政诉讼法》的修订在立法目的、判决类型、受案范围等方面进行了有益的探索与推进。但是既有客观诉讼模式的根深蒂固以及撤销诉讼的泛化乃至绝对化，无力为行政协议诉讼等新类型案件提供诉讼规则，这导致这些新类型诉讼难以被纳入现行的行政诉讼制度中来，[1]公民的权益依然得不到有效的救济。在 2015 年推行立案登记制的背景下，以"刘广明案"为导火索，司法实践中开始打着"主观诉讼"的旗号，引入保护规范理论框定原告资格。但是这一理论的纳入非但没有扩大公民权益的保护范围，反而异化为法院裁定不予受理或驳回起诉的"尚方宝剑"，关于我国行政诉讼的功能定位和对应的具体制度安排反倒愈发的混乱不清。管见以为，不妨正视我国现有制度设置上以客观诉讼为主的实然状况，借鉴法国近期主观化的改造，汲取其制度精华，适度吸纳合理的主观因素。比如，在行政协议中，明确其"关系之诉"的定位，抛却既有的不切时宜的客观化规则设计的桎梏，如审理对象的单一化，举证责任倒置的局限性等等。另外，在原告资格问题上，应当强化权益救济的主观化导向，把判断标准逐步回归到最初的文本设计——"合法权益"上，随着政治体制改革的深入和社会主义民主政治建设的不断发展，将现今所谓的公益诉讼的起诉范围扩展到利益受到侵害的公民、法人和其他组织。[2]

行政诉讼模式的定位是我们认识行政诉讼全貌的逻辑起点，其关涉到国家整个权力架构、治理模式的选择，也影响到具体制度的规定。[3]如何更好地回应当事人的诉讼请求，如何更好地满足新时代人民日益增长的法治需求，如何实现监督行政与权利救济机能之间的平衡，远不是这篇小文所能够解决的。或许，我们都只是在穿越云谲波诡乃至惊涛骇浪的"历史的三峡"，这是当代中国行政诉讼制度的宿命。[4]本文只是希望通过厘清我国行政诉讼模式的实然现状，揭示制度设计和实践操作中与当下的法治发展不相适应之处，

---

〔1〕 付荣、江必新："论私权保护与行政诉讼体系的重构"，载《行政法学研究》2018 年第 3 期。

〔2〕 现今的法律规定只赋予检察院提起行政公益诉讼的资格，这或许是综合考虑现今我国的民间组织还未趋成熟，公民的法治意识有待提升，法院的受理能力也有待加强等因素下的权宜之计。但是究其本质，作为法律监督机关的检察院提起的公益诉讼，更像是国家机关之间的监督，而未能真正发挥公益诉讼的价值。由此，笔者建议不妨借鉴《民事诉讼法》在公益诉讼中的推进历程，以环境污染、侵害众多消费者权益、城市规划等领域为突破口，适时逐步扩大原告资格的范围，这对提升公民的法律素养，构建公民、组织和国家机构分工、合作的共同治理机制有着深远的意义。

〔3〕 薛刚凌："行政诉讼法修订基本问题之思考"，载《中国法学》2014 年第 3 期。

〔4〕 何海波：《行政诉讼法》，法律出版社 2011 年版，第 14 页。

并基于此提出自己的思考，以启发法律利益共同体一道关注这个重大课题，集思广益，共同推动我国行政诉讼的发展；使其走向科学化、体系化和法治化。

The Factual Analysis and Rational Thinking on China's Administrative Litigation: "Subjective Litigation" or "Objective Litigation"?

Abstract: The orientation of subjective litigation or objective litigation decides the specific system and practical operations of a country's administrative litigation. According to the analysis of the text of China's first *Administrative Procedure Law*, China's initial institutional structure has shown a strong objectivism. The unreasonable aspects of the rules have led to the prevalence of the concept of disregard of private rights. Therefore, resulting in the complainants "believe the letters and calls but not believe the law". Although the *Administrative Procedure Law* has been amended in 2014, which has made beneficial exploration in promoting subject ivization. There is still a long way from a perfect system of judicial relief. What's more, in the context of the implementation of the registration system, the theory of subjective public rights and protection norms in German law has been used as the interpretation of "interest relationship", which is the qualification of administrative plaintiff in China. However, such applications of the theory may be overkill, which triggers a new debate on the position of administrative litigation in China. This paper holds that in order to solve the current problems effectively, we ought to base on the existing objective litigation orientation and extract lessons from recent subjective transformation in France. Only when we break the outdated objectification rules and incorporate reasonable subjective factors can we effectively respond to the appeals of the counterparts and realize an organic unification of right relief and supervision of administration.

Key words: subjective litigation; objective litigation administrative agreement; litigation plaintiff qualification

也谈持续侵害与正当防卫的关系

——与周光权教授商榷

中国政法大学法学院 2015 级 3 班　朱慧敏

指导老师：中国政法大学刑事司法学院副教授　董淑君

摘　要： 在司法实践中，正当防卫的适用出现很多不合理，尤其在持续型侵害中，由于不法侵害时间长，侵害行为处于累积过程中，对正当防卫的限定也应当有相应的适用规则。特殊防卫的认定要遵循立法目的，不得随意类推；防卫人的法益保护优于侵害人的法益保护；正当防卫是否超过必要限度的判断除了考虑防卫的必要性、相当性、应当站在一般人的角度。

关键词　正当防卫；持续侵害；特殊防卫；防卫必要性

绪　论

周光权教授在《法学》杂志 2017 年第 4 期发表了《论持续侵害与正当防卫的关系》一文（以下简称周文）。周文对持续侵害下特殊防卫（即无限防卫）适用的几个情形和防卫明显超过必要限度的判断上进行了比较全面的梳理和分析。周文认为由于《刑法》第 20 条第 3 款属于法律拟制，是特别规定，应当优先适用，只有适用该规定产生障碍之后，才能进一步依据《刑法》第 20 条第 3 款检验是否属于防卫过当。周文对持续侵害状态下的多种行为认为可以适用特殊防卫条款，另外对于正当防卫的限度通过利益衡量，防卫相当性和防卫必要性建构一系列规则。在笔者看来，周文在学术上能够引起思考，值得后辈学习，其观点有合理之处，但也有值得商榷之处。本文拟对持续侵害及正当防卫的关系提出以下商榷意见，以求教于周光权教授。

一、持续侵害下的正当防卫条件

长期以来，我国刑法理论和实践对正当防卫的认定有异乎寻常的苛刻态度，总是对正当防卫有过多、过分的限制。特别是加害人死亡的情况下，法官往往不敢认定为正当防卫。在实务中，很多情况下是用犯罪构成的裁判规则来认定正当防卫，司法人员通常优先从防卫结果出发思考问题，不当地限定了正当防卫的成立范围，其结果是大大提高了正当防卫的成立标准，使得被侵害人很难用正当防卫来保护自己的权益。周文也持上述观点，进而将问题矛头具体指向了持续侵害中的正当防卫。周文的说法是"在上述持续侵害（非法拘禁、绑架等继续犯以及非法侵入住宅、组织传销活动等侵害状态得以持续的不法形态；此外，还包括攻击在相当长时间内得以持续的围殴等侵害形态）中，不法行为的成立和既遂往往都相对较早，但犯罪行为在较长时期内并未结束，在犯罪人彻底放弃犯罪行为之前，违法状态也一直持续，犯罪并未终了，在此过程中，防卫人理应都可以防卫"。但问题在于，持续侵害下侵害人对被害人人身、生命的威胁符不符合正当防卫所需的紧迫性？

众所周知，实施正当防卫必须符合一定条件。

第一，有现实的不法侵害行为，这种侵害行为具有不法性、侵害性、现实性，不符合法律规范，是一种侵害法益的行为，但并不是所有的不法侵害行为都能够实施正当防卫。德国持二元论的多数学者不得不承认，法益保护才是正当防卫的基石所在，法秩序维护只是依附于法益保护之上的次要根据。[1]正当防卫的目的是保护法益，因此面对的"不法"不同于犯罪，既包括犯罪行为，也包括一般违法行为，因为侵害法益的行为不仅有犯罪行为，还有一般违法行为。实施正当防卫所面对的不法侵害的法益一般是生命、财产，具有及时性，如果当时不进行保护，事后会无法补救。

正当防卫只能在"不正对正"的关系上被确认，在"正对不正""不正对不正"以及"正对正"的关系上，不能被承认。[2]因此，防卫挑拨引起的侵

---

[1] 陈璇："正当防卫与比例原则——刑法条文合宪性解释的尝试"，载《环球法律评论》2016年第6期。

[2] ［日］大谷实：《刑法总论》，黎宏译，法律出版社2003年版，第211页。

害，不可进行正当防卫。以不法行为引起的正当防卫，不能够再进行防卫，否则就会无限循环下去。防卫挑拨是以正当防卫之名而行不法侵害之实，这是一种名与实的关系，或者说是假象与本质的关系，正当防卫是其假象，而其本质则是犯罪。[1]但多数学者认为如果挑拨后的侵害行为明显超出了自己的加害行为，仍有适用正当防卫的余地。[2]笔者认为，由于防卫行为以制止不法排除危险为限度，当排除危险后防卫人不得再进行防卫，如果防卫超出了本来的限度，有加害的意思，原侵害人还可以对此进行正当防卫。例如，张某和王某矛盾积怨已深，张某想教训王某一顿，但觉得先出手的会因为无理需要承担法律后果，想让王某先出手打人。于是设计羞辱王某，王某大怒，把张某的头部打伤，张某还击，将王某打死。在这个案子中，张某的行为就是防卫挑拨行为。他的防卫行为是在犯罪预谋以内的，主观上没有防卫意图，且把防卫行为当成了实现犯罪的手段，因此不能认定为正当防卫。

第二，不法侵害正在进行，令法益处于紧迫的危险之中。"紧迫性"要求不法侵害正在进行，此时正当防卫是必要手段。正当防卫紧迫性的核心是，公民遭到侵害不能得到公权力救济时，允许公民武力自救（自卫）。日本刑法需要"不得已而实施的行为"，在预期到"急迫不法的侵害"并且可以回避而不会增加额外负担的情况下，要求回避，不能实行正当防卫。尽管我们国家刑法没有如此严格的规定，但仍然要在面临急迫的威胁时才可适用正当防卫。在持续性犯罪中，不法侵害一直进行，持续性的侵害本身是轻微的，不过是由于累积而可能肯定"侵害"而已，所以持续性侵害中紧迫性的认定尤为重要。紧迫性场合的存在，要求没有时间寻求公权力的救助，为了保护被侵害所威胁的法益，只能进行自力救济。当然，在持续性犯罪中，被侵害者的法益受到侵害的情况下，如果有进一步累加新的侵害状况，就能肯定侵害的急迫性。比如，一旦被殴打，看上去像要再度被打的场合，被监禁在房间之中、该状态在持续之中的场合。像所谓的状态犯，在法益侵害终了后，违法状态处于继续、持续中的场合，尽管违法状态的持续本身并不为犯罪的继

---

〔1〕 陈兴良：《正当防卫论》（第二版），中国人民大学出版社 2006 年版，第 50 页。

〔2〕 参见张明楷：《刑法学》（第五版），法律出版社 2016 年版，第 201 页；陈兴良：《正当防卫论》（第二版），第 50 页；黎宏："论正当防卫的主观条件"，载《法商研究》2007 年第 2 期；陈璇："克服正当防卫判断中的'道德洁癖'"，载《清华法学》2016 年第 2 期。

续的、持续的成立奠定基础，但由于存在着继续、持续的法益侵害不容否认，所以不能直接否认其属于"急迫不法的侵害"。[1]

第三，必须针对不法侵害人本人进行防卫，并且不能明显超过必要限度造成重大损害。我国关于必要限度有两种学说，"必需说"和"相适应说"，两种学说都有一定的缺陷。例如，16 岁的陈某拿了 100 元，遇上 30 岁的王某打劫，要求其交出 100 元，陈某觉得自己打不过王某，于是拿出了随身携带的水果刀，将王某扎死，保住了自己的 100 元。从必需说看，如果陈某想要保住自己的 100 元，只能将王某扎死，可是从保护的法益上看，这超过了正当防卫的必要限度。而相适应说可能对防卫人不太公平，在紧迫的状态下做出和对方侵害行为相适应的防卫也是有很大难度的。所以我国通说一般认为，正当防卫的适度性应当以必要说为基础，结合基本相适应说进行辅助判断。衡量行为是否超越必要限度，主要看这种行为是否是制止不法侵害所必须的，而"是否必须"又可综合考虑防卫行为与侵害行为在结果和行为上是否基本相适应。因为防卫行为是在"不正对正"的关系上成立的，所以防卫结果即便偶尔超过被侵害的利益时，也能够成立正当防卫，但是，正当防卫是保护法益的行为，反击所造成的结果和利益保护之间必须具有一定程度上的衡量。

由此可知，持续侵害中如果限制了自由或者人身权，它在整体评价上具有一定的紧迫性，是能够进行正当防卫的。在一个绑架行为当中，即便是一个平和的绑架，整个过程没有任何暴力，也符合正当防卫的前提条件。当然，在持续侵害中对生命进行威胁，已经使得实行行为上升到暴力的程度，这时候就完全符合持续侵害中的紧迫性。

周文指出，"对于少数持续侵害，可以考虑将该侵害行为视为行凶或其他与绑架、强奸具有类似危险性的严重危害人身安全的暴力行为，从而肯定反击者的特殊防卫权。"可是，如果把持续侵害视为行凶或其他严重危害人身安全的暴力行为，那岂不是对《刑法》第 20 条第 3 款适用范围的扩大？将持续侵害解释为可以特殊防卫的对象，特殊防卫适用对象的扩大会造成司法适用上的混乱，不利于侵害者法益的保护。如果侵害中没有特殊防卫规定的几种类型，显然不能够肯定反击者的无限防卫权。

---

〔1〕 〔日〕山口厚：《刑法总论》（第二版），付立庆译，中国人民大学出版社 2011 年版，第 119 页。

《刑法》第 20 条第 3 款的规定主要考虑了严重危及人身安全的暴力犯罪的特点。行凶、杀人、抢劫、强奸、绑架等犯罪都是严重威胁人身安全的，被侵害人面临正在进行的暴力侵害，很难辨认侵害人的目的和侵害的程度，也很难掌握实行防卫行为的强度，如果对此规定得太严，就会束缚被侵害人的手脚，妨碍其与犯罪做斗争的勇气，不利于公民运用法律武器保护自身的合法权益。因此，法律对一些严重破坏社会秩序，危及公民人身安全的暴力犯罪，作了这样的特殊规定。而持续侵害的过程是缓慢漫长的，被侵害人很容易看出侵害人的意图，并因而做出相应程度的防卫。为了使法益保持平衡状态，只有在被侵害人遭受到严重危及人身安全的时候给予特殊防卫的权利，所以持续侵害中的暴力行为并不一定能够使得反击者拥有无限防卫的自由。当持续侵害中的暴力行为已经达到了"行凶"的程度，笔者认为可以适用特殊防卫的规定。

二、持续侵害下特殊防卫权的适用

周文认为，"由于《刑法》第 20 条第 3 款主张防卫行为只要具有防卫相当性，即可成立正当防卫，其限制条件和第 2 款相比要少一个，因此，可以认为《刑法》第 20 条第 3 款属于法律拟制（特别规定），而非注意规定。如果将《刑法》第 20 条第 3 款解释为法律拟制规定，其就有优先适用的可能性"。对于《刑法》第 20 条第 2 款和第 3 款之间的关系，周文认为防卫过当的条件要求由于违反防卫行为相当性和利益均衡性才可适用，而特殊防卫放弃了利益均衡，只考虑防卫相当性，相比较而言，如果防卫行为能满足两个条件的防卫过当，那么也一定能满足只有一个条件的特殊防卫，因此在法律适用上要先适用特殊防卫，在不符合特殊防卫的条件时才适用防卫过当。

将特殊防卫看作拟制规定，我再同意不过。在司法实践中，对一个行为是否是防卫行为的判断通常如下：第一步，先判断这个行为是否是正当防卫，即有没有发生不法侵害，且不法侵害具有现实性、紧迫性。第二步，判断防卫行为是否过当。通过利益衡量、防卫的必要性和相当性来综合评价，如果超过必要限度则为过当，不超过则为正当防卫。第三步，判断不法侵害是否有《刑法》第 20 条第 3 款规定的行为，如果存在，那么应当认定为是正当防卫，不存在防卫过当的情形。周文认为应当优先适用拟制规定，可以减轻司法资源浪费。我认为应当最后适用拟制规定，多方位地对一个行为进行评价，更能避免中间任意一个环节出错，这也是我国司法实践中的选择。笔者接下来将对周文提出的以下几点问题进行回应。

（一）持续侵害的危险能否评价为"行凶"

首先，什么叫作"行凶"？周文认为持续的行凶是正在进行的行凶。行凶没有对应的概念，但对此不能做任意的解释，这是特殊防卫的前提条件之一。如何理解这一条件，不仅需要对"行凶"做平义解释，也要按照所保护的法益要求进行系统解释。显然，对"行凶"二字不能做过于宽泛的解释，否则会导致正当防卫和特殊防卫条件的等同。笔者认为，对"行凶"的理解应该遵循其他特殊防卫条件的基本认识，首先，"行凶"是已经着手的暴力侵害行为，其次，"行凶"必须严重危及他人的重大人身安全（仅指生命安全）。所以，"行凶"不应该是一般的拳脚相加之类的暴力侵害，持凶器进行击打也不一定属于特殊防卫的"行凶"。只有持那种足以严重危及他人重大人身安全的凶器、器械伤人的行为，才可以认定为"行凶"。

周文认为，"只要持续侵害的危险一直存在，防卫人遭受的不法侵害的'质'的'行凶'和'量'的总量足以符合特殊防卫的不法侵害程度"。笔者对此观点不敢苟同。首先，"质"不能认定为"行凶"，行凶属于特殊防卫的前提条件之一，在行凶的前提下进行正当防卫是合法行为，法律给予积极的评价。但是持续侵害中侵害人以伤害故意进行侵害，不属于行凶行为，虽然属于持续的加害，但是依然不能够达到"行凶"中的"质"和"量"，防卫人对此行为予以反击造成侵害人死亡，应当认为是防卫过当，是非法行为，超出了法律所给予被侵害人保护自己的界限，法律对此是消极的评价。不仅仅在价值判断上，还有法律规范上，两者在"质"上存在绝对的差别，所以不能简单地将持续侵害认定为"行凶"。其次，从"量"的角度认为持续累积的不法侵害总量很大，这点我也不完全赞同。持续侵害中，侵害人一般对侵害后果和侵害程度处于控制之中，这种控制下的伤害使得被侵害人有时间进行防卫限度的控制，而不是没有后果的进行反击，如果持续侵害中有伤害行为严重危及人身安全，那么符合第 20 条第 3 款规定的情况，可以适用特殊防卫，如果没有严重危及生命，也仅能适用一般的正当防卫。张明楷教授也提到过，"'行凶'包含了杀人与伤害界限不明，但有很大可能造成他人严重的重伤（重大伤害）或者死亡的行为。对于暴力犯罪造成一般重伤的，要区分不同情况，不能简单划一的得出是否属于'行凶'的结论。当不法侵害人只是意欲使用暴力砍掉被害人的拇指时，防卫人造成不法侵害人死亡的，有可能属于防卫过当，不适用特殊防卫的规定"。[1]

至于周文所提出的"相对、动态的"概念，不可否认，笔者所提出的严重危及人身安全也是动态的，两者的表达实质是相同的，对于妇女儿童的侵害只要在一般人以妇女儿童的身份设身处地的认为严重的暴力犯罪危及自身生命也能够适用特殊防卫。周文认为"多人持续对被害人实施多种不法侵害进行折磨，尤其在介入的公权力行使者及其他救助者迅速离开，被害人处于任人宰割且精神彻底崩溃的状态时，即便不法侵害人对其实施强度有限的行为（例如，按压其肩膀、卡脖子、用凳子去撞击防卫人等），对于其为离开被拘禁、控制的场所而言，也完全可以认定为不法侵害累积起来之后对防卫人的'行凶'"。笔者的观点恰好相反。在多人持续侵害下，侵害的法益是被侵害人的人身自由权，不是生命权，如果拿防卫人反击侵害人的生命权等同于被侵害人的人身自由权，严重违反了法益平衡，如前文所述，纵然是必要的、非此不可，也不能违反正当防卫设置必要限度的立法目的即所保护的法益的价值与所损害的法益价值不能有较大的悬殊。因为如果一旦违反了这个规定，可以因为较低的法益伤害较高的法益并且不用负刑事责任，导致正当保护相当于纸上空谈。同理，公权力介入后，侵害行为中断，前面造成被侵害人受到严重威胁的行为也中断，被侵害人不具备实施特殊防卫的时间条件和前提条件。被侵害人在没有受到严重威胁后进行反击只能视为事后报复，即防卫不适时。"在以下三种情况下，应当认为不法侵害已经终止，不得再实行正当防卫：第一，不法侵害行为已经结束；第二，不法侵害行为确已自动中止；第三，不法侵害人已经被制服或者已经丧失侵害能力。在以上三种情况下，正当防卫人之所以必须停止防卫行为，是因为客观上已经不存在危险，或者不需通过正当防卫排除其危险。"[2]另外，周文认为受害人在对持续侵害进行反抗后，而侵害人试图重新压制等同于侵害人提升风险，基于客观归责中的

---

[1] 张明楷：《刑法学》（第五版），法律出版社 2016 年版，第 216 页。
[2] 陈兴良："正当防卫——指导性案例以及研析"，载《东方法学》2012 年第 2 期。

自我答责的法理，防卫后果由侵害人负责。笔者对此不赞同，自我答责的归责原则适用的领域非常严谨，要求是行为人违反了要求，任意的改变行为与结果之间的关系，用"任意"代替了自由，在不法侵害人重新压制受害人是基于受害人的反抗，不法侵害人为了实现之前的目的不得不做出的举动，并不是"任意"的决定。罗克辛主张"将人的意志支配可能性和对于构成要件法益的侵害制造了法律上重要的风险这个标准相结合"[1]，客观归责肯定人的意志自由并把其作为客观归责的重要依据。然而在上述场景中，不法侵害人完全自由的一部分被防卫人阻断，侵害人根本没有违反自由的要求，又如何自我答责呢？侵害人制造的风险为所不容许的风险，这种风险都在自己的控制范围内，在故意伤害中所进行的行为是在事件发生之前进行预先判断的，并且对结果的可能性进行了回避，如果把后续防卫人造成的全部风险也归责于侵害人，显然有悖于客观归责理论。

（二）强制猥亵能否类推为强奸

周文认为，在持续侵害中，由于被害人长时间被控制，如果遭受强制侮辱和猥亵，内心伤害很大，这种侵害性羞耻心和性自由权的行为和强奸没有实质区别。我赞同周文的前半部分观点，这种行为侵害了性羞耻心和性自由权，因为这种暴力给女性带来的伤害和强奸大体一样，但将这种行为等同于强奸，对此我持保留意见。在罪刑法定的基本原则下，强奸罪成立的标准一定是基于事实判断而非不具有明确性要求的价值判断。在事实判断的基础上，强奸罪需要暴力胁迫，而对于成年女子的强奸罪的既遂是"插入说"，而强制猥亵在我国的通说是以性交以外的方式对人实施下流的动作，和强奸有着本质的区别，即便其中也包含强制性或者威胁。周文采用"有利于被告的类推沿着出罪的方向做出的"，同样，按照周文的说法，有利于被告，在持续侵害中进行的强制侮辱或猥亵满足了所有实行行为，为什么还要采用对被告不利的强奸进行认定呢？如果不是强奸，又何来的行使特殊防卫权？当然，在一定的情形下，被害人遭受到了非人的对待，心理防线完全被击溃，笔者赞同周文的做法，不过这种情形仍然需要具体分析。

---

〔1〕 参见［德］许逎曼："关于客观归责"，陈志辉译，载《刑事法杂志》第42卷第6期。

（三）非法拘禁的危险升高能否与绑架同视

周文认为"非法拘禁和绑架罪的行为构造完全类似，且严重危害被拘禁者的人身安全，因此可以类推绑架的规定"，笔者认为这种认定着实不妥。首先，我国《刑法》第238条第2款规定，"犯前款罪，致人重伤的，处三年以上十年以下有期徒刑；致人死亡的，处十年以上有期徒刑。使用暴力致人伤残、死亡的，依照本法第二百三十四条、第二百三十二条的规定定罪处罚"。前半部分是非法拘禁中过失致人重伤致人死亡情形下的法律后果，罪名依旧是严格的非法拘禁罪。后半部分是法律的拟制规定，即非法拘禁过程中使用暴力致人重伤或者死亡按照故意伤害罪和故意杀人罪定罪处罚。这种处罚其实相当于非法拘禁中的暴力行为，等同于"故意杀人""故意伤害"，而在特殊防卫的对象中有"杀人""绑架"，不包含"伤害"，因此按照法条来理解，非法拘禁中的危险即便升高也不能按照绑架来进行防卫。何况，在特殊防卫中还规定了"其他严重危及人身安全的暴力行为"，因此，即便非法拘禁中的严重暴力行为使得被侵害人可以无过当防卫，也不能将侵害人的行为类推于"绑架"，而应当视为"其他严重危及人身安全的暴力行为"此项兜底条款。在适用法条的过程中，我们不能在没有穷尽一个法条的解释的时候，就进行类推解释。

但在"楚某故意伤害案"[1]中，周文认为"不法侵害人实施的非法拘禁行为的外在表现和构造与绑架罪并无二致，对防卫人楚某人身权利的危害程度也和绑架罪没有区别，应当根据案件情况赋予被告人楚某特殊防卫权"。笔者认为非也，防卫人楚某在多数人对其进行殴打并持刀具的过程中进行反击造成侵害人重伤并不能适用特殊防卫。首先，侵害人对于楚某没有致死的目的，这种侵害不属于《刑法》第20条第3款规定的行为。其次，楚某的反击是基于夺取侵害人的刀具进行摆脱不法侵害造成的，并未明显超过正当防卫的必要限度。法院的判决是有不妥之处，但理由不是周文所言。在"朱某红正当防卫案"[2]中，李某与朱某红的母亲厮打，并威胁朱某红与其谈恋爱，否则就断其脚筋，朱某红抢刀刺中李某致其死亡，法院判决"朱某红在其母

---

[1] 参见辽宁省开原市人民法院（2014）开刑初字第86号刑事判决书。

[2] 参见"朱某红正当防卫案"，载《最高人民法院公报》1995年第1期。

亲生命遭到严重威胁时，为了制止不法侵害，在不法侵害正在进行过程中，持刀刺伤李某致死，行为的性质不具有社会危害性，属于防卫行为，且防卫的程度适当"。在这一案件中，防卫行为与侵害行为相适应，没有明显超过限度，就可以直接认定正当防卫而脱罪，不用适用特殊防卫。在正当防卫中，关于正当防卫的限度应该从实际需要出发，能够有效制止不法侵害，只要能够制止侵害，没有对不法侵害人造成不应有的伤害，就应该认为防卫与侵害相适应，没有超过必要限度。在案发当时，朱某红最顺手的工具就是李某用来作案的刀具，她要么抢过来进行反抗，要么使得自己和母亲的生命丧失在李某手中，在这种情况下，朱某红所保护的自己和母亲生命的法益与侵害人的法益相当，防卫造成的损害没有明显超过不法侵害可能造成的侵害，从法益衡量的角度看，不可能属于防卫过当。既然能够适用正当防卫，就没有必要适用更加特殊的条款特殊防卫了。

（四）持续侵害与《刑法》第 20 条第 3 款的关系

周文认为，"持续侵害行为如果严重危及防卫者的人身安全的，可以适用特殊防卫的兜底条款"，笔者对此观点深表赞同。然而，周文举的"吴某艳被控故意伤害案"并不是一个合适的例子，它没有证明持续侵害行为是"其他严重危及人身安全的暴力犯罪"。全面论及一个行为的属性，应该考虑到该行为的各个方面。第一，不法侵害发生的场景。在吴某艳一案中，"次日凌晨三时起，三人强行破门而入"，试想一下，深夜三点三个成年男子破门而入，进入女生宿舍，并对吴某艳进行殴打撕扯衣服，这种场景足以给女生造成极大的心理恐慌，认为是强奸从而进行极力反抗，强奸作为特殊防卫的适用对象，没有防卫过当。第二，不法侵害的强度。当防卫人将侵害人划伤后，侵害人又继续采用更大强度的侵害，"长 11 厘米、宽 6.5 厘米、重 550 克的铁锁"欲砸向防卫人，这对于防卫人而言是更严重的暴力，防卫人当然可以进一步地反击。第三，不法侵害的对象。在特定情形下，防卫人的性别及加害人和受害人的力量对比应当成为正当防卫成立的一个重要因素。三个大汉对弱小的女子采用严重暴力，对被侵害人造成了明显不利的局面，在受特殊力量对比的影响下，被侵害人所承受的暴力甚至更严重，这个时候可以放宽正当防卫的界限，制止侵害所必需的限度会大于正当防卫的必要限度，但不会明显超过正当防卫的必要限度。在当时的情况下，没有更缓和的方法制止不法侵害，如果吴某艳不进行反击，当铁锁砸向她的时候，她将会遭受生命危险，由此可见防卫行为不仅没有超过限度，而且也满足《刑法》第 20 条第 3 款特殊防卫（强奸）的适用，并不能得出持续侵害行为如果严重危及防卫者的人身安全时，可以适用特殊防卫的兜底条款的结论。

三、持续侵害下的必要限度

周文认为应当先适用《刑法》第 20 条第 3 款的结论，在前述中笔者已经论述了自己不赞同的观点，接下来本文就周文对防卫超过限度的判断因素所起的作用进行分析和商讨。

（一）利益衡量要立足于行为的整体性

周文认为，"持续的不法侵害如果危险性很高，利益衡量就无关紧要或者说其意义就退居其次，只有在处于平和状态中的不法侵害才能进行利益衡量"。倘若说持续侵害危险程度升高不能进行利益衡量，同样也不能要求平和状态中的不法侵害进行利益衡量。换言之，对同一种行为的判断标准要相同，不能因为侵害程度的大小而有所改变。

关于利益衡量在刑法中的适用，一些人认为，"利益衡量只在民事、经济、行政等疑难案件中才可能存在，在刑事案件中不应有利益衡量存在的空间"，[1]但这种说法近些年来已不多见，大多数学者认为当一些疑难案件在用法条难以解决的时候，给予法官以自由裁量权对双方之间的利益进行判断，从而做出合适的判决是可以理解的。例如"法官运用利益衡量方法对法律规范的解释，是为了实现个案的正义而进行的实质推理，只具有个案针对性，没有普遍适用性，主要就某些疑难案件或者在适用法条时，发生与法律目的严重背离的情形时运用这一方法"。[2]但关于防卫相当性对持续性侵害如何适用，利益衡量学理上尚未有具体的研究。在司法案例中，法官多数是以结果进行定罪量刑，忽视了利益衡量的考量。

---

〔1〕　张光宏："实质法律推理中的利益衡量"，载《求索》2005 年第 12 期。

〔2〕　任彦君："论利益衡量在我国刑事裁判中的运用"，载《法学评论》2013 年第 5 期。

笔者不赞同周文"同样的正当防卫下，却进行不同的归责"的看法，仅仅因为强度大小不同，适用的归责方法却发生了重大改变，这显然是不符合常理的。既然平和中的不法侵害能够进行利益衡量，那么，持续侵害即使危险度升高也应该进行利益衡量。

周文所认为的利益衡量的判断只是基于结果的考量，笔者认为侵害行为是一个连贯的实行行为，应当作为整体来考虑，实行行为之间相互交叉，处于控制当中的威胁甚至能对被侵害人造成更加严重的心理伤害，如果单单从结果上对利益进行衡量，就忽视了对防卫人的利益保护。利益衡量应当从实行行为以及造成的后果整体考虑侵害的法益，从而作出是否防卫过当的判断。

周文中举的例子"王某琴故意杀人案"，被告人王某琴被拐卖后多次试图逃跑，但收买者席某限制了王某琴的自由。王某琴将安眠药拌在席某吃的饭菜中，当席某想吐的时候，被告人怕事情败露，捡起一块砖头敲击席某的头部，之后又拿出菜刀，割其颈部，致席某大失血死亡。法院经审理认为，王某琴的行为构成故意杀人罪。但"被害人收买王某琴为妻，并控制其自由，存在重大过错且违法"，遂从轻判处王某琴有期徒刑12年。

周文指出，在本案中，法院只认可根据被害人过错对被告人从轻处罚，没有从性质上承认被告人行为的防卫性质，未对其按照防卫过当减轻处罚，显然存在问题。席某等人长时间非法拘禁行为人，这是持续的不法侵害。在此过程中，即便防卫人有明显的杀人故意，杀害手段也是其逃离被拘禁现场的方法之一，因此，正当防卫的前提始终存在，其行为的防卫性质应该得到认可。但由于席某等收买行为人并非法剥夺其人身自由的行为，已持续了一段时间，该不法侵害处于相对平稳或平和状态，其紧迫性、危害性毕竟没有达到逼迫防卫人运用杀害手段的程度，王某琴有寻求公权力保护的可能，因此，其运用杀人方法来防卫人身自由权属于利益不均衡的情形，属于防卫过当。

对周光权教授的这个观点，笔者不敢苟同。在前述中，本文已经介绍了正当防卫需要有不法性、紧迫性、现实性，三者缺一不可。在本案中，需要提出疑问的是，这里究竟是否适用正当防卫。因为被告人王某琴认为正遭受席某对自己自由的限制，在这种情况下，将安眠药拌在席某饭里以及拿砖头敲和拿刀割席某脖子致其死亡是不是必要的逃离手段，哪怕不是一个法律人，这时候依照自己内心最本真的回答恐怕都不是肯定的答案。在席某限制王某琴自由期间，王某琴完全可以选择其他更恰当的手段进行逃跑或者反抗，而不是直接取人性命。依照案情，既然能够将安眠药拌在饭中，说明席某对其自由的限制也不是绝对的，这种缺乏紧迫性脱离危险的法益不是正当防卫所要保护的。

另外，王某琴的实行行为、实行手段都体现了杀人的故意，笔者认为法院的判决没有错误，这不应当作为否认利益均衡相当性的案例。换言之，周文所要强调的是，关于侵害造成的伤害结果和防卫造成的结果之于法律所要保护的利益进行的衡量只具有辅助性。利益衡量作为判断刑罚的重要因素，笔者认为在持续性的正当防卫案件中，利益衡量是防卫过当的判断基础。从刑法法条考虑，《刑法》第20条第2款规定："正当防卫明显超过必要限度造成重大损害的，应当负刑事责任，但是应当减轻或者免除处罚。"刑法在这里肯定了判断防卫过当的相当性和利益均衡性。其实对防卫过当的判断也正是对正当防卫限度的判断。明显超过正当防卫所必要的限度就是防卫过当，那么如何才能确定正当防卫的限度呢？

我们都知道刑法的目的就是保护法益，我国通说对防卫限度的认定是采取相当说和必需说的折中，但是，单纯对所保护的法益和所损害的法益进行比较，会做出不当地限定。折中说之所以始终无法跳出以法益抽象价值的简单对比来认定防卫限度的思路，以致在事实上给防卫限度提出了近乎防御性紧急避险的严格限制，其根源在于轻视了如下一点：在正当防卫中，双方法益值得保护的程度本来就不在同一水平线上，双方所应承担的风险大小也绝非"半斤八两"。[1]

利益衡量很好地解决了这一问题，在持续性侵害中，由于不法侵害人始终处于控制地位，其在控制地位中侵害了他人的法益，并从中可能会受益，因此他也应该承担在此过程中防卫行为为了反击这种控制地位而可能给自己带来的风险，因为，他的行为本身是让他获利的。因此，凡是为了制止不法侵害的必要造成的风险都应当由侵害人自己承担。在笔者看来，刑法所保护的防卫人的法益要优于侵害人的法益，因为防卫人所制造的行为后果是由于

---

[1] 陈璇："侵害人视角下的正当防卫论"，载《法学研究》2015年第3期。

侵害人的不法行为所引起的，如果没有侵害人的不法行为，也就没有防卫人造成的损害结果。在不法侵害阶段，被侵害人处于利益受损，如果仅仅按照结果的利益保护对被侵害人显然不公平，我们应当综合整个侵害行为的利益，把它看作一个完整的整体，在被侵害人受到侵害的时候，一方处于明显劣势，其所享有的利益保护应当优于给他造成侵害的一方。另外，在考虑防卫限度时，我们需要考虑的是：作为一名与防卫人能力相当的普通公民，在面对相同的不法侵害时，防卫人的最优方案是保证能够制止不法侵害，逃离控制，如果没有比案件中的防卫人更优的选择，防卫人缺乏其他的期待可能性，那么我们就应当认为没有超过必要限度。

（二）防卫相当性和防卫必要性

周文认为，"只要是持续侵害或者在继续犯中，都要认定不法侵害正在进行，防卫的紧迫性、必要性自始至终都存在。防卫必要性与防卫结果无关，应当就防卫行为本身进行评价。防卫相当性不是要求防卫行为必须与侵害行为基本相适应"。

笔者认为对于不法侵害是否正在进行，要判断侵害行为是否仍然危及法益。如果是连续进行的不法侵害只是表面上看上去停止了，但从整体认定仍然在进行，当然可以进行正当防卫。例如，多名不法侵害人欲对妇女实施奸淫行为，其中一个实施完毕后，其余侵害人想要换个场所继续实施奸淫行为，在将被害人带往另一个场所期间，被侵害人或者第三人都可以针对强奸行为进行正当防卫，因为这是一个完整的轮奸行为的一部分，依然侵害了被害人的性自由权，不能只是因为空间的转移就否定不法侵害的正在进行。持续侵害中如果对公民存在生命健康财产的威胁时，或者侵害强度逐渐升高，只要侵害行为仍在继续并且累积加深，就可以认定在持续过程中能够进行正当防卫。

能够进行正当防卫，可是防卫限度的限定却很难，《刑法》第20条第2款要求防卫行为与侵害行为要相适应，但在现实案例中，很多防卫行为造成的结果超出了侵害行为的结果。在防卫人的法益优于侵害人法益的前提下，特别是当防卫人处于威胁之中，心理、生理受到的压力极其巨大，这时候要求防卫人做出一系列思考判断何种反击是与侵害对自己造成的损伤是相适应的，之后再进行反击，显然是不可能的。笔者认为，这应采取一般人的标准，按照普通大众的一般立场，从事前的角度看一般人是否觉得有紧迫性，采取何种手段反击。这个世界上很少有人是完全理性的，我们或多或少都会受到环境、情绪等诸多因素的影响。站在事后角度的科学判断只是一种事后的冷漠与傲慢，因此，应当按照一般人的立场来对紧迫性进行判断。换言之，我们要代入被侵害人的角色，设身处地地思考一下。任何一个人的理智在受到冲击后都会被击溃或者对事实做出的判断部分存在偏差，在这种心理极其混乱并承受巨大压力的情况下，防卫后果与侵害后果很难做到相适应。那么，防卫的限度就不应当要求完全与侵害结果相一致，而是以一般人能够在当时的条件下所能做出的最优选择，这个选择的结果或许低于、或许相当、或许高于不法侵害。

对于防卫必要性应当从防卫行为本身进行评价，在前述利益衡量中本文也有阐述，周文认为"应当立足于事前对持续侵害的危险性进行判断，应当整体评价危险性，要进行累积升高评价"。笔者赞同周文的观点，因为持续侵害行为不是一个暂时性的行为，而是长时间进行的，对于持续侵害中的危险性应当进行整体评价。

结 论

笔者认为，判断持续侵害下的防卫，如果属于特殊防卫的情形之一，没有防卫限度；对于正当防卫的限度，应当以必要说为基础，结合基本相适应说通过辅助判断，同时也要通过衡量行为是否超越必要限度，看这种行为是否是制止不法侵害所必须的，而"是否必须"又要综合考虑防卫行为与侵害行为在结果和行为上是否基本相适应。

Reanalysis of the Relationship of Sustained Aggression and Justifiable Defense
—— Discuss with Professor Zhou Guangquan

Abstract：Most often, the application of the justifiable defense is irrational in the judicial practice, especially in the continued violation. Due to the aggression of the long time, the injurious act is in the process of accumulation, the definition of justifiable defense also should have corresponding applicable rules. The identification of unlimited defense shall be subject to the legislative purpose and shall not be carried out at random; The protection of the legal and beneficial protection of the defenders is superior to the protection of the law and benefit of the infringer; Whether justifiable defense exceeds the limits of the necessary judgment aside from the necessity of considering defense should stand in the general public's perspective.

Key words: justifiable defense; sustained aggression; unlimited defense; the necessary of defense

有限公司股权不适用善意取得

——以股权与公司结构为视角

中国政法大学法学院 2014 级 1 班　朱慎独

指导老师：中国政法大学民商经济法学院讲师 任启明

摘　要　股权善意取得是为促进有限公司股权交易效率而生的，这项制度虽然引起了实证角度的争议，但在抽象层面上尚缺乏以公司和股权之间的联系为着眼点的讨论。股权在公司结构中具有区别于物权的权力属性，这使得股权变动与公司利益之间产生了矛盾，从而有必要以政治性决策的理念解释公司法关于股权变动的程序规定。这将证明有瑕疵的变动程序不能引起权利处分的效力，因而无权处分的逻辑适用于股权是不适当的。

关键词　有限公司　股权转让　股权属性　政治性解释

绪　论

（一）问题引入

善意取得制度，乃大陆法系为促进财产交易而设，继德国对有限公司制度进行大幅修改后，我国司法解释亦设置了有限公司股权善意取得制度。[1] 然而，这一制度在实践和理论上都存在很多疑问，比如股权转让能否类推物权法上无权处分的逻辑？工商登记是否是合格的权利外观？股权交易是否存

---

〔1〕《公司法司法解释三》第 25 条第 1 款、第 27 条第 1 款。最高人民法院原则上通过的《公司法司法解释四》亦有一些后续的制度安排。

在值得保护的交易安全？股权善意取得的实践究竟对公司权力结构带来了怎样的影响？对于上述问题，仅以物权式思维处理股权变动中的善意取得问题是不够的，这会忽略股权置于公司语境下不同于物权的"权力"结构。因此，有必要在公司结构的视角下，对善意取得和股权变动的关系进行抽象化的反思。

（二）文献综述

自《公司法司法解释三》施行以来，对有限公司股权善意取得进行分析的文章已不在少数，也有许多极有分量的批评。围绕此问题的争论自始至终分裂为支持与批判两种态度，就支持者而言，姚明斌较早地就股权善意取得制度进行了要件分析，承认其合理性与必要性；[1]随后张笑滔[2]、郭富青[3]采取修正现有制度缺陷的方式——如改进工商登记、明确善意范围等——承认了其合理性；余佳楠从权利外观的角度指出工商登记不足以体现真实权利关系，再度对此提出了修正意见；[4]更近时期石一峰主张加重股权善意取得制度中的归责性要件以适应工商登记公示公信不足的状况，但本质上仍然是修正性的。[5]另一方面，王涌与张双根则提出对该善意取得移植结果的质疑，王涌基于公司法法理进行了相关探讨，认为股权善意取得无非给公司增加了一项"反悔权"，并不能保护交易安全；[6]张双根则是从德国法系逻辑思维出发，从解释论角度分析了工商登记作为权利外观的不足，因而不能支撑善意取得的正当性。[7]较此二者，在2011年陈彦晶更早地从法价值（有限公司社团封闭性）和法技术（善意取得要件无法满足）两个角度表示了对该制度

---

〔1〕 参见姚明斌："有限公司股权善意取得的法律构成"，载《政治与法律》2012年第8期。

〔2〕 参见张笑滔："股权善意取得之修正——以《公司法》司法解释（三）为例"，载《政法论坛》2013年第6期。

〔3〕 参见郭富青："论股权善意取得的依据与法律适用"，载《甘肃政法学院学报》2013年第4期。

〔4〕 参见余佳楠："我国有限公司股权善意取得制度的缺陷与建构——基于权利外观原理的视角"，载《清华法学》2015年第4期。

〔5〕 参见石一峰："非权利人转让股权的处置规则"，载《法商研究》2016年第1期。

〔6〕 参见王涌："股权如何善意取得——关于《公司法》司法解释三第28条的疑问"，载《暨南学报（哲学社会科学版）》2012年第12期。

〔7〕 参见张双根："股权善意取得之质疑——基于解释论的分析"，载《法学家》2016年第1期。

的质疑。[1]除此之外还有许多建设性的文章，但其多属于对股权善意取得框架要件的微观改善意见，在整体方向上并无根本性不同，故不再赘述。

更值得关注的另一条线索是，作为对股权变动制度进行的研究，大部分作者在股权属性与股权变动模式的探讨上均采用了传统财产式的思维，将股权类比债权或者物权，公司仅是机械的，是股东财产的延伸。同时，除王涌明显地利用了公司法法理，纯逻辑性的大陆法思维模式更多地在文献中被运用，一定程度上产生了与现代股权、公司结构的不融贯，如张双根老师所质疑的并非股权善意取得运用于公司根本上的隔阂，而是善意取得本身的权利外观不够充分。[2]

本文并未意图介入上述文献所广泛讨论的问题，其大多是围绕善意取得的个别要件而进行的，也因此会随着实证法的修改——比如工商登记的重构——而失去意义。本文将致力于以公司结构为核心，找出阻止股权类推适用善意取得的原理性要素。具体而言，首先对"股权变动"之股权的内涵进行探究是必要的，以往的文献用词混乱而表意不明，其次，本文选择通过《公司法》第 71 条提出对股权善意取得制度的批判，并结合公司结构与股权属性进行说明。

一、边缘性概念界定——股权变动中的"股权"内涵

在过往众多的文献、论文以及立法用语中，"股权让与""股权变动""股权内容"是常见的说法。然而如果用汉语言的习惯进行审视，股权的内涵多少有些模糊。在民法的用语中，物权可以被解析为基于人对物之关系而生之权利，债权可以被解析为基于债（负担义务的约定）而生之权利，那么股权也应当有类似的内涵，因为私法上之权利均有根基，股权亦然，此时，借鉴英国、日本等国公司法用语中经常出现的"股份"便有其意义。

在 Borland's Trustee v. Steel 一案中，Farewell 法官对股份进行了如下描述："股份是运用金钱数量来衡量公司中股东责任、利益以及彼此之间签订的一系

---

〔1〕 参见陈彦晶："有限公司股权善意取得质疑"，载《青海社会科学》2011 年第 3 期。

〔2〕 参见张双根："股权善意取得之质疑——基于解释论的分析"，载《法学家》2016 年第 1 期。

列共同契约的工具。章程中载明的合约是股份最初的要件之一"。[1]神田秀树也给出了相似的定义，"股东是给公司出资的人，也是企业的所有者……其股东的地位被称为'股份'……股份是一种把股份公司的出资人——股东的地位进行细分，将股东的地位进行比例化的划分"。[2]前述定位中给出了股份的若干个核心特征：（1）与公司语境紧密联系；（2）具有股东之地位的意涵；（3）是股东在公司内承担的权利义务关系之衡量工具。由此，取得股份极大意义上与取得股东身份相连接，在英、日两国立法体系中公司置备股东名册就具有了重要意义，因为股份的让与意味着公司社团结构中成员的变动，公司具有独立的审查权力，股东名册便是记录这一连串互动与权力变化的表征。[3]

　　回到对股权概念的探讨，不难承认，股权应当是基于股份（股东地位）而生之权，问题在于我国法律术语中的"权"究竟是仅指"股东之出资权益"，还是涵盖了"股东地位"这一与公司社团结构相对的意象。《公司法》第32条规定股东行使股权依据之一为股东名册，尽管不能认为这是"形式主义"的表述，但股权的行使显然与股东名册所代表的公司语境不能分离。又有该法第73条规定股权转让后，公司"应当"采取一系列接纳新股东的措施，结合最高人民法院《关于适用〈中华人民共和国公司法〉若干问题的规定（四）》（征求意见稿）的相关规定，受让股权者在公司不进行登记的情况下可以"股东名义"提起诉讼，可见立法用语上虽称"股权让与"，但公司只有被动接受的义务而无实质意义上拒绝受让人进入公司的能力，实际上"股权"之内涵并不仅指出资权益，也预设了股东地位的变动（下文中股权均在这个意义上使用）。即使该解释赋予了公司可以通过证明受让人获得权利有争议的方式来拒绝登记，但善意取得制度的存在恰恰使得这项异议权转化为"在受让人申请登记时质疑其善意取得的权利"。更为重要的是，第46条的异议权没有摆脱视公司为财产的逻辑，仍旧在受让人直接取得股东地位的语境下进行，这就大大削弱了公司采取博弈策略的空间。要言之，"股权"并未因

---

〔1〕［英］艾利斯·费伦：《公司法律金融原理》，罗培新译，北京大学出版社2012年版，第149页。

〔2〕［日］神田秀树：《公司法的理念》，朱大明译，法律出版社2013年版，第76页。

〔3〕See Thomas B Courtney, *The Law of Companies*, Dublin：Bloomsbury Professional, 2012.

《公司法司法解释四》赋予公司的一系列诉讼安排而被弱化为"出资权益"，实质上仍然等同于 share，所以《公司法司法解释三》第 27 条联合上述条文产生的效果是，一旦受让人善意取得股权，便取得了股东地位，公司在此过程中并不具有独立的利益地位，亦不能在特殊情况下阻止他人进入公司。

在承认上述解释的前提下，一项关于股权的建议是有益的，即"股权是社员权，因而不应适用善意取得"。该说法正确地发现了股权中的投票权对公司的重要意义，但利用社员权的角度会带来另一项矛盾，即《公司法》第 71 条规定的股东同意程序。股权变动需要通过第 71 条的审查，除非转让价格极高，否则在无权处分的情况下，有限公司的封闭性仍然能得到满足，这也同时满足了社员权对人合性的要求。但问题仍然可以继续下去，股权的转让存在特定的程序，在我国体现为《公司法》第 71 条的规定，而在英国，还需要公司董事的独立确认，这是我国物权体系所缺乏的，而这种区别对待的意义是值得讨论的。

二、《公司法》第 71 条与无权处分之导入

进一步讨论之前，《公司法》第 71 条规定之股东表决的机制该进行何种法律定性是值得深入探讨的问题，考虑到该程序以股东意思表示的累计数为最终效果的根据，具有社团集体决策的特点，相较于民法上的单方意思表示与双方意思表示，应当更为接近公司法理上的决议制度，故而本文以决议的原理来分析其效力。

关于《公司法》第 71 条在股权善意取得过程中的意义可以分为两个问题：（1）股权正常转让而工商登记未更改的情况下，转让人再度进行股权转让时其他股东的同意行为如何定性；（2）问题（1）的结论会给整个股权变动的过程带来何种影响。针对这两个问题，王涌首先假设了通过股东会决议进行表决的情境，并主张其无效，因为转让人已经失去股权，股东会无权就无权之人的"股权转让"事项进行决议，该决议是侵犯真正权利人之权利并违反诚信原则的，随后更认为该决议的无效会使随后的股东名册变更、工商登记变更亦无效。[1] 与此相反，最高人民法院的指导意见虽未就该情形下的

---

〔1〕 参见王涌："股权如何善意取得——关于《公司法》司法解释三第 28 条的疑问"，载《暨南学报（哲学社会科学版）》2012 年第 12 期。

决议效力进行讨论，却认为，"未经其他股东过半数同意而侵害其他股东优先购买权的股权转让，其所侵害的仅仅是其他股东的利益，而非社会公共利益，因此，只要当事人之间的意思表示是真实的，就不应轻易否定股权转让合同的效力……实践中对此类合同的效力，采用撤销说更为合理"。[1]胡田野亦认为："基于利益平衡及交易的效率而言，将其确定为可撤销合同，由其他股东行使撤销权，在实务中更具有可操作性。"[2]

暂时搁置决议效力的争议，上述王涌的观点与最高人民法院的意见表现出明显的分歧，前者重视程序的衔接性，在作为股权变动程序起始阶段的决议出现瑕疵时后续程序也会失去正当性，其原点乃公司法原理；后者重视功利化的效率计算，更为接近物权中无权处分的逻辑。进一步进行概括，前者实际上更接近于将公司视为政治团体，暗含对团体决策中权威、命令之正当性的考量；而后者更接近于将公司视为集合财产，股权的变动只是与物权无二的"权利、利益"的转移，给予事后的撤销权便能取得利益上的平衡。这两种制度安排本身未必有优劣之分，公司本身以获取利益并分配利益为目的，只要在具体制度安排中存在足够的利益考虑便能为其在公司法中的存在提供一个充分的理由。故而关键的并非是对股权变动的程序做政治化或者权利化的考究，而在于对"股权"本身的属性进行澄清，如果股权在此可以与物权分享相同的逻辑，对之进行物权化的处理并无不可，反之，若股权带有某些政治化的因素，那么权威、命令等要素就应当被包容进股权变动的程序中，那么无论无权处分还是善意取得均无从谈起。

三、视角剖析：股权与公司结构

（一）公司结构中的股权

股权，承前所述，乃是置于公司内部的概念，因公司成员地位而生，并非如传统财产是单纯的权益。如何看待股权以及与其关联的制度，必须先审视现代公司的结构。现代商事公司具有如下五项法律特征："法律人格，有限

[1] 奚晓明主编：《公司案件审判指导》，法律出版社2014年版，第299页。
[2] 胡田野：《公司法律裁判》，法律出版社2012年版，第307页。

责任，股份（股权）自由转让，董事会结构下的授权管理以及投资者所有权"。[1]其中法律人格又可分解为三项要素：（1）永久存续的假定；（2）独立的主体资格；（3）集中行使的决策和指挥。[2]这些要素的组合使得公司成为一个类似于代议制的社团，成为一个分权制衡的机制，这一社团运行模式的简单描述即是"整个公司以章程为核心共享一个决策体系。不仅仅是某一个人享有最终决策权，而是整个社团行为被法律和章程分为重要性不同的等级，遵循不同的决策原则。股东采用集体投票的方式，并以章程为限实现对公司的基础治理规则的设定；……董事会采用集体和个人决策均可的方式；而高级管理员及其下属按照章程和授权来行使对外意思表示的权力"。[3]上述文献中使用了一种不同于大陆法体系的用词——经济权力，这意味着重视公司作为一个层级分明的社团内生的权力分配。

究其原因，公司的社团结构在经济学、经济法、政治哲学等极多领域都被承认具备政体的特征，分层决策的机制，集体行为的形式，都为公司注入了不同于权利的"权力"要素，这与从经济学的产权理念还是从大陆法的所有权理念来看待公司有着密切的联系，而在从经济学概念体系向民法体系翻译的过程中，"权力"这一项要素被忽略了，股权在公司语境下足以以层级化的传递效应改变利益格局的巨大潜力也被忽略了。[4]相比较之下民法上的物权与之并不相同，物权乃是静态财产，虽然也能通过产生孳息的方式衍生出价值，但股权却可谓动态财产，其价值与公司同步，正是因此股权本身也能衍生多级资本结构。因此以下总结值得赞同："在一个完全平面化的私法体系中不能容纳下不具有国家法要素的权力，同样在一个形式化的，以主观意志理论为基础的正义观念中，也不可能拥有判断'权力'的'正当性'的法律规则"，[5]股权遵守的并非是"权利"的逻辑，而是"权力"的逻辑，在这

---

〔1〕 ［美］莱纳·克拉克曼、亨利·汉斯曼等：《公司法剖析：比较与功能的视角》，罗培新译，法律出版社 2012 年版，第 2 页。

〔2〕 参见邓峰：《普通公司法》，中国人民大学出版社 2009 年版，第 127 页。

〔3〕 参见邓峰：《普通公司法》，中国人民大学出版社 2009 年版，第 127 页。

〔4〕 参见邓峰："作为社团的法人：重构公司理论的一个框架"，载《中外法学》2004 年第 6 期。

〔5〕 参见邓峰："作为社团的法人：重构公司理论的一个框架"，载《中外法学》2004 年第 6 期。

个意义上，其当然不能类推适用善意取得制度。而强行适用的后果，也往往成了权力争夺的手段，与其本意大相径庭。

这一见解有利于探究股权与物权的根本差异，经济学意义上的"产权"与大陆法意义上的"所有权"最大的区别亦在于所有权中虽有抽象的对于权能的讨论，却没有更为复杂的、以社团化经济运行为假设情境的权力的内涵。股权所包含的两项重要内容，一为投票权，一为经济收益权。前者作为公司权力配置的起点，能够在特定程序中通过股东的加总意思生成独立的公司意思，选定管理人员，促成公司内部层级权力的运行；后者作为公司权力运行的终点，从公司中获取资产回报，甚至转化为公司破产时的剩余索取权。正是这两者影响了包括公司内部人员与外部债权人在内的广泛利益相关者的得失。由此，在公司的社团结构中，股权的属性中包含了产权意义上的经济权力，而与之类似的民法中的共有制度并不具有如此复杂的内涵。

同时这一结论并不会因为有限公司与股份公司的分野而受到本质影响，尽管由于缺乏公开的交易市场，有限公司的股权无法承载如同股份公司一般种类繁多的资本结构，但这也促使有限公司股权避免了许多在股份公司能够实现的用以削弱特定股权行使对公司运行影响的举措。有限公司的封闭性会给公司带来很多特点，其中两权分离不足是被广泛关注的，"因为公司的主要投资者同时也是管理人员，通常就必须限制投资者转让其投资份额，以使公司管理人员相处更加融洽……特别是当公司决定以薪酬的方式派发利润时，对股份转让和公司职位的分配予以限制的规则，就更加必要"。[1]总体而言，获得有限公司的股权将更大可能地成为公司运营的实在运营部分，也更容易发挥股权的权力效应。

（二）股权的权力逻辑

上述关于股权的权力属性的论调并非纯属臆想，在公司的商业运作中，股权的这种不同于权利的"权力"价值以两种逻辑频繁体现。一方面，善意取得在股权的运用上呈现出"主动化"的特征，其结果往往是善意取得制度随时可能演变成公司内部博弈中取得优势的一项策略，从而破坏公司内部业

---

〔1〕〔美〕弗兰克·伊斯特布鲁克、丹尼尔·费希尔：《公司法的经济结构》，张建伟、罗培新译，北京大学出版社2005年版，第259页。

已形成的权力分配，受让人在公司内部的权力分配中取得直接或者间接的优势地位或者公司的利益得到最大化，如在一致行动人产生的场合，暂时假设善意取得要件得以满足，第一次股权转移的受让人是愿意与甲结为一致行动人的乙，第二次受让人是愿意与丙结为一致行动人的丁，那么善意取得将使得公司控制权从甲——乙组合变化至丙——丁组合。如果考虑前置的征求其他股东同意的环节，极可能其他股东皆愿意看到控制权由甲乙获取而非乙丙。但在第二次转让过程中的股价可能过高而使得其他股东无法负担不得不表示赞同，此时善意取得制度并没有起到保护交易安全、维护正当权利的作用，反倒成了公司权力争夺中挑战者的工具。同样的情形还可以王涌所述之"公司反悔权"的形式出现，毕竟股权善意取得制度所依赖的权利外观——工商登记掌握在公司手中，即使《公司法司法解释四》针对公司拒绝登记的情形允许受让人提起诉讼，公司保有极大的灵活操控登记时机的现实依旧不会改变，善意取得直接为公司提供了选择新股东的权利，在最恶劣的情况下，公司与股东一起通过善意取得制度剥夺原受让人的权利亦非不可能，诉讼程序中的举证责任极可能阻止原受让人推翻后来者的善意取得；另一方面，为了减缓股权带来的权力效应，公司经常被允许采取实质性的防御策略。

支持股权权力属性的另一项理由在于，其在解释股权适用善意取得时产生的众多要件问题上是有说服力的。善意取得的意旨在于促进交易，而股权变动（甚至更广泛的各项行使）的意旨是协调股东的资本回收权和公司的权力分配，因此股权变动的各个环节都与公司存在紧密联系，甚至公司本身也可能成为股权的受让人以保持权力的封闭性。首先，公司在股权变动会带来其内部权力的新格局的情况下并不倾向于保持中立，而是可能更为主动地利用工商登记的时差选择成为新股东的人选，这就形成了"反悔权"的逻辑，也因此工商登记难免成为公司的工具而不能如不动产登记簿一样发挥作用，甚至工商登记原本存在的意义也是公司对权力进行安排的一种媒介；次之，股权能够带来的权力效应如此巨大以至于其利益相关者均对之予以关注，就交易相对人而言，由于取得有限公司股权将使交易相对人成为该公司内部治理的一部分，其中变动不安的金融价值的损益都需由相对人自己承受，股权价值衡量上的困难亦使得其无法便利地在司法程序中得到反映，资本市场的交易者更有动力承担事先的调查。对于股东团体而言，假设其他股东不知转让股东无权处分情事是不合理的，更普遍的情形可能是股东集体沉默或转让股东伪造文件等等。[1]同时也有多种理由激励其关注交易细节并将在先交易的细节通知相对人，比如为了阻止善意取得，这就使得相对人的善意极难得到满足。这些都表明，在传统财产关系中的物权因为善意取得所生成的新财产秩序而发生移转的经济意义与股权不可同日而语，仅仅因为后受让人个人偏好的不同，投票权的行使便可能给公司及其利益相关者带来巨大的变动。

（三）小结

上述针对股权权力属性展开的讨论的核心离不开对公司结构的依赖，正是公司特有的层级分明的社团结构，集体决策的资本制度使得股权与公司中的命令、权威相连接，然而股权与公司在发生学以及经济学角度是如何进行共生的并非本文考虑的范围，更直接的是，了解股权的权力属性为其在公司中的行使带来了怎样的影响，以回应《公司法》第71条之程序与无权处分究竟为何关系这一疑问。

四、公司人格下《公司法》第71条之政治性解释

（一）人格还是财产

股权的权力属性为其在公司带来了何种程度的影响，其实质是，公司对股权的权力特性提出了怎样的要求，而这种要求也必然同等地体现在即将进行讨论的《公司法》第71条的程序意义中。然而在此之前，一项基本的争议却凸显出来——公司究竟是财产还是人格。对此进行讨论并非是偏废的，而是在于公司是财产或者是人格将会决定其在面对股东之股权时所能持有的地位，也就是公司究竟是否能够以及在多大程度上对股权相关的程序提出要求。公司法人是财产还是实体？这不仅是涉及本文的股权变动模式与善意取得制度的分析，更几乎是公司法规则的不同选择与公司理论争议的全部。如果将公司视为财产集合，则公司就会被定义为股东融资的工具，董事领导下的公司管理层均是股东利益的执行者，一切公司法上的权利义务配置都需以股东

---

〔1〕 就受让人可能从其他股东处获知在先交易信息一事，亦为李建伟和王涌提及，不过二者均未做深入的动机分析。

利益最大化为导向，公司几乎不可能被认为具有某些特殊的独立利益。同时，股权就不过是一系列财产关系中的一环，在逻辑上更容易被视为与传统的物权无异，那么针对安排其适用于传统财产的善意取得制度就不令人意外，当然对《公司法》第71条进行解释也只需要通过传统的财产思路进行足矣。反之，如果将公司视为实体，其内部的利益导向会变得更为复杂，就公司目标而言，董事领导下的公司管理层则不仅需要考虑股东的利益，公司内部的其他一般管理人员、雇员、债权人的利益都可能成为公司长远利益的重要考量，这种观点的极致就是通称的"利益相关者"模式。这一理念带来的直接影响是，股权在公司结构中的权力效应将会被课以某些限制，股东在对权利进行广泛行使时若与公司所需求的其他利益冲突，前者未必会取得法律的优先保护，相关的理论牵扯到"反股东措施"，亦即公司会在必要的时候拒绝股东行使权利，比如拒绝某个掠夺者（corporate raider）进入公司或者拒绝取得权利不正当的受让人成为股东。同时，公司将可以对股权的转让程序进行更为严格的要求，尤其是关于公司内部的格局、社团权威等等更为复杂的考虑。[1]

上述问题可以在公司的实践中得到一定的解答，在 Unocal Corp. v. Mesa Petroleum Co. 一案中，法院认同董事会可采取反收购措施以阻止股东进行公开市场的股份交易，只要董事会满足商业判断规则的保护，"董事会之行为权限亦源自于董事会负有保护公司之基本责任义务，该权力包含保护股东免于受已得合理察觉之损害，无论该损害来源为何"，[2]当然这伴随着限制条件，"公司并未拥有一毫无限制决定权限而以过于激烈之手段对抗任何已察觉之威胁"。[3]在随后的 Unitrin, Inc. v. Amercian Gen. Corp 一案中，法院也认为"若涉及对并购采取防御措施时，因为董事的行为必然会影响到股东的权利，此时董事即负有义务去证明其行为，是符合 Unocal 案的合理性及比例性审查……若防御措施不是严酷的，亦即不是强迫的或排除的，则 Unocal 案之比

---

〔1〕 在公司本质的争议上，邓峰老师亦提出相关见解，但在公司作为独立人格情况下能够享有何种程度上对抗股东的权利，其并未说明，英国法上虽然赋予董事不提供理由的否决登记权，但对于公司是否能在权利转让正当的情况下也拒绝受让人成为股东，也不明确。

〔2〕 〔美〕兰迪·霍兰：《美国公司法——德拉瓦州公司法经典案例选辑》，陈春山译，新学林出版股份有限公司2011年版，第220页。

〔3〕 〔美〕兰迪·霍兰：《美国公司法——德拉瓦州公司法经典案例选辑》，陈春山译，新学林出版股份有限公司2011年版，第221页。

例性测试会要求将加强司法审查的焦点移至合理的范围，合理及比例性防御是被准许的"。[1]以上案例表明，在公司反并购阶段，公司亦被允许通过合理的措施进行防御，即使该项措施会限制股东的权利。继而，在美国法针对非公开公司股权变动进行限制的常用措施中有两项与公司相关，一项是出让选择权（Sale Option），即股东可以在条件成就时选择将股份出卖给公司或者其他股东；另一项是强制买卖（Buy-Sell Agreement），即条件成就时股东可强制公司或者股东购买其股份。[2]这表明公司在股权变动的过程中完全可以作为其购买方。这意味着，在实践中公司在某种程度上能够被承认具有独立的利益，这种利益要求甚至能够对抗股东行使股权的诸多策略，而这在物权上也是罕见的。因此即使不断然采用公司人格化的立场，承认公司出于独立利益对股权进行某些限制仍然是可以接受的。[3]故而，本文认为，在制度层面，公司的独立人格产生的独立利益诉求应当有被解释进入股权变动程序的可能性，这是公司与股东制度博弈的后果。

(二)《公司法》第 71 条之政治化解释框架

承前所述，围绕《公司法》第 71 条规定之股东同意程序对股权变动程序究竟有何影响这一问题，可以成为反驳股权适用善意取得制度的关键。首先，股权具有权力属性，笼统地说这使得公司法理在处理股权变动程序时需要有不同的安排，但更为精确的探索在于，这一权力的属性使得股权的行使与公司产生了制度博弈，并产生了足够的制度影响，至于该影响究竟为何，可以有多种回答。比如不完全合同理论认为出于当事人的有限理性，合同必定是不完全的，公司权力的意义体现于能够争取在合同不完全领域的剩余决定权，这实际给公司带入了"权威"的概念，使得公司仅通过命令便足以发生法律效果上的变化。另外更富有政治性的解释也不在少数，邓峰将公司一定程度

---

〔1〕［美］兰迪·霍兰：《美国公司法——德拉瓦州公司法经典案例选辑》，陈春山译，新学林出版股份有限公司 2011 年版，第 235 页。

〔2〕邓峰：《普通公司法》，中国人民大学出版社 2009 年版，第 375 页。

〔3〕公司在股权让与的过程中需要存在一定的地位，这一点在比较法上不成问题，我国《公司法司法解释四》也在程序上做了一些安排，但由于没有接受股权让与以公司承认为生效点的理念，故而仍旧不能体现公司地位的价值。事实上，公司法中并不需要股权善意取得制度，更重要的毋宁说是完善股权让与的制度，公司的独立审查权是其中的理论重点。

上类比于代议制政体，并从历史层面考察了公司的诸多机制与政治团体形式发展的关联，这又赋予公司结构以政治色彩，其权力的交替也显得更为谨慎，需要考虑诸如正当性、合法性等政治学、法理学意义上的概念。

具体到《公司法》第 71 条，本文认为，认同在转让股东再次试图启动第 71 条规定之股东同意程序时，应当以决议的原理对此进行考察，尽管在究竟以决议不成立或者决议无效上仍有探讨的空间，但更为根本的是，公司作为具有独立利益的社团，其内部分层决策的机制具备权威、命令、政治决策等要素，这使得公司内部在进行以股权这一具有权力属性的事物为对象的各项操作时，不应简单类推物权的传统财产逻辑，而应更多参考政治团体中权力的移转程序，后者的正当性和合法性与权力的来源、决策的连续密切相关。因此，股权的二次处分会因为无法满足公司法要求的决策程序而无效，从而根本不会发生善意取得，这在将公司的人格看得更为真实的情况下恰好可以得到很好的说明。假设将公司比作实在的人，其程序的设定是公司内部产生加总意思、发出相关命令并要求公司整体进行执行的依据，而股权（实际上在 share 的意义上使用）则是股东在公司内部的地位、份额，而股东会则充当意思机关。在善意取得的情形中，股东会就业已移转的转让人之股权形成再度转让的决议要求后续程序进行相应的执行，但这与法人人格的构造恰恰不符，因为"人"是无法在脑内生成对于不存在的组织体进行生理反应的信息并调动神经结构的运作，而在善意取得中，股东会实际上就"不存在之股权"进行了决议。因而王涌讨论的起点应当赞同，即该决议因无权就不存在的股权进行表决而无效（本文更愿意认为其不成立）。同时其对于无效决议引发的后续效力判断也是合理的，在程序满足意味着公司行动的正当性和有效性的基础上，正如自然人的生理构造不会对无效或者不成立的体内信息进行反应一样，股权变动的后续行为也应当视为不会发生。

这样的说明与实践是有距离的，毕竟截至 2017 年 3 月 11 日，从 2014～2016 年公开的全国案件中选取涉及股权转让、善意取得、通知、无效四项关键词的 38 份判决来看，关于《公司法》第 71 条的前置程序无论是否以股东会议形式进行，法院均极少因此否定股权变动的整体效力，更遑论对决议本身的效力进行研讨，这与最高人民法院的态度是相似的，在多数情况下，转让程序的细节甚至是不在判决书上进行展示的。由于法院将股权作为物权来处理，相较于程序上的关注，认定善意与交易安全更加频繁地出现在判决内容中。此时难免从民法视角提出一项简明扼要的批判——即强调股权转让程序在公司结构中的政治性有何意义？事实上从股权权力属性——公司权力结构——决策政治化三者相互影响的构造可以得出多方面的内涵，这与公司作为社会的第三极，是"以组织化、层级化的方式形成的经济、市场、政治混合体"来看是吻合的。然而何为公司的权力之源却是不确定的，股权、公司权力与决策政治程序三者之间如何相互影响也是不确定的。即是说，是股权的运作方式带来了公司不同于原始财产组织的层级结构进而产生了对决策程序更为高层次的要求？还是公司巨大的经济力量使得股权行使需要被课以更为严格的决策程序？并非一个确定的答案。甚至邓峰探讨董事会起源的经验反映出，制度的成型时而充满偶然性，程序在公司中的重要性因为模仿政治团体而得以建立，又因为现代公司与政治、经济的结合而继续保持也可能是事实。可以肯定的是，即使不能从经济学或者政治学的原理上进行严谨的回答，将《公司法》第71条作为起点的股权变动程序赋予政治意味的解释而排除善意取得的适用，在与公司人格的内涵保持一致、保护具有权力效应的股权的正当归属关系、防止公司价值减损或者运营方针剧烈改变、维持公司封闭性等方面都是有益的。而这些利益并不是抽象的，而是能够通过有限公司股权的交易价格体现出来，毕竟股权价值的贬损不会因为股权转让行为被撤销而恢复，甚至善意取得本身就会构成股权交易的消极因素。

（三）小结

戴伊、齐格勒对公司民主社会中的地位作了有益的阐述，"在美国，权力有机地存在于大型机构之中，也存在于重要的私人工业、金融、法律和其他非政府机构之中"，[1]公司的权力使得其政治化特征得到了加强，也使围绕其内外的利益冲突愈加复杂，尤其在我国公司类型定位不够有效的情况下，有限公司数量众多、规模巨大，即使是公开性并不强的有限公司，其内外利益烦琐的程度也已经足够引起重视。股权，作为公司内外利益转化的枢纽，具备的权力效应也同时得到了加强，这使得股权与公司之间形成了制度博弈的

---

〔1〕［美］托马斯·戴伊、哈蒙·齐格勒：《民主的嘲讽》，孙占平译，世界知识出版社1991年版，第92页。

格局，更多复杂的政治决策因素被纳入其中。必须承认，无论有限公司还是股份公司，以公司为中心的利益关系确实与公司的分层结构有着密切的影响，股权的变动，股东的变化，投票权比例的改变，盈余分配的增减，在极大程度上对公司的利益攸关群体造成了影响，公司对于广泛的股权行使存在独立的利益需求，具有在股权变动的过程中保持介入空间的必要性，这种在公司之社团结构中具有博弈意义的必要性要求，会课以股东在转让身份地位、权益的程序中特殊的义务，其结果就是对股权的变动程序进行的政治化解释。

余　论

必须承认，将公司结构与股权属性赋予权力——更准确地说是政治性权力的元素——多少是一种冒险策略。但当我们将公司——而不是财产权——放置在公司法的中心，考察公司的本质，进而探究股权的深刻内涵时，某些政治性要素并非无迹可寻。股权的权力属性，公司的层级结构与政治性决策三者共同构成了本文的核心，正是在此三项因素的基础上我认为在适用决议原理对《公司法》第 71 条进行分析的前提下，善意取得过程中根据第 71 条进行的其他股东意思表示集合的程序是无效的（也可理解为不成立），这一无效会因为法人人格的肌理和特定程序的权威意义而使得整个股权变动的过程从未启动，在此，不存在无权处分的逻辑，也就不存在善意取得适用的可能性。

众多文献都表明，将善意取得适用于股权变动将造成一个不必要的矛盾，即前者注重交易中新秩序的生成，后者却试图在股东的资本回收与公司的权力封闭间寻求平衡，为此，确保正当的权利归属与博弈的空间是必要的。具有借鉴意义的英国公司法将股权转让的过程交由两个机构来确保，一是作为程序起始的股东会，一是掌管股东名册的董事。而在我国，程序的意义仅通过财产权逻辑来衡量，公司的独立地位也未在股权转让的过程中得到确立，股权善意取得的背后，仍然是对公司本质为何的陌生。

Acquisition in Good Faith is Not Applicable on
Limited Liability Company's Equity Transfer
——From the View of Connection between Equity and Company

Abstract: The doctrine of acquisition in good faith of limited liability company's equity is designed to promote trading efficiency. Though the system has arisen various discussions of the basis of current doctrine, the discussion from the view of connection between company and equity is still better than nothing. Considering that equity means power in the company, the equity transfer has conflicted with benefits of company, which makes it necessary to explain the procedure of equity transfer by the theory of politics. As a conclusion, the author thinks that the theory of Real Rights Law is not applicable on limited liability company's equity transfer.

Key words: limited liability company; equity transfer; quality of equity; political explanation

球鞋垄断问题下中国男子篮球职业联赛体制窥探

——以易建联"球鞋门"事件为切入点

中国政法大学法学院 2014 级 3 班　刘　衡

中国政法大学法学院 2014 级 2 班　冯嘉言

摘　要：易建联"球鞋门"事件中，中国篮球协会打包出售球鞋赞助权的"商"属性行为构成市场垄断，颁布"篮球字（2016）557 号"的"官"属性行为构成行政垄断。借鉴 NBA 联盟打包出售模式和所涉司法判例的经验，中国篮协前行为具有合理性，后行为则存在过度限制竞争的不合理性。行政垄断行为体现了 CBA 联赛中政府对市场的过度干预，应在中国篮协成为中间组织的基础上逐步实现 CBA 联赛的市场化。

关键词：球鞋赞助权　行政垄断　体制改革

引　言

2016 年 11 月 3 日晚，中国男子篮球职业联赛（China Basketball Association，CBA）进行第二轮比赛，广东东莞银行客场挑战深圳新世纪。比赛中，与耐克品牌球鞋签有私人赞助协议的广东队球星易建联众目睽睽之下脱下 CBA 官方赞助商李宁品牌的球鞋，摒弃场边，愤而离场。这令人瞠目结舌的"球鞋门"，是 CBA 精英球员对中国篮球协会（以下简称中国篮协）行为不满的宣泄，中国篮协将所有俱乐部球员比赛用鞋的赞助权上收，统一打包出售于李宁品牌，并颁布政策文件限制球员只能穿着官方赞助的李宁品牌牌球鞋上场比赛。

在舆情褒贬不一之下，[1]本文将既有文献著作中丰富而抽象的理论[2]具体运用于"球鞋门"的实例分析中，通过对中国篮协行为中可能涉嫌的垄断予以界定，厘清 CBA 运营体制中政府与市场间的矛盾，进而为当下正在进行的 CBA 联赛体制改革明晰方向。[3]

一、中国篮协行为涉嫌垄断的界定

（一）界定前提——中国篮协属性的厘清

中国篮协脱胎于 20 世纪 90 年代的体育行政部门，在市场化转型中定位模糊，要适用《中华人民共和国反垄断法》（以下简称《反垄断法》）必须首先根据具体情况梳理篮协的多重定位，以做出正确的规制。

1. "民" 属性

这是中国篮协的基础定位。

《中国篮球协会章程》第 2 条旗帜鲜明地亮出，"中国篮协是具有法人资

---

[1] 部分热评对中国篮协的做法提出了质疑，代表评论，参见杨毅："穿鞋脱鞋的中国式规则和逻辑"，http://mt.sohu.com/20161104/n472298690.shtml，最后访问时间：2017 年 1 月 22 日。也有部分热评对中国篮协的做法表示理解，代表评论，参见苏群："CBA 的'球鞋风波'，背后竟有如此残酷的商战"，http://mt.sohu.com/20161103/n472232288.shtml，最后访问时间：2017 年 1 月 22 日。

[2] 本文涉及的部分话题有丰富的理论成果。例如，行业协会的性质问题，不少文献都阐述了我国当下行业协会存在官方、民间等多重色彩的复杂性。代表文献，参见张江莉："我国转型时期行业协会的反垄断法规制"，载《法商研究》2008 年第 5 期。行业协会的主体问题，不少文献以经济法"政府—中间组织—市场"的三元主体模式指出中国诸多官办行业协会的应然改革方向。代表文献，参见汪莉："论行业协会的经济法主体地位"，载《法学评论》2006 年第 1 期。体育赞助的垄断问题，不少文献对赞助协议排他性问题及其合理性有细致剖析，其中不乏运用经济学理论予以佐证的方法。代表文献，参见姜熙、谭小勇、向会英：《职业体育反垄断理论研究》，法律出版社 2015 年版，第 192—205 页。但遗憾的是，现有成果少有针对个例的系统化的详实性的剖析，从而造成理论虽面向现实却极为抽象。本文的目的之一是以"球鞋门"事件为实例作具体分析，使已有的抽象理论具象化，体现经济法的实践意义。

[3] 中国体育行业正逢集体改革的巨变年代。2017 年 1 月 5 日，顺应中国足球体制改革，长期与中国足球协会合署办公的国家体育总局足球运动管理中心率先被脱离注销，中国足球协会独立成为中超联赛的掌门人。参见朱小龙："中国足协'单飞'迈向真正职业化"，载《南方日报》2017 年 1 月 7 日第 9 版。与此同时，中国篮协的体制改革也在酝酿之中，并牵动着 CBA 联赛管理模式的变革。

格的全国性群众体育社会团体"。《社会团体登记管理条例》第2条规定:"社会团体是中国公民根据自愿组成,为实现会员共同意愿,按照其章程开展活动的非营利性社会组织。"加上注册于民政部门,具备法人资格,因此概括而言,中国篮协"定性为社会团体法人,有独立的财产、场所,独立的人格,是独立的民事主体"。社会团体是介于政治国家与市场体系之间的组织与代表,是"第三部门"(the third sector)"非政府组织"(non-governmental organization),因此纯粹的中国篮协就应该与政府机关泾渭分明。作为全国篮球项目的行业协会,当中国篮协履行服务会员、协调会员关系、内部管理等职能时,都体现着经济法意义上的行业协会的自治性,体现着非官方的"民"属性。

2. "官"属性

"官"属性应从应然层面和实际层面加以区别。

从应然层面看,中国篮协是管理CBA联赛的授权性行政主体。《中华人民共和国体育法》(以下简称《体育法》)第31条第3款规定:"全国单项体育竞赛由该项运动的全国性协会负责管理。"但是,中国篮协作为授权性行政主体隐含的前提是:中国篮协作为行业协会,应独立于政府,其以有别于政府的中间组织的身份,从事政府的事务,弥补政府公共管理可能存在的不足。

但从实际层面看,以授权性行政主体来解读实际活动中中国篮协体现的"官"属性并不合适,因为现实中的中国篮协并不是独立于政府、有别于政府的行业协会。

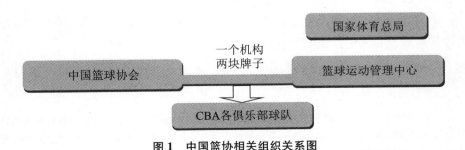

图1　中国篮协相关组织关系图

国家体育总局以对体育竞赛管理所需为由设立全国篮球运动管理中心

（以下简称篮管中心），篮管中心与中国篮协并存。篮管中心作为政府的下属机构，本应与中国篮协划定界限，但事实是二者不分你我，职能混合，变成了一个组织，是一个主体，篮管中心的领导人员同时兼任篮协的领导职位，从而使中国篮协与篮管中心属于"一套人马，两个牌子"，导致中国篮协变相地成为国家体育总局职能上的延伸部门。[1]

在 CBA 联赛等公共管理事务中，决策实际为政府直接做出，而非政府授权篮协做出。表面上中国篮协大量地行使公共管理职能，但是这些行为虽以"中国篮协"为名义，背后实为篮管中心以行政逻辑出发履行政府职能、体现国家体育总局意志的行为，行业协会的主体性并不存在，"中国篮协"仅仅是掩盖政府插手市场篮球项目管理事务的"外壳"。

在笔者看来，《体育法》的授权性规定代表了中国篮协真正成为中间组织时的理想图景。现实中篮球项目的公共管理是完全的"政府—市场"二元模式。《体育法》授权性规定的存在给了政府插手市场的便利：以"中国篮协"为名义管理联赛，具有《体育法》上的"合法性"，从而能掩人耳目地以行政逻辑压倒市场逻辑，并且当公众对篮球项目公共管理有任何不满时，发泄对象均为"中国篮协"。实际上，诚如刺破公司法人面纱、追究隐匿在公司外壳下的自然人主体的责任，法律应以行政机关来看待做出此类公共管理行为的"中国篮协"，以约束行政机关的相关规则来规范此类行为。

3. "商" 属性

目前，中国篮协还包揽体育项目相关事务的操办权，需要参与诸多与市场化、产业化相关的篮球竞技项目的经营，譬如 CBA 联赛的运营，包括签订赞助、项目投资等，从而使中国篮协附带着"商"属性。

于是，从外观上看，中国篮协的职能便不限于行业自治，公共管理与市场运营掺杂于职能中，披附着"官""民""商"三重属性。

---

〔1〕 "体育行业协会行政色彩过浓，均是政府机关派生出来的，协会的秘书处与政府职能部门的内设机构并无二致，协会工作人员就是机关工作人员，协会的领导人由政府主管部门任命，有的甚至由行政领导兼职。这种'官办'体育行业协会，不符合市场经济条件下体育行业协会应具备的民间性、自律性的要求，自然难以履行其应当履行的职能。"彭昕等："中国体育行业协会的法理分析"，载《武汉体育学院学报》2006 年第 7 期。

（二）相关行为垄断的具体界定

1. 中国篮协涉嫌垄断的两个行为

"球鞋门"事件中，中国篮协与李宁品牌签订了一纸赞助协议[1]，由李宁品牌在 5 年内豪掷 20 亿天量资金赞助 CBA 联赛。由于在大型赛事或职业体育联赛的赞助中，赞助者为了取得赞助资格付出了高昂的代价，为了平衡此代价，被赞助者会试图让赞助商在一个特定的商品类别中获得独家地位。因此，中国篮协作为对李宁品牌出价的回报，采取了两方面行为：一方面试图将所有俱乐部球员比赛用鞋赞助权统一出售于李宁品牌，挤压俱乐部球员自行出售赞助权于其他赞助商的空间；另一方面颁布了相关管理文件如《中国篮协关于 2016-2017 赛季 CBA 取消特许贴标鞋的通知》（篮球字（2016）557号），文件强制所有 CBA 球员都必须穿李宁品牌的球鞋上场比赛，使得在 CBA 联赛的赛场上只有李宁品牌能够通过上场球员的球鞋宣传自己而得以推广，其他任何品牌（包括易建联所签约的耐克）都失去推广的可能，无法与李宁进行品牌推广的竞争。两方面的行为都有限制竞争之嫌，与《反垄断法》产生潜在冲突。

图 2　"球鞋门"事件中的各方关系图

2. 打包出售球鞋赞助权行为的垄断界定

从动机讲，中国篮协签订赞助协议的直接目的是为联赛运营获得资金来

---

[1]　"体育赞助协议是赞助方与被赞助方签订的以对体育赛事实施赞助活动和商业推广为内容的协议。"陈书睿："大型体育赛事赞助合同排他性权利的法律研究"，载《天津体育学院学报》2010 年第 1 期。

源，球鞋赞助权是一件商品，兜售球鞋赞助权本质上是市场经济中的交易行为，中国篮协的身份因此可以界定为"商"属性的经营者。

首先，球鞋赞助协议不构成《反垄断法》第 13 条规制的横向垄断协议，卡特尔中的各方原本系竞争关系，而中国篮协与李宁品牌显非竞争关系。其次，球鞋赞助协议不构成《反垄断法》第 14 条所规制的纵向垄断协议，尽管中国篮协与李宁品牌作为非竞争关系，既有达成球鞋赞助权相互的买卖合意，又有共谋达成对外排除竞争的一致性，但纵向垄断协议本质上是卖方对买方进一步转售商品的行为科以一定限制条件、限制义务，但在中国篮协与李宁品牌的赞助协议里，中国篮协并未对李宁品牌施以任何限制条件、限制义务。

那么，赞助协议中中国篮协的行为是否涉及滥用市场支配地位？首先，CBA 球鞋赞助权的兜售市场应认定为相关市场，就影响力而言，CBA 联赛在全国各篮球联赛中当属龙头，其球鞋赞助权兜售市场难以被替代，在大部分篮球鞋赞助商眼里，CBA 之外的其他国内篮球联赛很难成为与 CBA 具备同等投资价值的替代选择。在相关市场上，中国篮协、各球队俱乐部乃至易建联等个体球员都可以成为球鞋赞助权的经营者。但是，由于中国篮协是联赛全局的运营方，掌握着全局性的资源，且在管理地位形成的权威下，各俱乐部、球员不敢轻易抵触中国篮协的运营策略，因此中国篮协在球鞋赞助权兜售上占据了市场支配地位。根据《反垄断法》第 17 条所列举的各种滥用市场支配地位的情形具体来看，首先，中国篮协的行为不涉及价格问题，不符合第（1）项、第（2）项、第（6）项滥用市场支配地位的行为类型；其次，中国篮协行为不涉及搭售，不符合第（5）项的规制行为；最后，中国篮协的独家赞助协议是在各球鞋赞助商公平竞价下，因李宁品牌出价最高而选择与李宁品牌签订，并未拒绝与其他球鞋赞助商签订协议，也不符合第（3）项行为类型。于是界定滥用市场支配地位与否便集中于第（4）项"限定交易相对人只能与其进行交易或者只能与其指定的经营者进行交易"。表面上中国篮协似未限定各赞助商只能与其进行交易，因为各赞助商仍有与球员、俱乐部等签订赞助协议的自由，譬如耐克品牌就与易建联签订赞助协议。但在兜售 CBA 球鞋赞助权这一相关市场上，球员个人与赞助商达成的赞助协议是无法履行并达到签约目的的，因为赞助商与球员签订私人赞助协议的目的之一即是希望通过球员在比赛中的曝光来推广品牌，而中国篮协通过限定上场用鞋选择实际上达到了排斥其他球鞋品牌通过比赛曝光得到推广的可能，最终导致其他球鞋品牌只有与中国篮协签约才有推广意义。从实质认定角度看，这种做法变相地"限定交易相对人只能与其进行交易"，从而可认定中国篮协同样构成了滥用市场支配地位的市场垄断。[1]

3. 颁布"篮球字（2016）557号"行为的垄断界定

《反垄断法》第8条对行政机关及法律、法规授权管理公共管理事务的组织的行政垄断行为予以规制，在第五章中又具体规定了行政垄断的多种具体表现。赞助协议背后，中国篮协颁布管理文件"篮球字（2016）557号"，要求所有联赛球员都只能穿着李宁品牌牌球鞋上场比赛便属公共管理行为，从而应以"官"属性切入分析中国篮协该行为。

"篮球字（2016）557号"的颁布以"中国篮协"为名义，却体现了凌驾于市场逻辑之上的行政逻辑，从而应该理解为行政机关（国家体育总局下属的篮管中心）做出的行为。首先，文件没有考虑CBA联赛中诸多关键的市场利益因素，从而没有反映市场的完全利益。譬如，在易建联等球员有在先私人赞助协议签约的情况下，文件强令要求所有球员穿着官方用鞋比赛将导致诸多私人赞助协议的违约，损害私人赞助协议签约双方的合同利益；长期为精英球员提供私人球鞋的赞助商更熟悉球员的身体特性，短期制定的官方球鞋恐不能如私人赞助球鞋般更能达到优质地保护这部分球员脚部健康的程度。其次，文件的决策过程从未有决策人员与联赛中利益相关人（如俱乐部球员）的平等协商，鲜明地体现了具有压制性的行使公权力的外观。[2]

由于《体育法》《国际篮球联合会篮球竞赛规则》《全国体育竞赛管理办法（试行）》、国家体育总局《篮球竞赛规则》《关于国家体委各直属事业单

---

[1] 中国体育反垄断第一案"粤超公司诉广东省足协和珠超公司"可运用相同的分析方式界定广东省足协的行为是否构成垄断。广东省足协"独家"批准珠超公司举办五人制足球比赛，排斥了粤超公司的竞争，通过具体分析可将中国足协该行为定性为"商"属性行为，进而界定其属于滥用市场支配地位中的拒绝交易行为。参见焦海涛："行业协会的反垄断法主体地位——基于中国体育反垄断第一案的分析"，载《法学》2016年第7期。

[2] "协会（中心）是政府公共部门，具有行政垄断权力，协会通过制定的章程来管理各个职业体育俱乐部，二者之间的关系其实是管理与被管理的关系，而这种带有行政垄断性质的组织结构也决定了联盟内部协会和俱乐部的不同行为模式。"王郓、褚翔："我国CBA联赛发展模式的路径选择与战略取向"，载《武汉体育学院学报》2011年第1期。

位、单项体育协会通过广告、社会赞助所得的资金、物品管理暂行规定》《关于加强体育市场管理的通知》等文件均未授权篮管中心对 CBA 球鞋进行使用上的限制管理，因此具有篮管中心政府身份性质的人员不能作出此类限制决策，否则就构成行政权力的滥用。尽管他们同时具有中国篮协的身份，但如上文所述，《体育法》授权性行政主体规则下的中国篮协是脱离于政府、分担政府公共管理职能压力的中国篮协，若以该规则认为"篮球字（2016）557号"不涉及行政权力的滥用便曲解了《体育法》授权规定所隐含的前提架构。

在联赛赛场这一球鞋品牌推广的市场上，球鞋品牌赞助商实际上希望通过曝光消除消费者的信息壁垒，提高品牌知名度以更好地售卖球鞋，彼此在品牌推广上处于竞争关系。篮管中心的规定，使原本就已经处在该市场上的耐克等私人球员的赞助商被不当地排除于竞争外，从而进入了《反垄断法》第 37 条"行政机关不得滥用行政权力，制定含有排除、限制竞争内容的规定"打击行政垄断的范围。

二、中国篮协垄断行为的合理性分析

（一）打包销售球鞋赞助权的合理性分析

1. NBA 打包销售模式的借鉴

球鞋、球衣、篮球装备及广告的赞助权、赛事转播版权、联赛冠名权等，都是职业体育联赛商务开发的重要资源，也为职业体育联赛带来了持续运行的收入支撑。尽管垄断常被视为扼杀竞争的罪恶之源，从而成为法律打击的对象，但审视域外职业体育联盟商务资源的利用，会发现打包销售商务资源的垄断方式是一种常态，而且时常得到合理限度内的豁免。以美国男子篮球职业联赛（National Basketball Association，NBA）对赛事转播权的统一出售为例进行说明。

在 NBA 中，30 支球队均为私人运营的俱乐部，通过电视等信号对球队之间比赛的转播，各球队能得到赛事转播的收入。但是 30 支球队并没有完全独占出售各自赛事转播的版权，反而基于共识联合起来组成 NBA 联盟，由联盟代表所有球队，将所有球队的赛事转播版权统一出售给电视台转播，并将获得的收入按适当的比例均衡分配给各球队俱乐部。

在 NBA 赛事转播版权的相关市场上，各球队俱乐部都是处于竞争关系的经营者。当它们联合起来对外统一出售赛事转播版权，便形成了垄断组织的架构。不少司法判例都承认 NBA 联盟具有市场垄断性质。譬如，在 Oscar Robertson v. NBA 一案中，法院即将 NBA 定性为"企业联营"（joint venture）；[1] 在 Chicago Professional Sports Limited Partnership v. NBA 一案中，法院认定 NBA 是 27 支职业篮球队组成的联营企业，在赛事产品销售时具有像卡特尔的性质。[2] 垄断组织一旦实施限制产量、固定价格等可能损害竞争秩序、经济效率的行为，必然逃不过《反垄断法》的审查。但是，《美国体育转播法》规定"反托拉斯法不适用于任何参加职业橄榄球、棒球、篮球、曲棍球联盟从事或经营职业橄榄球、棒球、篮球、曲棍球团队运动的人之间关于出售或转让两个或多个成员俱乐部的职业橄榄球、棒球、篮球、曲棍球比赛的赞助电视转播权的联合协议"，[3] 这个规定为包括 NBA 在内的美国四大体育联盟打包销售赛事转播版权提供了反垄断豁免的依据。"大开绿灯"背后是对"竞争性平衡"的维护。

在职业体育联赛里，"竞争性平衡"意味着比赛双方处于实力相当的状态。在自由竞争环境中，每支球队都是有限理性的博弈者，都会采取自己所认为的"占优战略"，即将自己比赛时的赛事转播权归于自己，这样对于自己的赛事，其转播的收入就会归于自己而不会归于他人。但是，由于实力较强球队的比赛更具魅力，往往更能吸引到赛事转播，而实力较弱的球队往往难以获得赛事转播的青睐。那么经过转播市场的长期选择，实力较强的球队靠赛事转播会获得越来越多的收入，不断提升竞技实力；而实力较弱的球队会因收入减少而无力经营，竞技实力越来越弱。这种贫富差距的长期存在、甚至拉大，实际上会导致弱队濒于破产，退出竞技；而实力悬殊的长期固定存在，让比赛越来越没有悬念，反而会导致竞技观赏性下降，使强队的比赛失去转播需求。非合作性博弈使每位博弈者基于理性追求自己利益的最大化，最终反而导致整体利益受损，进而使每个人的利益都非最优状态，从而陷入

---

〔1〕 Oscar Robertson *v. National Basketball Association*, 72 F. R. D. 64, S. D. New York.

〔2〕 Chicago Professional Sports Limited Partnership *v. NBA*, 754 F. Supp. 1336（N. D. Ill. 1991）. 1991 年 NBA 联盟尚只有 27 支球队。

〔3〕 15 U. S. C. A. § 1291.

"囚徒困境"。而如果适当地减少竞争，采取合作性博弈，所有球队共同组成一个联盟整体，由联盟垄断所有球队的赛事转播权，那么联盟可以通过选择优质的比赛出售转播权，获取丰厚收入，进而均衡分配到每支球队，这样实力较弱的球队也能够得到可靠的财政支持以维系运营、提升实力，实力较强的球队也可以因为竞争对手的稳定存在、相对制衡而得以生存，从而达到"竞争性平衡"的状态。[1]

于反垄断法而言，一方面"法律隐含地认识到，职业运动队与其联合会是同呼吸、共命运的"，"竞争性平衡"的存在促进了竞争效率；另一方面竞赛双方实力的相当性提升了竞技比赛的观赏性，进而保护了消费者的福利。因此这种市场垄断得到了美国反托拉斯法基于"合理原则"的豁免。

2. CBA 打包销售球鞋赞助权的合理性

世界诸多大型职业体育联赛，都没有如 CBA 一般对球鞋赞助予以完全的垄断开发。在 NBA，球鞋一直被视为球员的个人权益，从未被予以垄断出售，一者与赛事转播相比，球鞋的赞助收入给 NBA 带来的整体效益显得小很多，二者球鞋直接关系球员的脚部健康、竞技状态，三者百花齐放的球鞋品牌能为 NBA 带来更全面的市场影响力，因此 NBA 将球鞋赞助的兜售权利全部赋予俱乐部球员，使得赛场上球鞋品牌类型丰富。

但是从中国篮球行业的现状看，一方面 CBA 品牌效应还不够高，广告、门票收入等尚不能构成较大的收入来源，另一方面由于政策原因，CBA 体育赛事转播权长期被中央电视台买断，地方电视台仅能分一小杯羹。这造成了 CBA 无法如 NBA 般通过赛事转播获得大量收入，甚至有时会出现 CBA 为了宣传需要倒贴钱向市场买赛事转播的奇观。球鞋赞助由此成为 CBA 收入上具有支撑地位的商务开发资源，如同赛事版权出售之于 NBA 联盟收入的重要意义。[2]

对于刚刚起步 20 多年，还在艰难成长的 CBA 联赛而言，现阶段将球鞋赞

---

〔1〕 NFL 联盟相关案件中也可见到类似表述。E. g., "*No NFL team, in short, is interested in driving another team out of business, whether in the counting-house or on the football field, for if the League fails, no one team can survive.*" See *Smith v. Pro Football*, Inc. 593 F. 2d 1173, 193 C. A. D. C., 1978.

〔2〕 参见付政浩："CBA 球鞋战争另一面：易建联憎恶的垄断是原罪更是 CBA 第一发展动力"，http://sports. sohu. com/20161103/n472241602. shtml，最后访问时间：2016 年 11 月 21 日。

助权完全下放至各俱乐部是不合适的。部分球队战绩长期不佳，市场影响力不足，一直处于勉强生存的边缘线，[1]任其自身兜售球鞋赞助权很可能让其饱受赞助商歧视而无人问津，从而造成运营的恶化。中国篮协通过打包出售所有球员的球鞋赞助权，将所获得的收入作为联赛经费均衡分配于所有球队，能为弱势球队雪中送炭，使其能有资金引入优秀球员，提升球队竞技水平。从该意义上讲，中国篮协对球鞋赞助权打包出售的市场垄断行为与各俱乐部存在利益的趋同性。CBA 联赛各球队竞争性平衡得以保护，提升了 CBA 联赛竞技表演产品的观赏性，进而带动联赛产品的消费，这是符合我国《反垄断法》"保护市场公平竞争，提高经济运行效率，维护消费者利益"的价值的。[2]

（二）颁布"篮球字（2016）557 号"行为的合理性分析

1. NBA 所涉案例的借鉴

实现竞争效率的最优状态是反垄断法制度设计的价值追求，司法为实现制度价值总力图寻求微妙的平衡。法律豁免的垄断不是无限度的，当 NBA 联盟发挥垄断优势，过度限制各俱乐部出售赛事版权的空间时，反垄断法同样予以规制。

在 1991 年 Chicago Professional Sports Limited Partnership v. NBA 一案中，芝加哥公牛队与 WGN 电视台首先签订了赛季转播 25 场比赛的合同，但是随后 NBA 联盟在统一打包出售赛事转播权于 NBC 电视台时制定政策将公牛队的转播场次限制在 20 场以下。为此，公牛队将 NBA 诉诸反托拉斯诉讼。地区法院和美国第七巡回法院都提出了鲜明的观点：《美国体育转播法》的豁免仅适用于联盟对赛事转播权的出售，而不适用于对俱乐部自治权的干预。俱乐部与联盟的竞争是必要的，公牛队地方电视台 WGN 与 NBA 电视台 NBC 的竞争

---

〔1〕 譬如，连年战绩不佳、始终不能进入季后赛的佛山龙狮队 2014 年、2015 年、2016 年 1-5 月分别亏损 3054 万元、2618 万元、473 万元。参见武亚玲："一年亏损三千万的龙狮篮球俱乐部冲刺新三板"，http://stock.eastmoney.com/news/1885, 20161102679890666.html，最后访问日期：2016 年 11 月 28 日。

〔2〕 "是不是对行业协会限制竞争的行为一律不能得到豁免需采取谨慎态度。尤其是在我国行业协会的积极功能需要加强和完善的时候，应当考虑一定的弹性。"徐士英："行业协会限制竞争行为的法律调整——解读《反垄断法》对行业协会的规制"，载《法学》2007 年第 12 期。

是必要的，NBA 的转播限制是无意义的限制。在终审判决中第七巡回法院认为，"NBA 联盟从 25 场次减少到 20 场次是一个重要的贸易限制，这导致 NBA 产品不能为更多消费者所欣赏，削弱了球队对竞争的促进。并且比赛产品的减少将可能在未来被用来提高产品的价格，是不合理的"。[1]

在 1995 年 Chicago Professional Sports Limited Partnership v. NBA 一案中，NBA 颁布新政，取消各俱乐部赛事版权，各俱乐部可以从 NBA 获得不超过 15 场的全国转播，但需要交纳费用。芝加哥公牛队提起诉讼要求 NBA 允许其自身能与超级站电视台达成 41 场的赛事转播协议。地区法院认为超级站对芝加哥公牛队的转播借用了 NBA 联盟的影响力，属于"搭便车"行为，NBA 就该赛事转播收取税费是合理的，但是 NBA 在收取该费用后不应该再限制公牛队的赛事版权，否则减少了赛事产品数量。根据数据统计，NBA 一旦实行其新政，赛事转播的场次仅占一个赛季总数的 10% 左右，这大大减少了产品输出的数量，损害了消费者福利，从而要受到反托拉斯法的规制。[2]

如果说美国司法豁免打包出售时强调的是职业体育联盟内部竞争秩序的稳固，那么在统一出售前提下给各俱乐部的竞技产品生产留下适度空间，则更强调联盟对外输出时竞争效率的优化。

2. 颁布"篮球字（2016）557 号"行为的不合理性

颁布"篮球字（2016）557 号"的行政垄断行为对竞争作了过度的限制。

联赛真正迈向成熟，必须以市场规律运作。CBA 联赛在走过 20 年历程后正积累下一丝来之不易的品牌号召力。在体育产业逐步成为中国重要的产业部门乃至经济发展的重要来源时，CBA 联赛正处在对外塑造良好形象、打造更好品牌以茁壮发展的关键时期。

一者，对于 CBA 球场上的品牌推广市场，品牌的多元化意味着 CBA 联赛宣传主体的多元化。将李宁品牌以外的其他品牌彻底推离市场，挫伤了诸多球鞋品牌赞助商的积极性，也造成了消费者认知诸多球鞋品牌的信息壁垒。同时，品牌推广市场竞争的弱化阻碍了 CBA 品牌效应的扩大。

二者，俱乐部、球员应该有兜售球鞋赞助权的自我空间，篮协不能完全限制易建联等精英球员与其竞争球鞋赞助权的兜售。任何职业体育联赛不能

---

〔1〕 Chicago Professional Sports Limited Partnership *v. NBA*, 754 F. Supp. 1336（N. D. I11. 1991）.

〔2〕 Chicago Professional Sports Limited Partnership *v. NBA*, 874 F. Supp. 844（N. D. I11. 1995）.

完全匮乏典型的塑造、忽视个体权利的行使。譬如 20 世纪 90 年代芝加哥公牛队的乔丹作为 NBA 最高水平的球员，其所受赞助的球鞋品牌耐克在宣传乔丹本身的同时也引发了更多市场品牌对 NBA 其他球员、球队的关注及赞助，带动了整体利益的提高。尽管中国篮协以行政垄断换来了李宁品牌短暂的大量资金的赞助，却折损了提升联赛利益而使联赛获得长远发展的潜力。

三、CBA 运营体制改革探析

（一）中国篮协垄断行为背后的体制矛盾

我国体育产业系在计划经济体制下由政府自上而下主导而逐步萌芽发展起来的。体育产业的市场化进程意味着政府需要重新定位职能、逐步退出市场，但政府的"内在性"决定了政府主动削减自己职能的困难性，也由此呈现国家体育总局下属的篮管中心把控中国篮协意志的特殊情形，进而呈现出政府干预市场的复杂性。

一方面国家体育总局背书的中国篮协试图垄断 CBA 球鞋赞助权以克服自由竞争造成弱势球队无力运营的结果，这是政府干预市场以弥补市场失灵；但另一方面，以国家体育总局背书的篮协试图限制 CBA 所有俱乐部、球员兜售球鞋赞助权的空间，从而导致干预扩大化，"政府各部门通过制定法律法规干预经济的热情实际上表明了一种危险的倾向：过多的却又是'依法'的干预容易产生披着法治和市场外衣的计划经济"。

中国篮协行政垄断下的政府失灵，首先源于篮管中心与市场不具有利益上完全的一致性。篮管中心隶属于国家体育总局，其激励机制来源于上级政绩的考核，举国体制下国家篮球运动项目在国际上的荣誉是主要的目标，而联赛的经济效益目标是其次的，篮管中心并没有动力去最大程度地考虑与其无直接利害关系的市场利益；其次，干预适度要求"政府对国情和特定发展阶段的正确认知"，然而政府的认知能力是有限的，有时并不能充分了解市场的意见，干预联赛的篮管中心因信息的不对称并不能充分认识并理解到球员对限制类政策的严重不满；再次，篮管中心与联赛俱乐部、球员的沟通渠道并不通畅，尽管篮管中心一再表明，其给予各俱乐部政策异议的权利，但是由于在政策异议期限内没有任何异议，因此他们心安理得地实施了该限制政策。然而将俱乐部球员对篮管中心的异议作为二者形式平等的沟通渠道，却在实质上并不平等。一方面篮管中心把控着俱乐部的经费、球员在联赛中的注册资格等要害问题，俱乐部及球员不敢轻易反抗政府部门的行政意志；另一方面 CBA 联赛尚无球员工会等聚合球员意志的机构，球员松散单薄的力量无法挑战篮管中心的强势权威。

（二）体制改革的应然方向

在篮球职业化改革初期，我们持循序渐进的谨慎态度，在一定时期内沿用原来事业化管理办法来管理过渡期或转型期的职业篮球联赛尚且情有可原。但是，随着行政化管制思维引发的越来越多的矛盾，实现联赛产业化、市场化不可避免。

"球鞋门"的症结在行政垄断，市场化改革的措施应该包括：

1. 中国篮协由虚变实

篮管中心与中国篮协彻底剥离，中国篮协的任职人员完全由市场选举产生，[1] 从而使中国篮协摆脱政府官员意志的制约，成为具有独立意义的介于政府、市场之间的中间主体，充分保持与市场利益的趋同性。[2]

2. 划清职能

在 CBA 联赛逐步市场化过程中，CBA 联赛的管理和运营越加复杂。面对纷繁的利益诉求与精致化的运营需求，篮管中心越加力不从心。在中国篮协真正坐实成为行业协会的基础上，首先，CBA 联赛的管理权交由中国篮协，使其发挥中间主体管理市场的优势，这也真正回归到《体育法》第 31 条的授权意旨；其次，由所有俱乐部入股成立专门的联赛公司，由联赛公司负责球鞋等体育商务资源的开发，中国篮协对联赛公司的运作予以宏观上的管理、监督；最后，作为国家体育总局过分干预 CBA 联赛所伸出的手，篮管中心不

---

〔1〕 2017 年 2 月 26 日，姚明当选新一届中国篮协主席，CBA 联赛改革始迈重要一步。参见薛源："共筑中国篮球美好明天——访中国篮协新任主席姚明"，载《人民日报》2017 年 2 月 26 日第 7 版。

〔2〕 "我国的体育行业协会……出发点在于确认并保障体育私域自由，阻却政府的过度干预，也是政府管理体育的公权力向体育行业自治的私权力的转移，有利于促进体育行业管理民主化，培育体育行业自治能力。"彭昕："我国体育行业协会及其自治权的经济法分析"，载《中国体育科技》2005 年第 4 期。

再具体干预、参与 CBA 联赛的任何事务，其职能应回归于具体执行国家体育总局的政府性管理事务，譬如协助规划国家篮球产业布局、审批全国范围内篮球竞赛项目等，并且随着社会自我管理能力的加强，必要时篮管中心应退出历史舞台。

3. 球员利益代言机构的设立

为确保球员不因篮协不合理的限制政策等受到权益损害，同时因个体力量的薄弱而无法与篮协抗衡，可设立球员利益代言机构，譬如 NBA 俱乐部球员即有球员工会。球员利益代言机构可凝聚球员力量，与篮协形成更良性顺畅的交流，实现地位上的实质平等。

结　语

山雨欲来风满楼。易建联"球鞋门"等诸多 CBA 联赛负面事件的爆发，表明现有行政垄断联赛管理运营模式下积弊重生的矛盾与改革的迫切。CBA 运营体制的改革，说到底是将篮管中心在政府中心逻辑下对联赛的管理运营转交于社会组织，改变其公共服务直接供给者的主体立场，最终实现由政府本位转变为社会本位的过程。政府"自断其臂"固然困难，然而当今天 CBA 联赛的市场运作成为社会公共利益的指向、自恃代表社会利益的政府的合法性屡遭质疑时，政府维护其插手联赛所获利益的行政成本将越来越大，从而构成职能改革可行性的基础。

参考文献

［1］姜熙等：《职业体育反垄断理论研究》，法律出版社 2015 年版。

［2］谭小勇等：《体育法学概论》，法律出版社 2014 年版。

［3］吕忠梅、陈虹：《经济法原论》，法律出版社 2008 年版。

［4］裴洋：《反垄断法视野下的体育产业》，武汉大学出版社 2009 年版。

［5］王庆伟：《我国职业体育联盟理论研究》，北京体育大学出版社 2007 年版。

［6］［美］N. 格里高利·曼昆：《经济学原理：微观经济学分册》，梁小民、梁砾译，北京大学出版社 2016 年版。

［7］［美］夏普·雷吉斯特·格里米斯：《社会问题经济学》，郭庆旺、应惟伟译，中国人民大学出版社 2000 年版。

［8］张江莉："我国转型时期行业协会的反垄断法规制"，载《法商研究》2008 年第5 期。

［9］汪莉："论行业协会的经济法主体地位"，载《法学评论》2006 年第 1 期。

［10］彭昕等："中国体育行业协会的法理分析"，载《武汉体育学院学报》2006 年第7 期。

［11］焦海涛："行业协会的反垄断法主体地位——基于中国体育反垄断第一案的分析"，载《法学》2016 年第 7 期。

［12］张兵："走出政府中心逻辑：我国职业体育管办分离的理论与实践"，载《体育与科学》2014 年第 2 期。

［13］朱小龙："中国足协'单飞'迈向真正职业化"，载《南方日报》2017 年 1 月 7 日第 9 版。

［14］薛源："共筑中国篮球美好明天——访中国篮协新任主席姚明"，载《人民日报》2017 年 2 月 26 日第 7 版。

［15］杨毅："穿鞋脱鞋的中国式规则和逻辑"，http://mt. sohu. com/20161104/n472298690. shtml，最后访问时间：2017 年 1 月 22 日。

［16］苏群："CBA 的'球鞋风波'，背后竟有如此残酷的商战"，http://mt. sohu. com/20161103/n472232288. shtml，最后访问时间：2017 年 1 月 22 日。

［17］付政浩："CBA 球鞋战争另一面：易建联憎恶的垄断是原罪更是 CBA 第一发展动力"，http://sports. sohu. com/20161103/n472241602. shtml，最后访问时间：2016 年 11 月 21 日。

［18］武亚玲："一年亏损三千万的龙狮篮球俱乐部冲刺新三板"，http://stock. eastmoney. com/news/1885，20161102679890666. html，最后访问时间：2016 年 11 月 28 日。

国有企业在 ICSID 投资仲裁中的私人投资者身份研究

中国政法大学法学院 2014 级 1 班　邹昭敏
指导老师：中国政法大学国际经济法学院教授　史晓丽

摘　要：进入 21 世纪以来，国有企业在世界经济发展中发挥着越来越重要的作用，随之而来的涉及国有企业的国际投资纠纷也不断增多。然而国有企业作为所有权归于国家的特殊企业形式，其是否具有 ICSID 的仲裁申请人资格屡屡遭到质疑。在 ICSID 仲裁实践中，仲裁庭不断发展完善传统的 Broches 标准以及加入了更多的考量因素对国有企业的私人投资者身份进行综合判断。这一发展趋势给中国国有企业提供了更为明确的申请救济保护机会的同时，也给国有企业提出了新的挑战。

关键词：国有企业　ICSID 投资仲裁　私人投资者

绪　论

近年来，中国对外直接投资不断增长，特别是在"一带一路"倡议下，越来越多的中国企业"走出去"进行投资。根据《2017 年中国对外直接投资公报》，2017 年中国对外直接投资净额（以下简称流量）为 1582.9 亿美元，对外直接投资累计净额（以下简称存量）达 18090.4 亿美元，分别占全球当年流量与存量的 11.1% 和 5.9%；中国对外投资流量位列按全球国家（地区）排名的第 3 位，占比较上年下降 2.4 个百分点，存量由 2016 年的第 6 位跃升至第 2 位，占比提升 0.7 个百分点。[1] 另外，截至 2017 年底，中国 2.55 万家境内投资者在国（境）外共设立对外直接投资企业 3.92 万家，分布在全球 189 个国家（地区）。[2] 而无论是就中国还是世界各国对外投资发展而言，国有企业展现了日益扩大的作用。根据联合国贸发会议对于国有多国企业的新数据库显示，虽然 1500 多家国有跨国企业只占全部跨国企业的 1.5%，但是在全球非金融类跨国公司 100 强名单中，国有跨国公司却占有 15 个席位，比例达 15%。[3] 而这些国有跨国企业拥有 86 000 多家外国分公司，接近所有外国分公司的 10%。这些公司公布的绿地投资[4]在 2016 年占全球总数的 11%，高于 2010 年的 8%。[5] 而就中国而言，虽然从企业数量上看，对外投资的民营企业的数量已经超过国有企业，占企业总数的六成以上，但从规模上来看，国有企业仍然是中国对外投资的主力军。[6]

　　虽然国有企业在国际投资中发挥着越来越重要的作用，但是国有企业在寻求投资救济保护时却陷入了困境之中。国际投资争端解决中心（International Centre for Settlement of Investment Disputes，ICSID）是在 1966 年根据《解决国家与他国国民间投资争端公约》（以下简称 ICSID 公约）建立的为解决国际投资争端和进行国际投资争端调节的仲裁机构。包括国有企业在内的各类型企业与东道国间发生国际投资争端时，通常都会向 ICSID 提出仲裁申请以寻求投资救济。在 ICSID 仲裁案中，东道国的应对之策往往是首先对 ICSID 对于仲裁案件的管辖权提出异议。而在仲裁申请人为国有企业时，东道国更是几乎无一例外地向仲裁庭提出管辖权异议。许多仲裁案件，就是因为管辖权而被驳回。如在 2017 年 ICSID 仲裁庭做出的 30 个仲裁判决中，就有 6 个（占

〔1〕　中国商务部、国家统计局、国家外汇管理局：《2017 年度中国对外直接投资统计公报》，中国统计出版社 2018 年版，第 3-4 页。

〔2〕　中国商务部、国家统计局、国家外汇管理局：《2017 年度中国对外直接投资统计公报》，中国统计出版社 2018 年版，第 3 页。

〔3〕　UNCTAD, World Investment Report 2017, Investment and The Digital Economy (United Nations 2017), p. 30.

〔4〕　绿地投资又称创建投资或新建投资，是指跨国公司等投资主体在东道国境内依照东道国的法律设置的部分或全部资产所有权归外国投资者所有的企业，是国际直接投资的形式之一。

〔5〕　UNCTAD, World Investment Report 2017, Investment and The Digital Economy (United Nations 2017), p. 38.

〔6〕　国家发展与改革委员会：《中国对外投资报告》，人民出版社 2017 年版，第 7 页。

20%）仲裁案件因为管辖权被驳回。[1]因为对于国有企业的法律性质争议不断，国有企业在向 ICSID 寻求投资救济保护时，面临着比私人企业更大的困难与挑战。而所有东道国在面对国有企业提出的仲裁申请时，首先就会根据 ICSID 公约第 25 条的规定，质疑国有企业私人投资者（亦称缔约国国民）的身份，从而提出管辖权异议。

在国有企业私人投资者身份认定存疑从而可能导致国有企业无法得到恰当的投资救济的背景之下，研究 ICSID 仲裁中国有企业私人投资者身份的认定标准，有利于中国国有企业在未来更好地利用 ICSID 投资仲裁机制寻求投资救济，对保护中国国有企业在对外投资活动中的合法权益，避免中国国有企业的利益遭受不必要的损失有重要的现实意义。因此，本文以此为视角，展开研究和论述。

一、ICSID 公约对国有企业作为国际投资仲裁当事人的规定

ICSID 公约在第二章中，对中心的管辖权作出了规定，即限定了有权提起仲裁者的范围。故而，若国有企业希望向 ICSID 提起投资仲裁申请，其首先应该属于 ICSID 规定的有权提起投资仲裁的投资者范围。但是 ICSID 公约关于国有企业是否具有私人投资者身份没有作出明确的规定，导致该问题具有一定的模糊性。

（一）有权提起投资仲裁的投资者范围

纯私人间的投资争议与两个国家间的投资争议不属于 ICSID 投资仲裁的管辖范围，这不仅是一个共识，[2]更在条约中有明确的规定。根据 ICSID 公约第 25 条第 1 款，缔约国[3]和另一缔约国国民之间直接因投资而产生的法

---

　　[1]　International Centre for Settlement of Investment Disputes：Annual Report 2017，para. 37，https：//icsid. worldbank. org/en/Documents/icsiddocs/ICSID%20AR%20EN. pdf，最后访问于 2018 年 12 月 23 日。

　　[2]　See Aron Broches，*Selected essays*，World Bank，*ICSID*，*and other subjects of public and private international law*，Martinus Nijho& Publishers，1995，para. 167.

　　[3]　此处指 ICSID 公约的缔约国。

律争端才属于 ICSID 的管辖范围。[1] 并且，ICSID 公约第 25 条规定不能通过争议双方的合议排除其适用，[2] 因此，ICSID 排除了对于纯粹私人间或者国家间因投资发生的法律争端的管辖。

    ICSID 公约第 25 条对 ICSID 的管辖权进行限制与 ICSID 设立的宗旨有关。ICSID 公约在其第一条中便指出，设立解决投资争端国际中心的宗旨就在于"为各缔约国和其他缔约国的国民之间的投资争端，提供调解和仲裁的便利"。[3] 从公约的序言中我们也可以看出，公约的订立与中心的设立是考虑到经济发展中，国际合作与私人国际投资的需求。[4] 在公约订立之时，私人之间若发生投资争议，可以寻求国内的司法程序的救济。而国家间若发生争议，则可以通过外交途径或是提交国际法院进行裁决。唯有私人与国家间因投资发生争议，缺少救济手段。[5] 正如 Schreuer 教授所言，ICSID 的出现正是为了弥补在特定情况下私人和东道国之间因投资发生争议缺少的相应救济程序的空白。[6]

    ICSID 公约在第 25 条第 2 款中进一步指出，另一缔约国国民，包括具有另一缔约国国籍的自然人与法人。[7] 通过第 25 条第 1 款和第 2 款，公约将拥有 ICSID 仲裁申请资格者限缩为拥有另一缔约国国籍的包含自然人和法人在内的私人投资者。因此，ICSID 公约也将有权提起仲裁申请的投资者限缩为具有另一缔约国国民身份的私人投资者。

---

〔1〕 Convention on the settlement of investment disputes between States and nationals of other States, 14 October 1966, 575 U. N. T. S 159, art. 25.

〔2〕 Lucy Reed, Jan Paulsson and Nigel Blackaby, *Guide to ICSID Arbitration*, Wolters Kluwer Law International, 2011, p. 25.

〔3〕 Convention on the settlement of investment disputes between States and nationals of other States, 14 October 1966, 575 U. N. T. S 159, art. 1.

〔4〕 Convention on the settlement of investment disputes between States and nationals of other States, 14 October 1966, 575 U. N. T. S 159, Preamble.

〔5〕 Mark Fledman, *The Standing of State-owned Entities under Investment Treaties*, Yearbook on International Investment Law& Policy, Oxford University Press, 2012, p. 619.

〔6〕 Christoph Schreuer et al. , *The ICSID Convention: A commentary*, Cambridge University Press, 2009, para. 160.

〔7〕 Convention on the settlement of investment disputes between States and nationals of other States, 14 October 1966, 575 U. N. T. S 159, art. 25.

（二）国有企业作为投资者的问题

虽然 ICSID 公约第 25 条对于 ICSID 的管辖权范围做出了一定的限定，但是可以发现第 25 条的规定具有一定的开放性，亦可说是留有了一定的立法空白。对于国有企业，这种特殊的法人形式，公约并未明确其是否属于第 25 条所指的另一缔约国国民或者说私人投资者。从公约文本以及条约目的都不能很好地寻找到确切的答案之时，根据《维也纳条约法公约》第 31 条和第 32 条的规定，应根据条文的目的宗旨进行解释，并可以使用条约的准备工作以及缔约情况等补充材料对条约进行解释，[1]也就是所谓的目的解释以及利用历史解释方法对条约进行解释。

首先，从 ICSID 公约的目的与宗旨角度进行考虑。ICSID 公约在序言中便提出"考虑到为经济发展进行国际合作的需要和私人国际投资在这方面的作用"。[2]另外，在 ICSID 成立前，世界银行的执行董事关于 ICSID 的报告也指出，设立 ICSID 这样一个便于解决国家与私人间的投资争端解决机构，是为了促进互信从而刺激更多的私人国际资本流向有意吸引它的国家。[3]显然，ICSID 设立的重要目的是促进私人国际投资，而正如曾经担任国际复兴开发银行总法律顾问的 Aron Broches 先生所说的，基于资本来源对私人和公共投资进行区分的标准不再具有现实意义。Aron Broches 先生特别强调，虽然有些公司是由私人和政府共同出资或者是由政府单方出资，但其法律特征和商业活动上与私人公司并没有区别。因此，根据 ICSID 公约的目的，不应排除混合所有的公司或单一由政府所有的公司作为另一缔约国国民的资格（即私人投资者资格）。[4]由此可见，无论是混合所有制还是单一所有制国有企业，其在 ICSID 投资仲裁中私人投资者的身份均未被明确否定。

---

〔1〕　Vienna Convention on the Law of Treaty, 23 May 1969, 1155 U. N. T. S 331, art. 31, 32.

〔2〕　Convention on the settlement of investment disputes between States and nationals of other States, 14 October 1966, 575 U. N. T. S 159, preamble.

〔3〕　Convention on the settlement of investment disputes between States and nationals of other States, 14 October 1966, 575 U. N. T. S 159, para 9.

〔4〕　Aron Broches, The Convention on the Settlement of Investment Disputes Between States and Nationals of Other States, 136 *Recueil des Cours* 331, 1972, p. 355.

另外，根据 ICSID 公约缔约时的谈判资料显示，参与缔约的各方代表一致认为，国有企业或者部分国有的混合所有制企业除了作为政府代理人或者承担政府职能时，也可以被认为具有私人投资者身份。[1]ICSID 的仲裁判决也可以对这一点加以印证。在捷克斯洛伐克欧泊崇德里银行诉斯洛伐克案（以下简称捷克斯洛伐克银行案）中，仲裁庭指出，虽然公约第 25 条第 1 款和第 2 款规定了"国民"一词包括了"自然人"和"法人"，但是公约并没有对于自然人和法人这两个词的含义做出界定。而公约的制定过程为解答这个问题提供了一定的线索。根据公约的制定过程，"法人"一词不仅包含私人企业，还包括全部或者部分为国家所有的企业。并且对"法人"一词的这种解释，是被广泛接受的。[2]

但同时我们也应该认识到，虽然从反面角度解读 ICSID 公约第 25 条，国有企业是有被认定为具有私人投资者身份的可能性，但是 ICSID 公约也并没有从正面明确说明具有仲裁申请人资格的投资者包含国有企业。这样一来，就给国有企业的私人投资者身份认定的问题带来了模糊性，也给予仲裁庭在该问题上一定的自由裁量权。

二、国有企业在投资仲裁中作为投资者的身份认定实践

根据上文我们可以看出，ICSID 公约对国有企业是否具有私人投资者身份从而具有仲裁申请人资格的问题没有做出明确的规定。因此，ICSID 仲裁庭通过仲裁实践，发展出了对国有企业私人投资者身份认定的标准。

（一）仲裁实践将国有企业认定为投资者的基本原则

ICSID 仲裁庭首次将国有企业认定为投资者是在 1999 年的捷克斯洛伐克银行案中，而该案也是 ICSID 仲裁庭第一次讨论将国有企业认定为私人投资者的标准问题。捷克斯洛伐克银行案的起因是，捷克斯洛伐克银行（CSOB）声称斯洛伐克政府违反了一份关于捷克斯洛伐克银行的金融整顿协议，该协

---

〔1〕 参见刘雪红："论国有企业私人投资者身份认定及启示 ——以 ICSID 仲裁申请人资格为视角"，载《上海对外经贸大学学报》2017 年第 3 期。

〔2〕 *Ceskoslovenska Obchodni Banka*, *A. S. v. The Slovak Republic*, decision on objection to jurisdiction, ICSID case, No. ARB/97/4, 24 May 1999 para. 16.

议是由捷克斯洛伐克银行与捷克政府和斯洛伐克政府的财政部共同签订的，处理捷克斯洛伐克银行名下不良贷款转让问题。[1]而斯洛伐克政府作为答辩方，首先就 ICSID 对本案的管辖权提出异议。斯洛伐克政府认为，捷克斯洛伐克银行是捷克政府的代理人，捷克政府将是本案的最终受益方，因此捷克斯洛伐克银行不具有仲裁申请人资格。[2]而关于捷克斯洛伐克银行是否是具有仲裁申请人资格的私人投资者，本案双方均同意适用 Broches 标准进行判断，即考量本案中捷克斯洛伐克银行是否充当了捷克政府的代理人或者是行使了捷克政府的某项基本职能。[3]

本案中适用的 Broches 标准由作为 ICSID 公约订立的倡议者和起草人之一 Aron Broches 先生提出。Aron Broches 先生认为，除了充当政府代理人和行使基本的政府职能的情形外，国有企业应具有仲裁申请人的资格。[4]

自捷克斯洛伐克银行案起，每当涉及国有企业是否具有仲裁申请人资格的问题时，ICSID 均会援引捷克斯洛伐克银行案的仲裁结论，即适用 Broches 标准对国有企业的私人投资者身份加以判断。因此，在研究国有企业私人投资者身份认定的问题时，必须要先明确什么是 Broches 标准以及在仲裁实践中是如何适用的。

(二) 判定国有企业身份的 Broches 标准

在上文提到的捷克斯洛伐克银行一案中，仲裁庭指出 Broches 标准是判断国有企业是否具有仲裁申请人资格的可被接受的标准。并且仲裁庭也在类似案例中否定了以往利用资本是否国有来区分投资者性质的做法。如在捷克斯洛伐克银行案中，仲裁庭明确指出，企业资金来源与企业是否具有缔约国国

---

[1] *Ceskoslovenska Obchodni Banka*, *A. S. v. The Slovak Republic*, decision on objection to jurisdiction, ICSID case, No. ARB/97/4, 24 May 1999, para. 1.

[2] *Ceskoslovenska Obchodni Banka*, *A. S. v. The Slovak Republic*, decision on objection to jurisdiction, ICSID case, No. ARB/97/4, 24 May 1999, para. 10.

[3] *Ceskoslovenska Obchodni Banka*, *A. S. v. The Slovak Republic*, decision on objection to jurisdiction, ICSID case, No. ARB/97/4, 24 May 1999, para. 17.

[4] Aron Broches: The Convention on the Settlement of Investment Disputes Between States and Nationals of Other States, 136 *Recueil des Cours* 331, 1972, p. 355.

民身份是不相关的。[1]而在玛芬里诉西班牙案[2]（以下简称西班牙案）中，仲裁庭更是提出了如果一家为了营利的私有资本企业满足了 Broches 标准，即行使了基本的政府职能的话，其也能被认为是国家的组织机构，其行为可以被认为是东道国的行为，构成国家不法行为。[3]而 Broches 标准的两个层次，即"行使政府基本职能"与"作为政府代理人"之间有区别也有联系。

1. 行使政府基本职能

自捷克斯洛伐克银行案开始，Broches 标准多次被仲裁庭援引适用。在如梅里和天信通讯有限公司诉哈萨克斯坦政府[4]一案中，如梅里和天信是两家土耳其的移动通信公司，两家公司合并为一家股份公司。如梅里和天信与哈萨克斯坦的一家名为 Investel 的当地企业合作建立了一家在哈萨克斯坦境内提供移动通讯服务名为卡尔通信的股份有限公司。如梅里和天信诉称，哈萨克斯坦政府与卡尔通信的哈萨克斯坦当地股东一同通过以下行为合谋将如梅里和天信逐出了卡尔通信公司，包括非法终止了卡尔通信和政府的投资合同，并且不给予如梅里和天信质疑合同终止合法性的权利。还有通过司法程序非法将如梅里和天信逐出了卡尔通信公司并且没有给予适当的补偿。

哈萨克斯坦政府首先对 ICSID 对本案的管辖权提出了质疑。哈萨克斯坦政府抗辩称，在 2004 年，如梅里和天信的所有权收归由土耳其政府所控制的土耳其储蓄存款保险基金（The Turkish Savings Deposit Insurance Fund, TSDIF），也就是说如梅里和天信已经变成了国有企业。而作为国有企业，本案中实际的争议方是土耳其储蓄存款保险基金而不是两家企业。[5]并且如梅里和天信的起诉行为实际上是土耳其政府的行为。哈萨克斯坦政府还认为，Broches 标

〔1〕 *Ceskoslovenska Obchodni Banka*, *A. S. v. The Slovak Republic*, decision on objection to jurisdiction, ICSID case, No. ARB/97/4, 24 May 1999, para. 18.

〔2〕 *Emilio Agustín Maffezini v. Kingdom of* Spain, decision on objections to jurisdiction, ICSID Case No. ARB/97/7, 25 January 2000.

〔3〕 *Emilio Agustín Maffezini v. Kingdom of* Spain, decision on objections to jurisdiction, ICSID Case No. ARB/97/7, 25 January 2000, para. 80.

〔4〕 *Rumeli Telekom A. S. and Telsim Mobil Telekomikasyon Hizmetleri A. S. v. Republic of Kazakhstan*, award, ICSID Case No. ARB/05/16, 29 July 2008.

〔5〕 *Rumeli Telekom A. S. and Telsim Mobil Telekomikasyon Hizmetleri A. S. v. Republic of Kazakhstan*, award, ICSID Case No. ARB/05/16, 29 July 2008, para. 211.

准和捷克斯洛伐克银行案中所确立的原则不适用于本案，是因为本案的核心争议点在于提起诉讼是否属于行使政府的基本职能。

但是如梅里和天信与仲裁庭均不认可哈萨克斯坦政府方的观点。仲裁申请方如梅里和天信认为，Broches 标准和在捷克斯洛伐克银行案中仲裁庭所提出的企业是否行使政府职能的标准，应当根据该行为的性质而不应依据行为的目的判断在本案中是否应当适用。因为捷克斯洛伐克银行案的仲裁庭并没有适用 Broches 标准去论证所有国有企业都拥有仲裁申请权，而是强调了国有企业的仲裁申请资格应当根据该企业与争议有关的具体行为是否在行使基本的政府职能进行判断。[1]

仲裁庭指出，在土耳其储蓄存款保险基金接管并任命新的负责人之前，如梅里和天信的前任负责人已经计划向 ICSID 提起针对哈萨克斯坦政府的仲裁。虽然实际提起仲裁申请的是由土耳其储蓄存款保险基金任命的企业负责人，但是继任的企业负责人只是在继续完成前任管理人员寻求公司国际投资的救济的行为，这个行为是任何企业管理人员在面对企业因投资遭到损失时都会进行的，不牵涉任何的政府特权。[2]故而，仲裁庭认为即使认为土耳其储蓄存款保险基金是本案中的实际仲裁申请人，其提起诉讼的行为本质上是一个商业的行为而非政府行为，故仲裁庭对本案有管辖权。

同样的裁判思路我们可以在北京城建集团诉也门案[3]（以下简称北京城建案）中看到。在此案中，也门政府针对北京城建集团的国有企业身份，对其是否拥有缔约国国民身份提出质疑并就此对仲裁庭的管辖权提出异议。而仲裁庭就北京城建集团在也门实施工程的行为是否属于实施政府职能时指出，也门政府提出的抗辩理由，即北京城建集团是一家国有企业这一点是毫无争议的，但也是与本案毫无关联的一个抗辩理由。仲裁庭认为，本案的核心焦点应该在于，北京城建集团在进行也门机场的建设工程时，其实施的是政府的职能还是单纯的经济职能。显而易见，北京城建集团所实施的工程建设项

---

〔1〕 *Rumeli Telekom A. S. and Telsim Mobil Telekomikasyon Hizmetleri A. S. v. Republic of Kazakhstan*, award, ICSID Case No. ARB/05/16, 29 July 2008, para. 212-213.

〔2〕 *Rumeli Telekom A. S. and Telsim Mobil Telekomikasyon Hizmetleri A. S. v. Republic of Kazakhstan*, award, ICSID Case No. ARB/05/16, 29 July 2008, para. 213.

〔3〕 *Beijing Urban Construction Group Co. Ltd. v. Republic of Yemen*, decision on jurisdiction, ICSID Case No. ARB/14/30, 31 May 2017.

目，与中国政府的政府职能无关。[1]

通过 ICSID 相关判例梳理我们不难发现，仲裁庭对于国有企业是否行使政府基本职能的判断，都会回归到国有企业与争议相关的具体行为之上，而不是根据国有企业的控制权归属，或是实施与争议相关的具体行为的管理人员是否为国家指派等进行认定。

2. 作为政府的代理人

虽然在捷克斯洛伐克银行案等案件中，并没有对 Broches 标准的第二个层次，即作为政府代理人进行探讨，但是在北京城建案中，仲裁庭对北京城建集团是否作为中国政府的代理人进行了详细的分析，也可谓是对 Broches 原则应用的一个新发展。

在此案中，也门政府利用中国政府出版发行的文件来说明北京城建集团作为国有企业，不仅负责管理中国人民的财产，还负责国家政策的实施以及承担政治和社会的责任，其企业的最终目的是提升中国整个国家的利益。[2]由此，也门政府得出北京城建集团是作为中国政府的代理人的结论。

而仲裁庭在分析时指出，在中国国有企业的语境之下，无论是中国政府掌握企业的控制权还是企业的运行机制都不足为奇。但是本案的焦点不是北京城建集团作为一个国有企业的企业架构，而是在本案的事实背景语境下，北京城建集团是否作为中国政府的代理人。仲裁庭认为在本案中，北京城建集团中标也门机场建设项目是基于其商业信誉，并且建设合同终止也是因为北京城建集团没有按照合同要求提供符合标准的商业服务，而与中国政府的政策和政治决定没有关系。[3]因此本案证据表明北京城建集团进行机场建设项目工程的行为与政府代理人身份无关。[4]仲裁庭得出此结论的核心在于，北京城建集团在实施建设工程的过程中，身份是一个普通的合同执行者而非

---

〔1〕 *Beijing Urban Construction Group Co. Ltd. v. Republic of Yemen*, decision on jurisdiction, ICSID Case No. ARB/14/30, 31 May 2017, para. 42.

〔2〕 *Beijing Urban Construction Group Co. Ltd. v. Republic of Yemen*, decision on jurisdiction, ICSID Case No. ARB/14/30, 31 May 2017, para. 38.

〔3〕 *Beijing Urban Construction Group Co. Ltd. v. Republic of Yemen*, decision on jurisdiction, ICSID Case No. ARB/14/30, 31 May 2017, para. 40.

〔4〕 *Beijing Urban Construction Group Co. Ltd. v. Republic of Yemen*, decision on jurisdiction, ICSID Case No. ARB/14/30, 31 May 2017, para. 39.

政府代理人。[1]不过，针对"政府代理人"一词，仲裁庭并没有做出一个明确的定义。

3. Broches 标准的两个层次的区别与联系

自捷克斯洛伐克银行案中第一次明确 Broches 标准的适用，仲裁庭在大多数情况下都是将 Broches 标准的两个方面一同分析而不将其详细区分。仲裁庭这样处理的原因之一可能是，Broches 标准的两个层面有相似之处，对其进行区分有难度并且在某些情况下是没有太大的意义的。但 Broches 标准的两个层次又具有独立性，对其进行区分还是必要的。

Broches 标准的第一个层次即是否行使政府职能侧重于国有企业是否被授予并且行使政府职能，有些仲裁判决中亦将这种政府职能称为特权的行使。[2]而 Broches 标准的第二个层次即是否作为政府代理人，则着重考察的是国有企业是否因为受到政府的管理和控制从而成为政府的代理人。区分这两个层次的意义在于，存在只满足某一个层次的可能性，如不进行区分有可能出现混淆和误判的情况。正如有对于捷克斯洛伐克银行案的裁判的批评指出，仲裁庭在捷克斯洛伐克银行满足了 Broches 标准的第二个层次即作为政府代理人的情况下，仍认为其具有仲裁申请人的资格的裁判是错误的。[3]本文对捷克斯洛伐克银行案的裁判是否确有错误不加以探讨，笔者想指出的是，像捷克斯洛伐克银行案不对 Broches 标准的两个层次进行区分确实容易引起争议且可能影响裁判的准确性。

但两个层次的共同点就在于，都不能剥离案件具体事实语境进行探讨。正如在北京城建案中仲裁庭指出的，虽然有批评认为捷克斯洛伐克银行案对于 Broches 标准的适用存在错误，但是捷克斯洛伐克银行案裁判中最值得关注之处在于仲裁庭强调了具体语境下的分析。[4]也因此，自始自终，北京城建

---

[1] *Beijing Urban Construction Group Co. Ltd. v. Republic of Yemen*, decision on jurisdiction, ICSID Case No. ARB/14/30, 31 May 2017, para. 41.

[2] 如 *Rumeli Telekom A. S. and Telsim Mobil Telekomikasyon Hizmetleri A. S. v. Republic of Kazakhstan*, award, ICSID Case No. ARB/05/16, 29 July 2008, para. 213.

[3] M. Feldman, *State-Owned Enterprises as Claims in International Investment Arbitration*, ICSID Review, Vol. 31, No. 1, 2016, para. 628-630.

[4] *Beijing Urban Construction Group Co. Ltd. v. Republic of Yemen*, decision on jurisdiction, ICSID Case No. ARB/14/30, 31 May 2017, para. 35.

案的仲裁庭都在强调案中纠纷所涉及的具体行为和具体背景。可以说，在具体语境下对国有企业仲裁申请资格的分析是捷克斯洛伐克银行案对后续仲裁案件最重要且最深远的一个影响。

然而我们不难发现，即使对 Broches 标准的两个层次进行区分细化，其适用时还是会具有很大的模糊性，也因此仲裁庭引入了国家行为归因法对 Broches 标准进行细化。下文将对此详细论述。

三、国际法中的国家责任归因法对国有企业身份认定的作用

《国家对国际不法行为的责任条款草案》（以下简称《草案》）的编撰者是国际法委员会，其是针对国家因国家不法行为而需承担责任时如何进行认定而制定的公约。虽然《草案》尚未正式生效，但是因其制定机关的权威性和其中大量条款均是根据国际习惯而总结得出的，其仍然具有一定的约束力，可被认为是仲裁裁判时依据的法律渊源之一。而根据《草案》条文总结出的国家责任归因法对国有企业的身份认定也起了一定的作用。

（一）国家责任归因法与国有企业私人投资者身份认定的关系

因为 ICSID 投资仲裁是解决他国缔约国国民与东道国之间的投资争端，故 ICSID 仲裁庭常常援引《草案》第 5 条和第 8 条等条文，用以判断东道国在国际投资争端中是否需要承担国家责任。根据梳理我们可以发现，国有企业在 ICSID 仲裁案例中，更多是作为东道国涉案的国有企业出现，即该类案件的裁判重点在于，国有企业的行为是否可以归因于东道国从而导致东道国承担国家责任。

虽然国家行为归因法最初引入并非用以判断国有企业是否具有投资者身份，但正如仲裁庭在北京城建一案中所指出的，Broches 标准的两个层次和《草案》第 5 条和第 8 条是相对应的。[1]另一方面，正如上文谈到的，Broches 标准具有较大的模糊性，而国家行为归因法恰好能将 Broches 标准的两个层次细化，使 Broches 标准具有更大的可操作性。因此，无论是从理论上还是在仲

---

[1] *Beijing Urban Construction Group Co. Ltd. v. Republic of Yemen*, decision on jurisdiction, ICSID Case No. ARB/14/30, 31 May 2017, para. 34.

裁实践中,《草案》第 5 条和第 8 条在国有企业投资者身份认定中均能起到参考借鉴的作用。

(二) 国家行为归因法的具体内容

国家行为归因法主要有两个方面的内容,即"被授予并行使政府权力"以及"由政府指挥或控制",分别对应于《草案》第 5 条和第 8 条。而《草案》的第 5 条和第 8 条均归列于《草案》第二章"归因于国家的行为"之中。

1. 被授予并行使政府权力

《草案》第 5 条的内容是非政府组成部分的个人或者实体在行使政府权力时,其行为应被认定为国家行为。并且第 5 条强调,这种政府权力的行使,应是被国家授权的。[1]正如同 Broches 先生提出 Broches 标准是因为意识到了国有企业无法简单的通过其法律形式将其与私人企业进行区分,[2]《草案》第 5 条的目的也是应对越来越多的实体行使政府权力导致国家行为无法简单地通过是否由国家政府机关行使来区分的现象。[3]

具体回归到 Broches 标准的两个层次,第 5 条与行使基本政府职能这个层面的内容具有相似性。也因此仲裁庭在判断国有企业是否行使政府基本职能时会对《草案》的第 5 条加以援引。笔者认为仲裁庭援引《草案》第 5 条之所以能将 Broches 标准进行细化是因为仲裁庭将第 5 条分为了两个方面。第一个方面是,是否被法律授予行使政府职权的权力;第二个方面是,具体的行为是否行使了这种权力。[4]例如在博斯国际公司诉乌克兰政府[5]一案

---

[1] Commentary on the Draft Articles on Prevention of Transboundary Harm from Hazardous Activities, in Report of the I. L. C. in Its 53rd Session, 2001, para. 42.

[2] Aron Broches, *Selected essays*, *World Bank*, *ICSID*, *and other subjects of public and private international law*, Martinus Nijho& Publishers, 1995, paras. 201 – 202.

[3] Commentary on the Draft Articles on Prevention of Transboundary Harm from Hazardous Activities, in Report of the I. L. C. in Its 53rd Session, 2001, para. 42.

[4] See *Bosh International*, *Inc And B & P Ltd Foreign Investments Enterprise v. Ukraine*, award, ICSID Case No ARB/08/11, October 25, 2012, para. 164; See also *EDF (Services) Limited v. Romania*, award, ICSID Case No. ARB/05/13, October 8, 2009, para. 191.

[5] *Bosh International*, *Inc And B & P Ltd Foreign Investments Enterprise v. Ukraine*, award, ICSID Case No ARB/08/11, October 25, 2012.

中，仲裁庭在分析第一个方面时认为，虽然涉案的大学是一个独立于政府的法律实体并且作为一个高等教育机构拥有高度的自治权，[1]但是根据《草案》第5条的评注进行分析，该条中所指的行为归于国家的实体也包括拥有高度自治权的实际行使立法或者行政职能的机构，而本案中提供高等教育服务并且管理使用国家财产的大学是符合这一个要求的。[2]但是仲裁庭最后认为，该大学的行为并不满足《草案》第5条的规定，是因为涉案行为仅是一个纯合同行为，与政府权力的行使无关，因此不满足第5条第二个方面的要求。

可以看出，援引《草案》第5条进行分析，就可以将被授予政府职权但是在涉案行为中并未行使权力的情况清晰的区别开来，以确保国有企业在进行正常的商业投资行为时能得到救济。

2. 由政府指挥或者控制

《草案》第8条的内容是当个人或者群体的行为是在政府的指挥或者控制下进行时，其行为可认为是国家的行为。《草案》的评注指出，虽然一般情况下根据国际法，个人行为是不会归属于国家的，但存在着个人行为与国家之间存在实际联系的特殊情况。[3]评注更进一步指出，《草案》第8条涉及两种情况，一种是个人在国家的指导下从事国家不法行为。而第二种更为常见的情况是个人在国家的指导或者控制下行事。[4]换而言之，当国家通过其对企业的所有权而控制企业以达到特定目的时，该国有企业的行为就可以归为国家的行为。[5]而第二种情况也与Broches标准有相似之处。

在EDF服务公司起诉罗马尼亚政府[6]一案中，仲裁庭经过分析指出，

〔1〕 *Bosh International*, *Inc And B & P Ltd Foreign Investments Enterprise v. Ukraine*, award, ICSID Case No ARB/08/11, October 25, 2012, para. 172.

〔2〕 *Bosh International*, *Inc And B & P Ltd Foreign Investments Enterprise v. Ukraine*, award, ICSID Case No ARB/08/11, October 25, 2012, para. 173.

〔3〕 Commentary on the Draft Articles on Prevention of Transboundary Harm from Hazardous Activities, in Report of the I. L. C. in Its 53rd Session, 2001, para. 47.

〔4〕 Commentary on the Draft Articles on Prevention of Transboundary Harm from Hazardous Activities, in Report of the I. L. C. in Its 53rd Session, 2001, para. 47.

〔5〕 See James Crawford, *The International Law Commission Articles on State Responsibility*, *Introduction*, *Text and Commentaries*, paras. 112–113.

〔6〕 *EDF* (*Services*) *Limited v. Romania*, award, ICSID Case No. ARB/05/13, October 8, 2009.

虽然本案中涉及的爱博和塔容两家受到罗马尼亚政府控制的公司不满足第 5 条所规定的被授予并行使政府职能，[1]但是爱博和塔容两家国有企业作为 EDF 服务公司所投资的埃索和思凯两家公司的股东，根据罗马尼亚政府的指令使股东大会通过了与仲裁争议直接相关的公司决议，[2]这样的行为符合《草案》第 8 条所称的在国家的指令和控制下行事的情形。因此认为爱博和塔容的行为可以归属于罗马尼亚政府。可以看出，在本案中，仲裁庭根据终止投资合同这一行为直接是在罗马尼亚政府的指令下进行的得出了国有企业的行为归属于罗马尼亚政府的结论。倘若仅依据 Broches 标准进行判断，因为担任政府代理人是一个模糊的判断标准，仲裁庭无法对本案中涉案的国有企业是否为政府代理人进行有说服力的论证分析。

同样在拜因迪尔起诉巴基斯坦政府[3]一案中，仲裁庭认为根据现有证据不能证明 NHA 公司的行为属于《草案》第 5 条所规定的行使政府权力，[4]但是本案中所涉及的条约，直接是因为巴基斯坦政府的决定而终止的。因此，根据《草案》第 8 条分析，NHA 公司违反条约导致拜因迪尔投资受损的行为可以直接归属于巴基斯坦政府。[5]

虽然根据现有案例，对于《草案》第 8 条的援引目前来说更多用于认定被申请人的行为可以归属于东道国的行为，但是其仍是可以作为认定国有企业是否具有仲裁申请人资格的标准之一。

四、国际投资仲裁中国有企业投资者身份认定标准的发展趋势

随着 ICSID 投资仲裁的发展，国有企业投资者身份的认定标准也在不断

---

〔1〕 *EDF（Services）Limited v. Romania*, award, ICSID Case No. ARB/05/13, October 8, 2009, para. 198.

〔2〕 *EDF（Services）Limited v. Romania*, award, ICSID Case No. ARB/05/13, October 8, 2009, para. 208.

〔3〕 *Bayindir Insaat Turizm Ticaret Ve Sanayi A. Ş. v. Islamic Republic of Pakistan*, award, ICSID Case No. ARB/03/29, August 27, 2009.

〔4〕 *Bayindir Insaat Turizm Ticaret Ve Sanayi A. Ş. v. Islamic Republic of Pakistan*, award, ICSID Case No. ARB/03/29, August 27, 2009, para. 123.

〔5〕 *Bayindir Insaat Turizm Ticaret Ve Sanayi A. Ş. v. Islamic Republic of Pakistan*, award, ICSID Case No. ARB/03/29, August 27, 2009, para. 125.

的发展变化之中。这些新变化趋势，能指导国有企业今后更好地寻求国际投资救济，对国有企业具有重要的启示意义。

（一）强调具体语境下的行为分析

从捷克斯洛伐克银行案提出应当考虑国有企业的行为本质而不是行为目的这一判断标准后，ICSID 仲裁庭在裁判实践中一直在不同程度上援引这一标准。虽然有批评指出，仲裁庭不应当只考虑企业行为的本质，还应当考虑企业行为的目的，[1] 但是捷克斯洛伐克银行案仲裁庭所提出的要在特定语境下对涉案行为进行分析这一点还是被后来案件中的仲裁庭所认可。

如上文提交的北京城建案中，仲裁庭并没有直接回应是否应该对行为目的进行考虑，但是捷克斯洛伐克银行案的关键点在于在特定语境下对投资的商业性进行分析，这一点是北京城建案仲裁庭所同意的。[2] 并且上文中所提到的所有案例无一例外地在案件特殊事实语境下对涉案行为进行分析，并且不再强调单纯考虑行为的本质而是对各方面因素进行综合地考察。同样是在北京城建案中，仲裁庭针对因机场工程承包引起的纠纷，不仅考虑进行工程这一行为是否是商业性的，还考虑北京城建集团在也门机场建设项目中中标是否单纯因为其商业上的优势，以及合同无法继续进行是否会与中国政府的政策或者决定有关。[3]

（二）弱化企业结构的影响与细化标准

早期的玛芬里诉西班牙案 [4] 中，仲裁庭就首先从企业结构的角度来判断涉案的国有企业是否可被认定为是一个国家实体 [5]。西班牙案的仲裁庭还提

---

〔1〕 Mark Fledman：*The Standing of State-owned Entities under Investment Treaties*，Yearbook on International Investment Law& Policy，Oxford University Press，2012，p. 616.

〔2〕 *Beijing Urban Construction Group Co. Ltd. v. Republic of Yemen*，decision on jurisdiction，ICSID Case No. ARB/14/30，31 May 2017，para. 35.

〔3〕 *Beijing Urban Construction Group Co. Ltd. v. Republic of Yemen*，decision on jurisdiction，ICSID Case No. ARB/14/30，31 May 2017，para. 40.

〔4〕 *Emilio Agustín Maffezini v. Kingdom of Spain*，decision on objections to jurisdiction，ICSID Case NO. ARB/97/7，25 January 2000.

〔5〕 *Emilio Agustín Maffezini v. Kingdom of Spain*，decision on objections to jurisdiction，ICSID Case NO. ARB/97/7，25 January 2000，para. 77.

出，虽然不是决定性的判断标准，但可根据所有权归国家所有推测国有企业的行为归属于国家。[1]在不久后的萨利尼诉摩洛哥政府案[2]（以下简称摩洛哥案）中，仲裁庭也有过相似的论断。但是在后来的图里诉土耳其政府案[3]（以下简称土耳其案）中，仲裁庭明确否定了西班牙案仲裁庭的做法。土耳其案仲裁庭认为从国有企业的所有权归属不能作出国有企业为国家实体的假设。虽然西班牙案和摩洛哥案的仲裁庭有过不同的论断，但是这两个案子的仲裁案件并没有拘束力。[4]而 ICSID 仲裁实践再向后发展，到了北京城建案，仲裁庭则直接指出企业的结构，即企业的所有权控制权的最终归属问题，是与私人投资者身份认定不相关的因素。[5]

并且不难发现，从捷克斯洛伐克银行案中将 Broches 标准的两个层面统一在一起进行判断，到后面不仅将两个层次独立区分更援引了《草案》第 5 条和第 8 条等条文进行细化分析，仲裁庭在不断地将国有企业在争议中身份究竟是私人投资者还是东道国的判定标准进行细化。可以说，这种细化也是顺应了当今国有企业在经济活动中愈发活跃其行为也愈发复杂的趋势。

结　论

经过上文的分析，我们可以发现，对于国有企业投资者身份的认定标准是在不断地被细化过程中而愈渐清晰的。Broches 标准从捷克斯洛伐克银行案开始已经成为一个公认的对于国有企业私人投资者身份的认定标准，并且在实践发展中，Broches 标准与《草案》等文件相结合变得更加的丰富与完善。无论是强调事实语境下的综合分析还是进一步细化判定标准，对国有企业的

---

〔1〕　*Emilio Agustín Maffezini v. The Kingdom of Spain*, decision of the tribunal on objections to jurisdiction, ICSID Case NO. ARB/97/7, 25 January 2000, para. 77.

〔2〕　*Salini Construttori S. p. A. and Italstrade S. p. A. v. Kingdom of Morocco*, decision on jurisdiction, ICSID Case No. ARB/00/4, 23 July 2001, paras. 288-290.

〔3〕　*Tulip Real Estate Investment and Development Netherlands B. V. v. Republic of Turkey*, award, ICSID Case No. ARB/11/28, 10 March, 2014.

〔4〕　*Tulip Real Estate Investment and Development Netherlands B. V. v. Republic of Turkey*, award, ICSID Case No. ARB/11/28, 10 March, 2014, para. 289.

〔5〕　*Beijing Urban Construction Group Co. Ltd. v. Republic of Yemen*, decision on jurisdiction, ICSID Case No. ARB/14/30, 31 May 2017, para. 39.

私人投资者身份的认定要求可以说是更为严格了。对国有企业而言，这样的趋势有利也有弊。有利之处就在于，这样的趋势可以有效避免在当今世界贸易保护主义有所加强的背景下，对于国有企业的身份判定实行"一刀切"导致国有企业寻求投资救济贸易保护遇到巨大的阻碍。

但新趋势同时给作为申请人的国有企业提出了新的挑战，使得国有企业在面对东道国提出的管辖权异议时，需要面对更多层次更多方面针对其是否拥有私人投资者身份的质疑。并且我们可以看到，仲裁庭虽然暂时没有正面赞同 Broches 标准的适用应当考虑企业行为的目的的观点，但是仲裁庭也没有对这一观点进行反驳。这意味着，在未来的仲裁实践中，企业行为的目的有可能也会被纳入仲裁庭的考量因素之一。作为由国家建立，许多情况下承担着管理国有资产或者促进国家经济发展等公共职能的国有企业，其每一个行为或多或少都与实现国家利益等终极目的有关。那么究竟与终极目的相关的行为在什么范围内可以被接受为是私人商业行为，这是需要学者与仲裁庭在未来着重考量的一个问题。

参考文献

著作类

［1］王传丽主编：《国际经济法（第六版）》，中国政法大学出版社 2018 年版。

［2］张丽英：《国际经济法》，中国政法大学出版社 2018 年版。

［3］冯涛，胡小宏，高志红主编：《International economic law＝国际经济法》，江苏大学出版社 2018 年版。

［4］余劲松主编：《国际经济法学（第二版）》，高等教育出版社 2019 年版。

［5］曾华群，余劲松主编：《促进与保护我国海外投资的法制》，北京大学出版社 2017 年版。

［6］陈安主编：《国际经济法学新论》，高等教育出版社 2017 年版。

［7］陈安主编：《国际经济法学（第七版）》，北京大学出版社 2017 年版。

［8］吴益民主编：《国际经济法：理论·实务·案例》，中国政法大学出版社 2015 年版。

［9］张海燕，邓婷婷：《国际经济法典型案例评析》，中南大学出版社 2016 年版。

［10］何志鹏：《国际经济法治：全球变革与中国立场》，高等教育出版社 2015 年版。

［11］Lucy Reed, Jan Paulsson and Nigel Blackaby, *Guide to ICSID Arbitration*, Wolters

Kluwer Law International, 2011.

［12］Karl P. Sauvant, Lisa E. Sachs, and Wouter P. F. Schmit Jongbloed, *Sovereign Invest-ment: Concerns and Policy Reactions*, Oxford University Press, 2012.

［13］J. Crawford, *The International Law Commission's Articles on State Responsibility—Intro-duction, Text and Commentaries*, Cambridge University Press, 2002.

［14］Mark Fledman, The Standing of Stated—owned Entities under Investment Treaties, *Yearbook on International Investment Law&Policy*, Oxford University Press, 2012.

［15］Christoph Schreuer et al, *the ICSID Convention: A commentary*, Cambridge University Press, 2009.

［16］Daniel M. Shapiro, Steven Globerman, The International Activities and Impacts of State—owned Enterprises, *Sovereign Investment: Concerns and Policy Reactions*, Oxford University Press, 2012.

期刊类

［1］刘雪红："论国有企业私人投资者身份认定及启示——以 ICSID 仲裁申请人资格为视角"，载《上海对外经贸大学学报》2017 年第 3 期。

［2］梁一新："论国有企业在 ICSID 的仲裁申请资格"，载《法学杂志》2017 年第 10 期。

［3］陈嘉、杨翠柏："国际投资仲裁中的国有企业投资者地位认定：构造、趋势与因应"，载《经济法论坛》2018 年第 6 期。

［4］谈家霖："投资仲裁中主权投资者适格原告的界定"，载《法制博览》2017 年第 5 期。

［5］赵静晨："浅析国际投资仲裁实践中对于国有企业地位的界定"，载《经济研究导刊》2015 年第 1 期。

［6］Srilal M. Perera, State Responsibility: Ascertaining the Liability of States in Foreign In-vestment Disputes, *Word Investment & Trade*, 6J, 2005.

［7］Claudia Annacker, Protection and Admission of Sovereign Investment, *Chinese Journal of International Law*, Vol. 10, No. 3, 2011.

［8］Aron Broches, The Convention on the Settlement of Investment Disputes Between States and Nationals of Other States, 136 *Recuell des Cours* 331, 1972.

［9］Paul Blyschak, State—owned Enterprises and International Investment Treaties, *Journal of International Law and International Relations*, Vol. 6, No. 2, 2011.

［10］Michael M. Moore, International Arbitration between states and foreign investors—the

World Bank Convention, *Stanford Law Review*, 18 (7), 1359, 1996.

[11] Stanimir A. Alexandrov, The compulsory jurisdiction of the International Court of Justice: How compulsory is it? , *Chinese Journal of International Law*, Vol. 5, No. 1, 2006.